우리는 지금 상하이 항저우로 간다

박수연 저

www.ithinkbook.co.kr

성공어학연수 가이드 – 중국 맞짱뜨기
우리는 지금 상하이·항저우로 간다

| **만든 사람들** |
기획 실용기획부 | **진행** 한윤지 | **집필** 박수연 | **편집·표지 디자인** 김진

| **책 내용 문의** |
도서 내용에 대해 궁금한 사항이 있으시면
저자의 홈페이지나 디지털북스 홈페이지의 게시판을 통해서 해결하실 수 있습니다.
디지털북스 홈페이지 www.digitalbooks.co.kr
디지털북스 페이스북 www.facebook.com/ithinkbook
디지털북스 카페 cafe.naver.com/digitalbooks1999
디지털북스 이메일 digital@digitalbooks.co.kr
저자 이메일 suyeon120@hanmail.net
저자 블로그 blog.naver.com/suyeon1204

| **각종 문의** |
영업관련 hi@digitalbooks.co.kr
기획관련 digital@digitalbooks.co.kr
전화번호 (02) 447-3157~8

※ 잘못된 책은 구입하신 서점에서 교환해 드립니다.
※ 이 책의 일부 혹은 전체 내용에 대한 무단 복사, 복제, 전재는 저작권법에 저촉됩니다.

이 책은 중국 유학을 준비하시는 분들께 친절한 안내가 되고자 기획되었습니다. 중국은 워낙 거대하고 또한 성(省)별 생활 차이가 크기 때문에 지역별 시리즈의 필요성에 착안해 쓰여졌습니다. 중국은 영미권 다음으로 유학을 많이 가는 지역이지만 알려진 정보가 부족하고 행정 절차가 복잡해 이를 안내해줄 책이 필요하다는 생각을 절실히 했습니다.

유학생의 입장에서 경험해 보지 않으면 알기 어려운 실생활에 필요한 정보를 지면이 허락하는 한 가득가득 눌러 담았습니다. 파트 6에는 중국어 공부가 궁극적으로 취업을 위한 경우가 많고 중국에서 취업하고자 하는 학생들은 많으나 급여나 체류 조건, 비자 등에 대한 정보가 전무하다는 점에 착안하여 이에 대한 정보를 독자에게 제공하고 싶었습니다. 파트 8에는 한국과 산업적으로 교류가 많은 저장성의 특성을 살려 세계 경제에서도 중요한 위치를 차지하고 있는 저장성의 곳곳을 독자에게 소개하고 유학 생활 동안 어학당에만 있다 오는 것이 아니라 중국 경제의 위상을 느끼고 오기를 바라며 쓰였습니다.

제 유학 생활을 정리하고 마감할 수 있는 책이 나오게 된 것은 전부 하나님의 은혜입니다. 유학 생활 동안 저를 인도하고 이 책을 낼 수 있게 해주신 하나님께 감사합니다. 이 책을 위해 힘써주신 윤지 씨와 김진 과장님. 또 다시 기회를 주신 양종엽 차장님과 디지털북스 사장님께 머리 숙여 감사드립니다. 저를 위해 날마다 기도해 주시는 엄마와 대만 할머니, 한국 가족, 대만 가족 모두에게 제 사랑을 전합니다. 무엇보다 이번 유학을 허락해주시고 재정적 지원과 사랑을 아끼지 않으신 아버지께 감사를 드립니다. 아버지의 무거웠던 어깨의 의미를 알 수 있는 시간이었고 아버지와 회사에 힘이 되는 딸이 되고 싶습니다.

유학 생활 동안 이국 땅에서 따뜻한 공동체가 되어주신 항저우 한인교회 성도분들과 좋은 말씀을 공급해주시고 열정으로 힘있게 사역하시는 김성곤 목사님 감사합니다. 더불어 마지막까지 원고 교정과 조언을 아끼지 않았던 동생 성현이와 성은에게 감사를 전합니다.

이 책에 도움을 주신 한국, 중국 지인 분들에게 깊은 고마움을 전하며…….

2016년 1월 9일 봉화산 자락 내 서재에서 박수연 드림

Contents

PART 01. 중국 유학, 상하이 항저우로 오세요!

STEP 01 어째서 상하이 저장성인가? • 010
　　THEME 어째서 상하이 저장성인가? | 상하이 저장성에 대한 질문

STEP 02 상하이 저장성 내 어학연수 기관 • 014
　　THEME 상하이 지역 | 저장성 지역 | 결론

STEP 03 조기 유학 어떻게 해야 하나요? • 019
　　THEME 조기 유학을 위한 준비 과정 | 성공적인 조기 유학의 조건

STEP 04 국제학교, 공립학교, 사립학교, 한국 학교의 장단점 비교분석
　　　　　 (초등학교부터 고등학교까지) • 027
　　THEME 인터내셔널 스쿨 | 현지 학교 | 한국 학교 | 결론

STEP 05 등록 방법 및 비자 만들기 • 031
　　THEME 대학교 부설 어학연수 | 조기 유학의 경우

STEP 06 유학원 반드시 필요한가요? • 036
　　THEME 유학원의 필요성 | 유학원 선택 시 주의사항

PART 02. 중국으로 고고씽

STEP 01 학교 등록하기 • 042

STEP 02 상하이 항저우 어떻게 가요? • 045

STEP 03 중국 비자 그 실체를 파악해 보자 • 048
　　THEME 비자의 종류 | 비자 신청은 어떻게 | 중화인민공화국 비자 규정 | 비자 센터 | 병원 목록

STEP 04 짐싸기 • 058
　　THEME 반드시 필요한 것 | 챙기지 않아도 되는 것 | 짐 구분과 가방 선택

STEP 05 환전은? • 062
　　THEME 환전은 어디서 | 얼마나 환전해야 하나요?

STEP 06 숙소 • 068
　　THEME 학교 기숙사 | 개인 원룸 | 아파트 쉐어 | 집 구하기

STEP 07 중국에서의 주의사항 • 073

PART 03. 중국에서 살아보기

- **STEP 01** 핸드폰 개통 • 080
  THEME 핸드폰 개통하기 단계
- **STEP 02** 은행 계좌 개설 및 체크카드 만들기 • 083
  THEME 중국 은행 계좌 만들기 | 체크카드 이용하기 | 은행의 서류에 사용되는 중국어 모음 | 중국 은행 선택
- **STEP 03** 그날 공안국에서는 (비자 연장) • 090
  THEME 공안국 이용 팁 | 비자 연장, 종류 바꾸기
- **STEP 04** 주숙등기(住宿登记) • 093
- **STEP 05** 택배는 집으로 오는 것이 아니었다.(택배 찾기) • 095
- **STEP 06** 마트, 백화점, 시장 비교 분석기 • 099
  THEME 전통시장 체험기 | 월마트 VS 롄화 | 깎는 재미가 있는 중국 백화점 | 천사마트 (한국 식품점) 이용 방법 및 주소
- **STEP 07** 중국에선 뭘 먹고 살까? • 107
  THEME 중국에선 뭘 먹고 살까? | 항저우 상하이 내 한국 식당 리스트
- **STEP 08** 인터넷에서 보물을 캐다. 타오바오와 티엔미야오(인터넷 쇼핑 이용법) • 111
- **STEP 09** 소셜커머스 이용 • 1113
- **STEP 10** 택시는 내 자가용(중국에서 택시 타기) • 115
- **STEP 11** 띠엔동(电动), 자전거 구입하기 • 120
- **STEP 12** 교통카드 만들기 • 124
- **STEP 13** 기차, 중국 국내선, 시외버스 이용하기 • 126
  THEME 철도 | 국내선 비행기 | 버스

PART 04. P양의 중국 엿보기

- **STEP 01** 달구지와 벤츠 공존기 (중국의 빈부격차 이야기) • 134
- **STEP 02** 헤이츠(黑车)와 헤이띠엔동(黑电动) • 138
- **STEP 03** 맹모삼천지교(중국 내 교육 열풍) • 140
- **STEP 04** 어학당에 왜 이리 많은 중국인이 • 143
- **STEP 05** 국영기업과 민간기업 • 145
- **STEP 06** 알리바바(阿里巴巴) 그룹 • 147
- **STEP 07** 조선족(朝鲜族) 그들의 정체 • 149
- **STEP 08** 중국의 환경오염 • 154

PART 05. 중국어 공부 어디까지 해보셨어요?

STEP 01 어학연수 커리큘럼 • 158
  THEME 과목 및 수업 시간 | 시험 | 레벨테스트 | 과정 이수 시간 | 방과 후 활동
STEP 02 HSK 준비하기 • 161
STEP 03 HSK 중국 내 접수 방법 및 시험 장소 • 163
  THEME 한국과 중국 어느 곳에서 볼까요? | HSK 시험 방법 선택 (지필 시험 VS IBT) | HSK 접수 사이트 | 등록비 보내기 | 가격 | 2016년 HSK 일정
STEP 04 푸다오(과외 선생님) 구하기 • 168
STEP 05 중국의 성조는 • 170
STEP 06 중국 방송 보기 • 172
STEP 07 뉴스 청취와 신문 기사 번역 • 176
STEP 08 중국어 공부에 유용한 어플 • 178

PART 06. 나도 취업하고 싶다.(중국 취업의 달콤쌉싸름한 이야기)

STEP 01 나는 왜 중국에서 취업을 하고 싶은 걸까? • 182
STEP 02 중국 내 취업! 자격 조건과 회사별 가능성 • 185
  THEME 회사 유형별 가능성 | 항저우 한인 교회에서 진행된 취업 설명회의 성격을 띈 무역 특강
STEP 03 중국 채용 정보는 어디서? • 191
STEP 04 코트라 인턴의 모든 것 • 194
STEP 05 코트라 인턴십 체험기 • 197
STEP 06 취업비자 문제 • 203
  THEME 비자의 종류 | 취업비자의 발급 조건 | 취업비자 수속

PART 07. 중국 속의 대한민국

STEP 01 한국인 모임들 (한국 상인회, 유학생 모임, 교회) • 208
STEP 02 상하이·항저우 임시정부 • 212
STEP 03 별에서 온 그대로 본 한류 열풍 • 214
STEP 04 롄화 한국 식품전 • 216
STEP 05 한중 우호의 밤 • 219
STEP 06 중국 속의 한국 기업 • 221

PART 08 . 경제의 중심 상하이 저장성을 가다.

STEP 01 아는 사람은 다 아는 이우 푸텐 시장 • 228
STEP 02 샤오싱 경방성 시장과 항저우 스지칭 • 232
STEP 03 중국 내 매출액 1위 항저우 따샤 • 234
STEP 04 중국 부자는 여기다. 온저우 • 236
STEP 05 설명이 필요 없는 상하이 • 239

PART 01

중국 유학, 상하이 항저우로 오세요!

STEP 01 어째서 상하이 저장성인가?
STEP 02 상하이 항저우 내 어학연수 기관
STEP 03 조기 유학 어떻게 해야 하나요?
STEP 04 국제학교, 공립학교, 사립학교,
한국 학교의 장단점 비교분석
(초등학교부터 고등학교까지)
STEP 05 등록 방법 및 비자만들기
STEP 06 유학원 반드시 필요한가요?

어째서 상하이 저장성인가?

PART 01 STEP 01

THEME 01 어째서 상하이 저장성인가?

넓고 넓은 중국에서 왜 상하이와 저장성(항저우, 닝보 등지)으로 유학을 와야 하는가? 이 문제에는 크게 세 가지로 답할 수 있을 듯하다.

01. 중국 경제의 수도이다.

상하이는 말할 것도 없고 저장성은 중국 내에서 가장 GDP가 높은 지역이다. 이 지역에 살면 중국의 발전상을 한눈에 느낄 수 있으며 학교를 다니면서 앞으로 이끌어줄 좋은 인맥 등을 형성할 수 있다.

02. 생활이 편리하다.

상하이와 저장성은 생활 환경 면에서는 한국 서울과 비교해도 손색이 없다. 일단 상하이는 지하철 망이 도심 곳곳에 얽혀져 있고 저장성의 성도 항저우도 중국 내에서 가장 살기 좋은 도시로 꼽혔을 정도이다. 항저우의 경우 자연환경과 산업이 적절히 조화되어 있고 편리한 교통망과 높은 경제 수준 등으로 살기에 편리하다. 더불어 항저우, 상하이 모두 한국과의 직항이 있고 중국 어디를 가든지 멀지 않으며, 공부와 더불어 즐길거리 배울거리가 많다. 또 중국 경제의 발전상을 볼 수 있다.

03. 중국 최고의 치안

상하이 저장성 모두 치안 수준이 일정 수준 이상이다. 특히 항저우는 인구 1명당 공안 수가 가장 많은 도시로 안전 면에서는 중국 내 최고 수준을 자랑한다. 더불어 외국인이 많이 사는 지역인 만큼 외국인에 대한 배려도 있다.

04. 일자리와 인턴 자리가 몰려있다.

이 지역이 중국 다른 지역에 비해 소득 수준이 높고 소비력이 높다 보니 한국 기업이나 외국 기업이 앞다투어 진출하고 있다. 당연히 한국 학생들이 취업할 수 있는 일자리들이 몰려 있다. 중국에서의 한국인 취업이 인맥과 관계로 알음알음 구해지는 경우가 많다 보니 일자리가 많은 곳에서 기반을 잡고 인맥을 형성해 나가는 것이 중요하다.

THEME 02 상하이 저장성에 대한 질문

01. 다른 지역에 비해 물가가 비싸진 않나요?

중국에서 가장 소득 수준이 높고 소비력도 높다 보니 다른 지역에 비하면 생활비가 많이 드는 것도 사실이다. 하지만 기숙사에 살고 학생다운 생활을 한다면 그렇게 많은 비용이 들지는 않는다. 항저우의 경우도 한국에 비하면 더 저렴하고 그 외 저장성 지역도 아직 한국보다는 저렴하다. 물론 상하이의 경우에는 한국보다 조금 비싸지만 생활의 편리함과 더불어 얻을 수 있는 여러 가지 다양한 기회 대비, 치를 만한 가치라고 생각한다.

02. 남방 지역인데 보통화(普通话)를 배울 수 있나요?

중국에 살아본 사람들은 모두 알겠지만 중국의 대도시는 모두 보통화(표준어)를 쓴다고 생각해도 무방하다. 상하이는 상하이 방언이 있고 항저우에는 항저우 방언이, 닝보에는 닝보 방언이 있는 것은 사실이지만, 우리가 이 방언을 들을 일은 별로 없다. 중국 대도시에는 여러 지역 사람들이 한곳에 모이다 보니 모두가 알아들을 수 있는 보통화를 사용하게 된다. 발음의 표준성을 논하기도 하지만 중국에서 혀를 심하게 굴리는 얼화와 울림이 큰 권설음을 쓰는 지역은 베이징 일부와 북방 쪽이고, 얼화는 정확히 말해 표준어도 아니다.

우리가 보통화로 알고 있는 표준어는 어느 지역의 말도 아닌 베이징과 하얼빈 지역의 말을 기본으로 삼아 다시 재정한, 정확히 말하자면 어느 지역에서도 정확히 구사하지 않는 만들어진 말이다. 이런 이유로 어느 지역을 가나 도시 지역에 산다면 표준어를 배우는 데 지장이 없다.

03. 한국 사람들이 많이 살아서 언어가 느는 데 어려움이 없나요?

일단 상하이와 항저우에는 한국 사람이 많이 산다. 하지만 닝보나 다른 남부 지역에는 한국인이 생각보다 많지 않고, 어느 지역을 가느냐 보다 어느 학교를 가느냐가 더 중요하다. 학교를 잘 골라서 현지 학생들과 같이 공부할 수 있는 곳을 찾는다면 기숙사 생활을 하므로 한국어를 많이 쓰지 않을 수 있다.

04. 상하이와 저장성 지역 중 추천하고 싶은 지역이 있다면?

내가 유학을 해서 더 애착이 가는 것도 있겠지만 개인적으로 항저우를 추천한다. 항저우 공항에는 한국에서 바로 오는 직항이 있다. 생활 물가는 한국보다 조금 저렴한 수준이고 상하이에 비한다면 한국인들이 적은 것도 장점이다. 더불어 상하이와는 고속철로 1시간 거리라서 마음만 먹으면 쇼핑 혹은 구경 차원에서 상하이에 다녀올 수도 있다. '하늘 위에는 천당이 있고 하늘 아래는 항저우와 쑤저우가 있다'는 말처럼 중국인들에게는 가고 싶은 꿈의 도시로 시후(서호)라는 너무나도 아름다운 호수도 있다. 예전부터 상하이 사람을 무시하는 사람은 항저우 사람들뿐이라는 말이 있듯, 중국 내에서는 굉장히 높은 수준의 도시이고 남송의 수도였기 때문에 고급스럽고 여유로운 중국의 귀족 문화가 살아있다. 중국 내에서 제일 잘 사는 저장성의 수도답게 중국을 세계의 공장이자 시장으로 만든 이우, 스지칭, 샤오싱 등지에 한국과 관련된 산업이 많은 곳이기도 하다. 또한 학교들도 한국인들이 적다 보니 현지인들과 어울려 재미있게 수업할 수 있다.

항저우의 전통 차문화

시후 공원에서 물로 서예 중인 아저씨

상하이, 저장성 내 어학연수 기관

PART 01 STEP 02

어학연수 기관을 선택할 때 명문 부속이라고 해서 반드시 좋은 것 만은 아니다. 일단 중국의 어학연수 기관은 명문 부속이라고 할지라도 독립된 별개로 운영되는 경우가 상당수이며, 외국인을 위한 커리큘럼을 별도로 운영해 현지인과 격리된 상태에서 수업을 받게 될 수도 있다. 또 한국 사람이 많다. 학교를 선택할 때는 학교의 명성과 비용, 교통과 더불어 한국 사람의 비율과 한 반의 학생 수 등을 고려해야 한다.

THEME 01 상하이 지역

01. 상하이 외국어 대학(上海外国语大学)

- 등록비 : 450元, 학비 : 8,400元/학기, 16,800元/1년, 교재비 : 500元/1년
- 주소 : 中国上海市大连西路550号2号楼202室上海外国语大学外国留学生部
- 한국어 과가 개설되어 있어서 현지 학생들과 언어 교류를 하기 좋다.
- 시내 쪽에 위치해서 여러 가지 편의 시설이 잘 갖추어져 있다.
- 외국인의 비중이 높은 편이다.

02. 상하이 사범대학(上海师范大学)

- 등록비 : 420元, 학비 : 8,800元/학기
- 주소 : 中国 上海市 桂林路 100号
- 사범 계열 학생들과 언어교환을 할 수 있고 한어수평고사를 학교 내에서 볼 수 있다.
- 기숙사가 시설에 비해 저렴하고 HSK 특

강이 있다.
-선생님들의 전반적인 수준도 높다는 평가.
-한국인을 비롯한 외국인이 많다.
-시내와는 약간의 거리가 있지만 지하철역이 바로 있다.

03. 상하이대외무역대학(上海对外大学)
-등록비 : 330元, 거류 허가증 : 400元, 임시 거류증 : 100元, 학비 : 7,380元/학기, 교재비 : 200元/1년
-주소 : 上海市古北路620号
-상하이 시가지에 위치하고 있다. 여러 편의시설이 다 있고 특히 한인타운이라고 불리는 홍차오 구베이로에 위치해 있어서 한국 회사, 한국 대사관, 코트라 등이 모두 가깝다.
-그만큼 한국 사람도 많다.
-HSK 특강이 있다.
-본교는 송강에 있어서 중국 학생들과 교류할 기회가 부족하다. 구베이에 있는 캠퍼스는 주로 외국인을 위한 곳이다.

04. 푸단대학교(复旦大学)
-등록비 : 450 元, 학비 : 10,500 元/학기, 21,000元/1년, 교재비 : 약 250元/학기
-중국 3위의 명문대이지만 비싼 비용 대비 수업 내용이 그렇게 좋지도 않아서 어학연수로는 별로 권하지 않는다.
-이 대학 본과 입학이 목적이라면 충분히 고려해 볼 만한 대학.

-어학연수생과 본과생이 다른 캠퍼스에서 공부하므로 교류할 기회가 별로 없다.
-학교 보험비 : 400元/학기, 600元/1년 (한국에서 보험 가입하면 면제)
-수업 시간 : 오전 08:00 ~ 12:00 / 오후 14:00 ~ 17:00

05. 상하이화동이공대(上海华东理工大学)
-등록비 : 400元, 학비 : 8,500元/학기
-주소 : 上海市松江区人民北路2999号 201620
-1인실 기숙사를 제공한다.
-무료 보충수업을 제공, 일주일 4시간 영어 수업 무료이다.

06. 상하이교통대학(上海交通大学)
- 등록비 : 450元, 학비 : 9,100元/학기
- 주소 : 上海市 东川路800号
- 푸단대학과 더불어 손꼽히는 상하이 명문대학이다.
- 장쩌민 주석의 지시에 따라 외국인 유치를 위해 많은 노력을 해왔다.
- 어학연수생의 경우 기숙사가 제공되지 않아 본과 입학을 위한 경우가 아니면 별로 추천하지 않는다.

07. 상하이 대학(上海大学)
- 등록비 : 500元, 어학연수 : 8,750元/학기, 17,500元/1년
- 주소 : 中国上海市 延长路149号(邮便 200072) 上海大学国际文化交流学院 招生 办公室
- 상하이시 중점 대학이며 국가 중점 건설 100대 대학 중 하나이다.
- 국제 교류학원에 다양한 시설이 완비되어있고 다양한 외국 유학생들을 유치한다.

THEME 02 저장성 지역

저장성의 주요 어학연수 기관들은 항저우에 몰려 있다. 다른 지역은 직항 노선이 없어서 버스를 타고 가는 수고로움이 있다. 저장성의 성도답게 이 지역 명문대들도 대부분 항저우에 있다. 항저우 지역은 중국 평균치보다는 높지만 상하이에 비하면 저렴한 물가와 높은 생활 수준을 자랑한다. 더불어 상하이까지 기차로 한 시간, 성내 다른 지역들과도 2시간 이내라서 놀러 다니기 좋다. 무엇보다 항저우는 서시의 아름다움에 비견되는 서호(西湖)가 있고 서호를 중심으로 용정차 밭, 찻집들이 모여 있어서 중국의 여유로운 중산층 문화를 경험할 수 있는 곳이기도 하다.

01. 저장대학(浙江大学)
- 등록비 : 400元, 학비 : 9000元
- 주소 : 杭州市 浙江大学 玉泉校区
- 서호와 가깝고 시내와도 가까운 편이다.
- 옥천 캠퍼스 북문에 위치해 있지만 외국인들이 너무 많아서 중국 친구를 하나도 못 만들고 돌아갈 수도 있다.
- 캠퍼스 내 도서관, 학생증 만들기 등

각종 편의시설 이용에 돈을 내야 하는 불편함이 있다.
- 한국 대학들과 교환학생 협정으로 한국 사람이 많아도 너무 많다
- 학교 행정 절차가 복잡하고 직원들이 매우 불친절하다. 도서관증 신청만 2주가 넘게 걸리고, 신청하는 사무실과 돈 내는 사무실이 다르다. 하지만 한인 교회가 옆에 있어서 이곳 청년1부 학생들이 등록을 도와주기도 한다.
- 센츄리 마트와 월마트가 근처에 위치해 있고 시티은행도 가까운 편이라 생활하는 데 편리하다.
- 공안국만 빼면 생활에 필요한 모든 것들이 근처에 있음.

02. 항저우 사범대학(杭州师范大学)
- 등록비 : 500元, 학비 : 7,000元
- 주소 : 浙江省杭州市余杭区仓前街道海曙路58号
- 한국어학과가 있어서 언어교환에 유리하다
- 항저우 시 외곽에 있어서 생활에 불편하다.
- 캠퍼스 내에만 갇혀 있다 올 수 있다.
- 중국 최대 전자상거래 기업 알리바바 마윈 회장의 모교이다.

03. 저장 공업대학(浙江工业大学)
- 등록비 : 400元, 학비 : 7,500元
- 항저우 시내 쪽에 위치해 있긴 하지만 저장대에 비해 면학 분위기가 떨어진다는 평이 있다.
- 전반적으로는 시내권에 위치해 있어서 생활하는데 어려움은 없는 편이다.

04. 저장이공대학(浙江理工大学)
- 등록비 : 600元, 학비 : 7,000元
- 주소 : 州杭下沙高教园区2号街928号
- 항저우 시 외곽에 위치해 있다.

05. 중국미술대학교(中国美术大学)
- 등록비 : 450元, 학비 : 7,500元
- 주소 : 浙江省杭州市上城区南山路218号
- 중국 명문 미대로 본과 학생들과 한 기숙사에서 살 수 있어서 중국 학생들과 교류가 활발하다. 시후가 가까워 산책하기 좋다.
- 부잣집 딸들과 예쁜 여학생들이 많이 다닌다.
- 기숙사가 서호에 위치해 있어 아름다운 풍경을 매일 볼 수 있다.
- 한국인이 적은 편이고 너무 번잡하지 않아서 어학연수만을 목적으로 온다면 좋은 편이다.

중국미술대학교 홈페이지

THEME 03 결론

본과 입학이 아닌 어학연수를 위해 학교를 선택할 때는 학교의 유명세보다는 커리큘럼이나 분반, 한국인의 비중, 생활 편의시설, 가격 등을 보고 선택하는 것이 좋다. 선생님의 수준은 유명 학교일수록 좋을 가능성은 높지만, 선생님들 상당수가 같은 지역 내의 여러 학교에 출강하는 경향이 있어서 이것 또한 중요도가 크지는 않다.
오히려 많이 알려진 학교보다는 교통만 편리하다면 한적한 학교가 좋고 현지 학생들과 같은 캠퍼스를 쓰는 학교가 좋다.

조기 유학 어떻게 해야 하나요?

저장성과 상하이의 경우 경제 발전 지역이고 생활 수준도 높다 보니 유학을 할 수 있는 기관도 많다. 특히 중국 내에서도 부자들이 모여 사는 이 지역에는 부자들을 위한 귀족 학교와 교육 재단, 명문 중고교가 대거 포진해 있고 외국인 학교도 있어서 어느 지역보다 수준 높은 교육을 누릴 수 있다.

THEME 01 조기 유학을 위한 준비 과정

조기 유학을 위해 준비해야 하는 기간은 꽤 길다. 중국은 덜 하지만 부모님들 중에는 영어권 국가로 묻지마 식의 조기 유학을 보내는 경우도 종종 있다. 이 경우 옆에서 보면 안타까울 정도로 아이가 정신적인 스트레스와 부적응 장애를 겪고 있다. 하지만 어머니들은 아이를 잘 키우고 있다는 자아도취에 빠져 아이의 심각한 상태를 모르고 지나간다.

유학원에서 설명한 것과는 다른 조건에서 아이가 공부하게 될 수도 있다. 명문 학교라는 유학원의 설명과는 달리 중국 아이들은 알지도 못하는 학교인 경우가 다반사고 중국 아이들과는 섞이지 못하고 사설학원 형태로 운영되는 학교에서 제대로된 관리를 받지 못할 수도 있다. 따라서 조기 유학의 성공을 위해서는 부모가 관심을 가지고 직접 알아보는 것이 가장 좋다. 아이가 유학 가기 전 부모가 사전 답사를 가보는 것도 권한다. 아이를 일방적으로 보내는 것 보다는 부모가 시간을 내서 아이가 다닐 학교, 살 집 등을 수소문 하고 현지의 생활을 도와줄 사람들 또한 직접 만나보아야 한다.

조기 유학을 준비하는 과정은 크게 이렇게 나뉜다.

01. 자녀가 유학을 할 의사가 있는 지를 확인하는 단계

대부분의 부모님들이 못 배운 것이 한이라며 유학을 보내준다면 당연히 자녀가 좋아할 거라는 생각에 이 절차를 건너 뛰는 경우가 많다. 하지만 조기 유학의 가장 중요한 성공 요건은 바로 자녀에게 유학 의사가 있는가 이다. 자녀가 정말 가기 싫어하고 거부하는 경우에는 조기 유학을 안 보내는 편이 나을 수 있다. 부모님의 강요에 의해서 억지로 떠밀려 유학을 온 상당수의 학생들은 거의 잘못된 길로 빠진다. 부모님처럼 옆에서 지켜주는 사람도 없고 혼자 남겨졌다는 생각, 말이 통하지 않는 데서 오는 사회 부적응으로 대다수의 학생들이 일탈로 접어든다. 나의 지인이었던 한 분의 경우 어린 나이부터 술과 유흥으로 유학 기간을 낭비하고 한참 뒤에야 부모님이 한국에 데리고 왔으나 한국 사회에도 적응하지 못했다고 한다.

16세 청소년들이 중국에서 동거를 하거나 임신을 해서 사회 문제가 되기도 한다. 또한 향정신성 의약품을 쉽게 접할 수 있는 중국의 특성상 정말 한 사람의 미래 자체가 어려워 질 수도 있다.

02. 유학의 목적을 설정하는 단계

아이의 장래 희망과 부모님의 계획에 따라 다르지만 단순히 이곳에서 단기 연수를 할 것인지 아니면 학교를 계속 다니며 대학교까지 있을 것인지를 잘 생각해 보아야 한다. 중국의 학교 시스템이나 교육 수준은 한국에 비해 높은 편은 아니다. 그리고 초기에 중국 유학을 했던 학생들의 성취도나 한국 사회에서 차지하는 중국 유학생에 대한 인식이 그리 높거나 좋은 편도 아니다. 영어권은 영어와 현지 학교의 교육 수준을 보고 보내는 부모님들이 많다면 중국은 주로 중국어를 위해 보내는 경우가 대부분이다.

영어권 조기 유학도 그러하듯 중국어권에서 어린 시절부터 지내온 아이들 중에는 한국 사회에 적응이 어려운 경우도 있다. 이들 중에는 한국 회사나 사회 분위기에 잘 적응하지 못하는 사람들이 생각보다 많다.(한상회 어른들이 '신선족'이라고 부른다.) 대부분의 한국 기업들은 한국적인 회사 분위기에 잘 적응하는 사람들을 좋아하고, 끈기와 회사에 대한 충성심이 있기 때문에 한국 직원들을 선호하는데 어린 시절부터 중국 유학을 하면 이런 개념이 한국에서 자란 사람들과는 다른 경우가 많다. 중국어 이외의 다른 영역에서는 성취도가 아무래도 한국에서 공부한 학생들 보다는 낮은 편이고 기업들에서도 중국 대학 졸업자보다는 한국 대학을 졸업한 중국어가 유창한 사람을 더 선호하는 편이다.

중국에서 조기 유학을 생각한다면 2년 이내나 중등 정도의 단기 연수를 생각하는 게 어떨까 한다. 주재원 자녀들이나 조기 유학자들 중 상당수가 중국에서 2-3년 정도 유학하고 미국이나 영국, 뉴질랜드, 호주 같은 영어권으로 옮겨 가거나 다시 한국으로 돌아올 계획을 세우는 경우가 많다.

그러나 최근에는 중국이 세계 최강국으로 부상하면서 중국 내에서 대학을 갈 계획을 설정하는 경우도 꽤 있다. 만약 대학까지 보낼 계획이라면 학교는 입시를 잘 하는 학교를 보내야 하고 단기 어학연수가 목적이라면 중국 아이들과 많이 섞일 수 있는 학교를 보내야 한다.

03. 다닐 학교를 정하는 단계

자녀가 다닐 학교를 정하는 단계이다. 이때는 부모님의 정보력이 필수이며 유학의 목적에 따라서 학교 선택은 크게 달라진다. 단기 연수(1년~2년 정도)의 경우에는 국제 학교에 입학하기도 한다. 학교를 고를 때 굉장히 중요한 부분 중 하나는 바로 중국 교육부 인가 여부를 확인하는 것이다. 그 학교가 중국 교육부의 인가를 받지 못한 학교일 경우 학생비자를 받지 못하고, 더불어 학교의 질도 낮을 확률이 아주 높다.

유학원이 가이드 라인을 제시하지만 반드시 부모가 직접 조사해야 한다. 중국 학교를 정할 때는 자녀의 중국어 실력과 학교의 제반 시설 등을 보고 판단해야 한다. 일단 중요하게 확인해야 하는 것이 자녀를 보낼 곳이 외국인만 따로 모아놓는지 아니면 현지 아이들과 같이 수업을 받는지이다. 유학원에서 소개하는 학교들 중 상당수가 외국인(상당수가 한국인)만 따로 모아 놓고 수업을 하는데, 본교가 아무리 명문이라도 이런 외국인 전용 학원의 경우 본교의 학위를 주지 않는 경우가 있다. 명문 고등학교를 졸업한다는 말에 아이를 보냈는데 건물만 옆에 있고 학교 이름만 비슷했지 본교와 전혀 무관하게 운영되는 경우도 있다. 그래서 명문 학교 부속이어도 아이에게 그 명문의 수업 요건과 환경이 적용되는지를 먼저 살피는 것이 중요하다.

사람에 따라서는 중국에 있는 국제학교를 보내기도 하는데 이것은 좀 무익한 일이 아닐까 한다. 내 지인들 중 중국 개방 초기에 부모님을 따라 중국에서 초중고 시절을 보낸 분들이 꽤 된다. 이들 중 현지 국제학교를 다닌 분들도 많은데 이분들의 중국어 실력은 정말 놀라울 정도로 좋지 않다. 심지어 중국에서 태어나 고등학교까지 다녀도 한국 사람들 사이에 살면서 국제학교를 다녀 정말 '서바이벌 중국어' 수준을 벗어나지 못하는 경우도 있다. 따라서 중국 유학을 준비한다면 현지 아이들과 함께 공부할 수 있는 환경인지를 중요하게 살펴야 한다. 이를 위해서는 유학원만 믿지 말고 부모님이 아이가 다닐 학교를 직접 찾고 현지의 한인회나 카페 등에 문의하는 방법을 취하는 것이 좋다.

일단 아이 혼자 중국에 남겨지면 아이가 대응할 수 있는 방법이 미약하다. 아직 중국어를 잘하기도 전이고 어리다 보니 유학원과 현지 보호자들의 횡포나 부당한 대우에 대응하기 어려울 수 있다.

04. 필요한 서류 준비

한국에서 필요한 서류를 보내는 단계이다. 서류를 발송하면 별다른 결격사유가 없으면 입학 허가서와 JW202(학생비자를 만들기 위한 서류)를 발송해 준다. 그런데 이 서류 조건을 완비하는 과정이 간단하지 않다. 성인 유학과는 다르게 18세 미만자의 경우에는 후견인을 요구하고, 이 후견인이 있어야만 학생비자를 내준다. 그래서 2년 이상의 장기 유학의 경우 꼭 후견인이 필요하다. 후견인에게 후견을 위탁하는 내용의 문서를 번역하고 공증을 받아서 제출해야 한다. 후견인은 중국인이나 한국인 중 거류증을 가진 사람들이 하게 되는데 이런 사람들은 보통 유학원에서 알선해준다. 후견인이라는 것 자체가 중국 내에서 자신의 자녀에 관한 법률 관계나 여러 가지 사항을 결정할 수 있는 권한을 주는 거라서 모르는 사람에게 이런 권한을 주는 것을 꺼리는 사람들이 많다. 하지만 학생비자를 위해 필요하니 어쩔 수 없이 후견인을 설정하기는 한다. 현지 보호자를 지정하였다면 그 사람이 하는 일이나 범죄 경력 등에 대해 심층적으로 알아볼 필요가 있다.

단기연수의 경우 후견인을 설정하지 않고 3개월짜리 여행비자로 입국해서 중간에 1개월 연장하는 방법을 택하기도 하는데, 학기 중이라 아슬아슬해서 여러 가지로 어려움은 있다.

05. 생활 편의 시설 등을 지정하는 단계
살 집이나 기타 생활 환경을 조성하는 단계이다. 일단 대부분의 학교들이 기숙사를 운영 중이기 때문에 기숙사에 사는 것을 권장한다. 특히 중국의 명문 사립학교들 중에는 초중고 시절부터 기숙사 생활을 하는 경우도 있다. 이런 명문 사립의 경우 중국 내에서도 중산층 이상의 자녀들이 예절과 올바른 생활 태도 함양을 위해 기숙사 생활을 하고 인맥 교류를 하는 경우가 많아서 이런 곳에서 중국 아이들과 함께 기숙사 생활을 하게 하는 것도 좋다.

06. 아이를 보내는 단계
아이를 보낼 때는 되도록이면 부모가 동행하도록 하자. 아이를 데려다 주고 학교와 생활 기반 시설 등을 확인하고 필요한 것을 챙겨주고 돌아오자. 기숙사라 해도 아이에게 새로운 보금자리를 마련해주는 것이다 보니 필요한 물건이 많다. 비행기 수화물 제한이 보통 20kg 내외이므로 아이와 부모님의 짐을 합쳐서 최대한 중국에서 구할 수 없는, 필요한 물건으로 챙긴다. 주변의 시티은행 위치를 찾아 알아봐주고, 이불이나 생활용품들을 사주는 것(근처 월마트나 센츄리 마트에 가면 된다.) 현지 은행 통장, 핸드폰 등을 개통해 주는 등 여러 가지가 필요하다. 부모님이 중국어를 잘 못할 경우 이 모든 것을 처리하는 것은 어렵기 때문에 유학원이나 대리인에게 맡기게 되겠지만, 이 과정에 부모가 동행하는 것이 안전하다.

07. 한국에서의 관리
중국 조기 유학에 성공한 아이들은 모두 한 가지 특징이 있다. 모두 부모님들에게 지속적인 관심과 사랑을 받았다는 점이다. 중국에서 초중등학교를 나온 내 지인의 경우에는 어머니께서 한 달에 한 번은 자신과 형을 보러 중국에 오셨고 주중에도 자주 통화하였으며 편지도 써주셨다고 한다. 전화를 통해 멀리 있지만 가족으로서의 유대

감을 확인하면서 살았다고 한다. 단기가 아닌 이상 방학 때는 한국에 들어 가든지 부모님께서 중국에 나오시든지 해서 가족과 함께 지내는 것도 한가지 방법인 듯하다. 또한 자녀의 학교 생활과 적응 정도를 학교 당국이나 후견인과의 연락을 통해 지속적으로 관리 체크하는 것이 필요하다고 본다.

THEME 02 성공적인 조기 유학의 조건

사실 최근에는 미래의 강대국이 될 중국에 대한 기대를 품고 중국으로 조기 유학을 가는 경우가 많아졌다. 하지만 이에 비해 성공률은 높지 않다. 한국 조기 유학생들이 많은 지역에 가면 한국인에 대한 인식이 좋지 않을 정도이다. 한 동안 시사 프로의 기사 주제가 될 만큼 한국의 조기 유학생들의 비행 실태는 심각했다. 지금은 그나마 중국 물가가 높아져 나은 편(?!)이지만 중국에는 술과 유흥 시설, PC방 등의 시설이 너무 싼 가격에 도처에 깔려 있다 보니 조기 유학생들의 일탈이 어려운 일은 아니다. 중국 조기 유학은 다른 영미권 유학과 달리 예전에는 비용이 그리 비싸지 않았다. 그래서 유학을 가장해 아이를 중국에 방치하는 경우가 많았다. 예를 들자면 이런 경우다. 부모가 이혼을 했는데 양쪽 부모 모두 아이를 맡길 원하지 않는 경우 가격이 저렴한 중국으로 어학연수를 가장해 보내버리는 것이다.(중국어도 배우고 얼마나 좋냐며 부모 자신부터 스스로 속이며) 이 경우 아이는 돌봐주는 사람도 없이 그냥 외국에 방치되어 버린다. 이런 아이들은 거의 대부분 공부가 아닌 유흥의 세계로 빠져든다. 중국 개방 초기 가족과 함께 살면서도 중국의 유흥 문화를 경험한 모 오빠의 말에 의하면 처음에는 금요일만 불타게 놀다 차츰 그게 목요일, 수요일, 화요일, 월요일로 나가면서 걷잡을 수 없이 불타버린(?!) 유학 생활을 보내게 되었다고 한다. 불타는 유학 생활을 하던 아이들은 부모님이 뒤늦게 이 사실을 인지하고 아이를 다시 한국에 데려와도 한국 학교에 잘 적응하지 못하는 경우가 대부분이다. 그 아이들은 인생의 중요한 시기를 방황과 함께 보내게 된다.

따라서 어느 유학이나 마찬가지이겠지만 아이를 조기 유학 보내고자 한다면 그 아이가 어디 있든 부모님의 지극한 관심과 사랑이 필수적이다. 그나마 중국은 한국에서 멀지 않으니 자주자주 부모님이 왕래하고 보살피고 이게 어렵다면 전화 통화나 이메일을 통해 가능한 자주 연락을 주고 받는 것도 방법이다.

중국에서 성공적으로 유학을 마치고 미국 주립대학에 재학 중인 이준 군의 인터뷰를 통해 성공적인 유학 생활은 어떻게 해야 하는 지에 대해서 알아보자.

👥 인터뷰 _조기 유학 성공 사례 인터뷰

이름 : 이준
나이 : 25살
광주동운초등학교(~초5)
영파만리국제학교(초6~중2)
宁波万里国际学校(六年级~初二)
상하이감천외국어학교(중3~고1)
上海甘泉外国语学校(初三~高一)
몬트레이베이아카데미(고2~고등학교졸업) Monterey Bay Academy
사우스캐롤라이나대학교 University of South Carolina, Management and International Business

유년시절 유학 생활

Q. 유년시절 유학을 가게 된 계기는 무엇이었나요?

A. 중국 관련 사업을 하시던 어머니의 사업 파트너(중국인)가 자기 자녀들이 다니는 학교가 좋다며 어머니께 추천하면서 중국 유학을 가게 되었습니다. 어머니는 당시 중국 개방 초기에 중국 상하이와 저장성 지역에서 원단 관련된 사업을 하셔서 중국 상황에 밝은 편이었고 앞으로 중국이 새로운 세계의 중심이 될 것으로 전망하셨습니다. 그 당시에는 중국 조기 유학이 흔치 않았던 상황이지만 어머니께서 직접 하나하나 준비하시고 계획하신 덕분에 중국으로 갈 수 있게 되었습니다.

Q. 유학을 떠날 때의 상황은 어땠나요?

A. 처음에는 실감이 나지 않았어요. 초등학교 6학년 때였는데 중국으로 갈 때 부모님이 모두 함께 가주셔서 가족들과 여행가는 기분으로 갔어요. 하지만 부모님이 한국으로 돌아가시고 기숙사에 남겨졌을 때부터 실감이 나기 시작했죠. 첫째 날 저녁에 혼자 울었어요. 한 달 정도는 부모님이 내 옆에 있지 않으시다는 것과 의사소통이 전혀 되지 않는 것 때문에 심히 우울했어요. 하지만 한 달쯤 지나자 우울함은 어느 정도 없어졌어요. 다행히도 어린 나이라 금방 언어를 배우고 중국 친구들이 도와줘서 잘 적응할 수 있었어요. 제가 갔던 학교가 1000명이 넘는 학생 모두가 다같이 기숙사 생활을 하는 중국 내 명문 사립학교였어요. 그렇다 보니 중국 친구들도 모두가 가족과 떨어져 생활하는 게 당연했었고, 이러는 가운데 서로 의지가 되더라고요. 친구들 중 상당수가 중국에서 중산층 이상 집에서 사

랑을 받으며 자라서인지 모두 좋았고 외국인이 드문 지역으로 가니까 관심 갖고 잘 챙겨줘서 즐겁게 생활했어요.

Q. 다녔던 학교에 대해 소개해 주세요.
A. 초등학교 6학년 때 영파만리국제학교(宁波万里国际学校) 초등 과정으로 유학을 시작하게 되었어요. 이 학교가 속한 교육재단에는 초중고 과정이 다 있어요. 지금은 이 재단이 훨씬 커졌더라구요. 이 학교는 중국 내에서는 명문 사립으로 통해요. 중국 내, 특히 저장성과 상하이 일대의 회사를 경영하는 집안 자재들이 다니죠. 특이한 점은 전교생이 군대식으로 기숙사 생활을 한다는 거예요. 물론 군대처럼 심하진 않지만 수건과 이불을 각 맞춰서 개어야하고 기상 시간도 정해져 있죠. 제가 다닐 때만 해도 한국인이라곤 저와 형밖에 없었는데 나중에는 한국 학생들도 많이 들어왔어요. 한국 학생들이 많이 들어오기 전에는 학비도 현지인들과 똑같이 내고 다녔는데 그 당시 한국 물가 수준에 비하면 상당히 저렴한 편이었어요. 1년에 300~400만 원 정도의 가격에 교과서와 학용품, 기숙사 비용까지 다 포함되어 있었으니까요. 다니는 중간에 한국 학생들이 많이 들어오면서 외국인에게 현지인보다 더 비싼 학비를 받기 시작했지만 저의 경우에는 학교 측의 배려로 현지인들과 똑같은 학비를 내고 다녔어요. 지금은 재단이 커져서 국제학교와 다양한 분야의 학교들이 있더라구요. 학교에 다니면서 재단에서 주는 장학금도 받았어요.
이 학교에는 중2까지 다니다가 중3 때 상하이에 있는 학교로 옮겼어요. 학교에 불만이 있었던 것은 아닌데 상하이에 일본어 특화 학교가 있다는 이야기를 듣고 옮겼어요. 수업의 상당 부분을 일본어로 진행해서 일본어를 집중 교육하는 학교였어요. 중국어로 일본어를 공부한 셈이죠.(이준 군은 일본어도 수준급이다.) 중2 때쯤 되어서는 중국어 실력이 수업이해가 아주 편한 수준이 되어서 다른 언어를 배우고 싶은 마음도 컸죠.

Q. 조기 유학이 좋았던 점은?
A. 유학 생활 동안 중국 친구들로부터 특별한 존재가 되어서 관심을 받고 유학 생활을 할 수 있었던 점과 중국어를 쉽게 배울 수 있었던 점이었던 것 같아요. 제가 유학할 때만 해도 중국 조기 유학을 많이 갈 때도 아니었고 가더라도 상하이와 베이징에 집중되어 있었죠. 상하이에서 약간 떨어진 저장성 닝보만 해도 외국인 자체가 신기한 존재였어요. 그래서 같이 공부하는 친구들의 관심도 컸죠. 한국 집에 다녀오거나 방학이 지나면 친구들이 책상 위에 선물을 놓아주기도 했어요.
　　중국어를 어릴 때 배우다 보니 공부가 아닌 생활 속에서 자연스럽게 배웠어요. 처음 몇 달 고생하긴 했지만 어린 나이였고 중국인 친구들 사이에서 함께 기숙사 생활을 하니까 자연스럽게 중국어를 익혀서 아주 편하게 중국어를 듣고 말할 수 있어요.

Q. 유학을 하는 동안 아쉬웠던 점은?
A. 가족들과의 시간이요. 부모님이 자주 보러 오시긴 했지만 제가 자라는 모습을 부모님과 다른 가족들에게 보여줄 수 없다는 점이 정말 아쉬운듯해요. 내가 성장하는 순간 순간을 부모님께 보여드릴 수 없다는 점이 가장 큰 아쉬움으로 남아요.

Q. 부모님은 자주 뵈었나요?
A. 국제전화가 비싼 시절이었음에도 어머니께서 굉장히 자주 전화하셨고 공부하고 있는 곳으로 자주 오셨죠. 한 달에 한두 번씩 부모님이 중국에 오셔서 함께 생활 했어요. 부모님께서 호텔을 잡아서 다른 중국 아이들이 집에 가는 것처럼 부모님과 호텔에서 함께 생활했어요. 닝보에 있는 OOO호텔에 대해서는 추억이 많아요. 닝보 OOO호텔에서 어머니와 함께 호텔 주변을 산책도 하고 같이 이야기도 나누면서 심리적 안정을 얻을 수 있었어요. 한국에서 닝보로 직항 비행기편이 없어서 상하이로 들어오셔서 4-5시간을 버스를 타고 닝보로 오셔서 저와 함께 시간을 보내주셨어요. 지금 생각해 보면 어머니는 중국어도 잘 못하셨는데 영어가 잘 안 통하던 중국에서 혼자 버스를 타고 닝보까지 오셨던 열정에 감사하다는 생각이 들어요.

Q. 본인의 자식들도 유학을 보낼 것인지?
A. 자식이 생기면 많이 예쁠 것 같아서 많은 시간들을 함께 하고 싶기 때문에 보낼 생각은 없어요. 하지만 아이가 원해서 먼저 보내 달라고 한다면 보낼 것입니다. 유학을 하면서 느낀 것은 본인들이 원해서 가는 유학이 최고라는 것이에요. 본인이 원하기 때문에 간 유학은 열심히 공부하게 되고 책임감을 가지고 생활에 적응하게 되는 거죠. 저는 엄마의 권유로 갔지만 부모님의 사랑과 친구들의 도움으로 잘 적응한 케이스지만 주변에는 그렇지 못한 친구들이 많거든요.

국제학교, 공립학교, 사립학교, 한국 학교의 장단점 비교분석 (초등학교부터 고등학교까지)

PART 01 STEP 04

중국의 학교는 현지 학교와 인터내셔널 스쿨이 있고, 현지 학교는 운영 주체에 따라 공립학교와 사립학교로 나뉘어 진다.

THEME 01 인터내셔널 스쿨

인터내셔널 스쿨은 국제적인 유명 학교의 지부가 이 지역에 있는 경우이다. 본교는 영국이나 미국 등지의 재단인 경우와 중국 교육재단에 의해 설립된 경우로 나뉘어진다. 영국이나 미국 등지에 재단을 둔 학교든 중국 교육 재단에 의한 인터내셔널 스쿨이든 영어로 모든 수업을 진행하고 중국어는 교과목 수준으로 교육하는 경향이 있다. 요즘은 예전에 비하면 중국어를 더 배우기는 하지만 대부분 영어로 수업을 진행하기 때문에 한국의 국제학교처럼 입학하고자 하는 사람들이 많다. 그러나 학비가 엄청나서 학기당 천만 원 단위인 곳들이 대부분이라 자녀 학비까지 다 나오는 주재원 자녀나 여유있는 교민 자녀 등이 다닌다. 수업 커리큘럼은 아주 좋은 편이라 내용 자체는 만족스럽지만, 모두 100% 영어로 진행되다 보니 정말 중국어를 집중 공부하겠다는 학생 보다는 정규 수업이 중요하거나 영어 공부에 치중하고 싶은 학생들이 다닌다.(중국에 와서 영어 공부라니 좀 이상하다.) 주재원으로 가는 것이 아닌, 자녀의 중국 유학을 결심하는 상당수의 학부모들에게는 중국어 교육이 최우선이다 보니 과연 중국까지 가서 인터내셔널 스쿨을 가야 하는지 의문은 있다. 내 주변의 중국 내 인터내셔널 스쿨을 졸업한 지인들을 보면 중국어보다 영어를 더 잘하고, 최소 10년 이상을 중국에 살았음에도 '서바이벌 중국어'를 구사하는 사람들이 많다. 그러나 여러 국가의 학생들이 있고 입학이 쉽고 학생들 관리가 우수하다 보니 여전히 많은 사람이 다니고 있다. 예전에는 조기 유학생들 중 상당수가 인터내셔널 스쿨을 다녔지만 지금은 중국어 교육이 중국 유학의 첫 번째 목적이다 보니 현지 학교를 더 선호하는 추세이다.

THEME 02 현지 학교

현지 학교는 운영 주체에 따라 공립학교와 사립학교로 나뉜다. 공립은 국가에서 운영하고 사립은 사설 교육재단에서 운영한다.

01. 사립학교

시설 면에서는 사립학교가 더 좋은 편이다. 수준이 떨어지면 그 학교에 진학하려 하지 않기 때문에 좋은 선생님 유치에 더 많이 신경 쓰는 편이기도 하다. 사립학교는 교육과정이 좀 더 자유로워서 한국 사람들이 배우기에 꺼려지는 군사 교육이나 사회주의에 관한 과목을 듣지 않도록 요청할 수 있다.

그러나 굉장히 좋은 명문이 있는 반면 영세한 사설학원 수준의 학교들도 있으므로 잘 확인해야 한다. 학비는 공립보다 비싼 편이지만 최근에는 대다수의 공립들도 외국인에게는 학비를 더 비싸게 받는 경향이 있어 비슷한 수준인 것도 같다.

한국에서 중국으로 유학을 가면 거의 대부분이 사립학교를 가게 되는데 유학원들이 주로 사립학교와 연결되어 있기 때문이다. 이런 곳들은 국제반을 따로 운영하는 경우가 있는데, 외국인 학생들만 따로 모아놓고 교육을 하는 반으로 중국어 기초 교육 등이 이루어 진다. 그런데 학교에 따라서는 국제반이 본교와는 아예 다른 사설학원처럼 운영되고 중국어 실력이 좋아져도 보통 중국 학생들과 섞여서 수업을 받을 수 없는 경우가 있다. 중국 유학을 갔지만 거의 한국의 사설학원 수준의 교육만 받다 오는 경우가 생길 수 있다는 뜻이다. 유명 사립학교들 중에는 유학원들로부터 돈을 얼마 받고 자신들의 이름 사용을 허가할 뿐 실제로 학교 운영에는 전혀 관여하지 않는 곳들도 있다. 이런 학교는 정말이지 최악이다. 이런 점은 유학 전에 반드시 체크해야 한다.

02. 공립학교

마지막으로 공립학교이다. 공립학교의 경우 무엇보다 현지 학생들과 섞여서 공부할 수 있다는 것이 가장 큰 장점이다. 명문 공립의 경우에는 함께 공부하는 학생들의 수준도 높고 수업의 질이나 교사의 수준도 높아서 추천할 만하다. 학비도 저렴하고 국제반을 따로 운영하는 경우가 드물어서 바로 수업에 들어갈 수 있다는 장점도 있다. 하지만 중국어 실력이 좋지 않은 상태에서 갈 경우 학교 적응에 힘들 수 있고, 외국인 학생들에 대한 배려가 부족하다.

무엇보다도 일단 들어가기가 힘들다. 중국의 경우 학군별로 학교를 가는데, 들어가는 순서가 그 지역에 호구가 있고 집이 있는 현지인, 집은 없지만 호구가 그곳인 사람, 외부인, 그리고 가장 마지막이 외국인이다. 외국인이 4순위이기 때문에 정상적인 경로로 외국인 전형이 아닌, 현지인과 같은 방법으로 명문 공립에 들어가기는 쉽지 않다.

도심 외곽 지역에 있는 공립은 경쟁률이 치열하지 않다. 각 지역별 외국인 지정 학교들도 있는데 이런 학교 말고 그냥 학교에 가려면 여러 가지 제약 조건이 따른다. 명문 공립에 가려면 상당한 기부금을 내거나 꽌시(인맥)를 통해야 하는 경우가 있다. 물론 외국인 지정 학교가 아니라도 특별한 꽌시(인맥)가 있으면 가능하다. 항저우에 살 때 교민 자녀 중 초등학교 순위에서 밀려서 학교를 못 갈뻔한 아이가 있었다. 분명히 그 지역 공립 학교에 못갈 것 같아 다른 학교를 알아본다는 이야기였는데 어느 날 이 아이가 원하는 학교에 입학했다는 이야기를 들었다. 알고 보니 이 남자아이의 '유치원 여자친구의 아버지'가 항저우시 교육위원이라 특별히 힘을 써주었다고 한다. 아이 아버지 빽으로도 어머니 빽으로도 못간 초등학교를 여자친구 아버지 빽으로 갔다는 우스개 소리가 한 동안 떠돌았다.

최근에는 푸단대 부속중과 같은 명문 공립이라도 국제 중문부를 본교와는 별개로 외국인 전형으로 따로 운영한다. 시설이 열악한 경우가 상당수이고 사회주의권 교육을 수용해야 하는 점도 있다. 한 주재원 부부가 아이를 공립 초등학교에 보냈더니 아이가 공산당 강령을 열창해서 놀랐다는 이야기를 들었던 적이 있다. 중국은 우리가 자유경제 국가라고 생각하지만 정치 부분에 있어서는 공산당 1당 독재의 사회주의 국가기 때문에 학교에서 여전히 군사 훈련과 사회주의식 교육을 한다. 사립의 경우에는 외국인에게는 이런 부분을 선택할 수 있는 자율권을 주는 경우가 많지만 공립은 이런 훈련들도 다 받아야 하는 경우가 더 많다. 또한 자료를 찾고 현지 아이들과 동일하게 입학하려면 현지에서 직접 알아봐야 하는 경우가 많아서 정보 수집이 어렵기도 하다.

주의하자. 국제반 또는 국제 중문부

입학 시 국제 중문부 또는 국제반이라는 곳을 주의하자. 모든 국제반과 국제 중문부가 그런 것은 아니지만 명문 부속이라고 할지라도 운영 주체가 학교와 전혀 다른 사설학원 같이 운영될 가능성이 있다. 중국에서는 외국인을 위한 교육을 사업으로 여기는 경향이 있어서 사설학원이나 사업가들에게 본교의 이름을 사용하도록 하는 대신 수수료를 받는 경우가 있다. 학교에 따라 국제반, 국제 중문부로 입학 후 HSK 성적이 어느 정도 높아지면 현지 아이들과 함께 수업을 받을 곳으로 옮길 수 있는 경우와 없는 경우가 있다. 학교 선택 전에 이 사항을 반드시 체크해야 한다.

THEME 03 한국 학교

상당수의 교민들과 주재원 자녀들이 다닌다. 한국 학교는 한국어로 교육하고 중국어를 교과목으로 배운다. 한국 학교에 다니는 이유는 상당수가 바로 한국 대학 입시 때문이다.

한국 대학에는 특별 전형으로 주재원 자녀나 해외 거주 학생들을 따로 뽑는 전형이 있고 일반 전형에 비하면 들어가기 쉬운 편이기 때문에 이 전형을 대비해서 한국 학교에서 수업을 해준다. 한국 대학 입시를 위해 정해진 교육을 한다.

THEME 04 결론

결국 학교의 선택은 각자가 가진 목적과 아이의 성향, 기간, 중국어 능력 정도에 따라 선택하여야 한다. 유학원 말만 믿어서도 안 되고 부모님이 중국 상하이와 항저우, 닝보 등지의 한인회 커뮤니티에 문의하는 방식으로 충분히 조사해야 한다.

반드시 학교가 교육청 인가를 획득한 곳인지 인가 획득 여부를 확인해야 한다. 그렇지 않을 경우 비자를 받을 수 없다.

각 학교별로 등록 방법이 조금씩 다르다. 성인 어학연수의 경우에는 내가 다녔던 저장대학교를 어학연수를 중심으로 설명해 본다.

THEME 01 대학교 부설 어학연수

01. 필요 서류
학교마다 세부적으로는 다르지만 보통 입학 신청표, 여권 복사본, 사진 2매, 최종 학력 졸업 증명서, 성적 증명서

02. 학비
한 학기에 7,500元-10,000元으로 형성

03. 입학 신청표 작성

일단 저장대학교의 경우 공식 홈페이지도 있지만 http://iczu.zju.edu.cn/english/default.html 이 주소를 치면 등록을 조금 더 편리하게 도와주는 위와 같은 화면이 바로 나온다. 국제 학생들이 등록하기 쉽도록 해놓았다. 여기에 보면 admission 파트에 등록에 필요한 자세한 사항들이 나타나있다.

먼저 상단의 Online Application 단추를 클릭한다. 클릭하면 자세한 신상을 입력할 수 있는 파트가 나온다.

하단의 노란색 Register버튼을 눌러 가입 후 이름과 패스워드를 넣고 안전 코드를 적고 로그인 한다.

사진을 이미지 파일로 넣고 각종 인적 사항을 입력하면 최종본 서류가 나오는데 이 서류를 채우면 된다.

홈페이지 등록이 끝나면 서류를 출력한다. 이 서류를 학교로 우편 발송한다.

04. 등록비 보내기

등록비는 자신이 이용하는 주거래 은행, 혹은 그냥 가까운 은행에서 하면 된다. 저장대학교의 경우에는 다음 계좌로 보내게 되어있다.

```
Account
    Beneficiary : Zhejiang University
    Account No. : 374065939298
    Name of the Bank : Bank of China Zheda Sub-branch, Hangzhou
    Swift Code : BKCHCNBJ910
```

이때 중요한 것은 등록비를 보내는 스위프 코드를 비롯해 모든 사항을 대소문자 정확히 구분해서 써야 한다는 점이다. 해외 송금은 사소한 글자 하나, 대소문자 차이로도 가지 않고 되돌아 온다. 등록비 400위안을 보내고 그 영수증을 받아 학교에 보내는 서류에 첨부해야 한다. 학교에 따라서는 달러와 인민폐 모두를 받는 경우가 있는데, 환율을 잘 살펴 유리한 쪽으로 보내면 된다. 해외 송금의 경우 수수료도 상당하다.

중요한 것은 영수증을 잘 챙기는 것과 대소문자와 띄어쓰기까지 정확히 쓰는 것이다.

05. 서류 보내기
입학 신청표, 여권 복사본, 사진 2매, 최종 학력 졸업 증명서, 성적 증명서, 입금 영수증을 서류 봉투에 담아서 아래 주소로 보낸다. EMS로 보내면 보통 3일 정도면 들어간다. P.O Box가 있는 곳이라면 도착 여부를 확인 할 수 있다.

Address
P. O. Box W-99, International College
Yuquan Campus, Zhejiang University
38# Zheda Road, Hangzhou, Zhejiang, China 310027

06. JW202 서류 기다리기
이제 서류를 기다리면 된다. 그런데 중국의 행정 절차상 빨리 보낸다고 서류가 빨리 오는 것은 아니다. 입학 서류를 받으면 일정 시기에 한꺼번에 보낸다. 그래서 9월 학기라면 보통 서류는 6월말 이후에 도착한다. 나의 경우 서류가 오지 않아 여러 번 담당자에게 이메일을 보냈었는데 답장도 없다가 6월 말이 되자 도착했다. 이 서류를 가지고 중국 비자 발급처에 가서 비자를 발급 받으면 된다.

07. 비자 만들기
위의 단계에서 발급받은 서류를 들고 중국 비자 발급 센터에 가서 학생비자(X1, X2)를 만들면 된다. 과거에는 명동에 있는 중국 대사관에서 발급받았지만 2013년부터 비자 발급 센터로 가야 한다. 서울 스퀘어(서울역), 남산 스퀘어, 부산, 광주 등 한국에는 총 4곳에 비자 발급 센터가 있다. 넷 중 가까운 곳으로 가면 된다. 물론 학생비자를 받아 가는 걸 추천하지만 너무 늦게 등록을 했거나 서류가 늦어지는 경우 관광비자를 받은 후 현지에 가서 바꿔도 된다.

08. 현지 등록
중국 학교의 등록 절차는 쉽지 않다. 한국이나 다른 나라들과는 달리 온라인으로 돈을 받지 않는 학교가 대부분으로 등록일 당일 학교에 돈을 들고 가서 등록해야 한다. 중국 대학들은 전산화 작업이 잘 안 되어있는 편이라 입학 관련 서류들도 다 챙겨야 한다. 서류를 들고 가면 입학처에서 등록금을 낼 수 있도록 표를 주는데 그 표를 가지고 다른 층에 가서 돈을 내면 표에 도장을 찍어준다. 이 도장을 가지고 다시 입학처로 와 서류를 내고 등록을 완료하면 생활을 안내하는 종이를 준다. 등록금 지불을 위한 표를 받는 곳, 돈을 들고 학비를 내는 곳, 서류 작성하는 곳 등이 다른 층에 있는 경우도 많아서 중국어를 모른다면 혼자 등록하는 것은 거의 불가능에 가깝다. 와이파이 신청 등도 모두 다른 곳에서 하기 때문에 어렵다. 하지만 다행히 저장대의 경우 항저우 한인 교회 청년부 학생들이 등록일 날 나와서 봉사 활동을 해주기 때문에 그나마 편하게 등록할 수 있다.

사진 준비를 못했다면 학내 사진관도 있기는 하다. 나는 사진을 들고 오지 않아서 학교 내 사진관에 찍었는데, 내 카메라로 찍는 게 훨씬 나을 정도로 허접한 사진이 나왔다. 지금도 그 사진은 아무에게 못 보여 줄 정도로 웃기다. 일부러 얼굴을 망치려고 포샵을 한 것 같았다. 가격은 40위안 정도로 한국 돈 8천 원이 넘는다. 아무튼 절대 다시 못쓸 것 같은 사진이었다. 그러니 한국에서 사진을 넉넉히 챙기자.

나는 중국돈을 환전해 오지 않아서 시티은행을 찾아가는 수고로움을 감수했는데 등록비와 한 달치 생활비 정도는 미리 환전해 가는 것이 좋다.

Check Box

1. 학교에서 보내준 서류
2. 사진 4장
3. 여권
4. 등록비 현금

09. 반 배치 고사

알려준 날짜에 가서 반 배치 고사를 보면 된다. 반 배치 고사를 보면 반이 발표된다. 반 배정 고사는 문답고사와 쓰기로 나뉘어 진다.

입학 등록 시 유의사항

1. 모든 문서들을 잘 챙기자. → 한국에서처럼 전산화가 되어있어서 내가 이미 등록이 되어있다고 생각하면 오산이다. 중국에서는 영수증을 비롯한 서류가 없으면 등록된 게 너무 당연한 상황에서도 등록을 못할 수 있다.
2. 등록에 필요한 간단한 중국어는 알자 → 물론 만국 공통어인 바디랭귀지로도 가능하지만, 시간이 좀 걸리고 몸이 고생한다.
3. 등록 기간을 지킨다. → 중국에서 행정상 편의를 보아 줄 거라고 생각하지 말자. 일단 중국은 일하는 사람 중심이므로 일정기간이 지나면 등록을 안 해 줄 수도 있다.
4. 돈은 미리 챙겨 가는 게 좋다. → 나의 경우 시티은행을 이용해 돈을 뽑을 생각이었는데(환율상 가장 유리함) 시티은행은 택시를 타고 가야 했다. 그리고 택시기사 아저씨는 '시티인항'은 모르고 '화치인항(花旗银行)'만 알았다. 이 위치를 설명하는데 정말 많이 애 먹었다.

THEME 02 조기 유학의 경우

조기 유학의 경우 성인 유학과 비교해도 더 복잡한 편이라 가급적이면 유학원 이용을 권한다. 일단 목적에 따라 학교를 정하고, 후견인을 정하고 이 후견인을 공증하는 과정을 거쳐 학교에 제출하면 학교가 입학 서류와 JW202를 보내 준다. 받은 서류를 가져가면 비자를 만들 수 있다. 학비는 성인 유학과 마찬가지로 현지에서 내는 경우가 대부분이다. 그런데 이런 과정은 학교마다 다르고 입학하는 방법도 학교마다 다르기 때문에 한 가지로 통일해 이야기 하기는 어렵다. 학교에 따라서는 기부금을 내는 과정이 들어갈 수도 있다. 그래서 조기 유학의 경우에는 유학원을 이용하는 것이 여러 가지 면에서 간편하긴 하다.

유학원 반드시 필요한가요?

THEME 01 유학원의 필요성

중국 유학을 주선하는 유학원들이 참 많이 있다. 이곳에서는 학교를 알선해 주고 수속을 대행해 주는 역할을 한다. 중국 유학이 영미권 유학 다음으로 한 번 쯤은 가야 할 유학지로 인식되는 만큼 중국어권 유학원도 범람하고 있다. 이 시점에서 우리가 알아 봐야 할 것은 '중국 유학을 갈 때 유학원을 이용할 필요가 반드시 있는가'이다. 이것은 조기 유학인지 성인 유학인지, 자기 자신이 중국에 대한 어느 정도의 정보를 가지고 있는지, 어떻게 알아보는지, 편의를 어떻게 고려할 것인지 등에 따라 다를 수 있다.

'우리는 지금 대만으로 간다.' 편에서는 대만 유학 시 유학원은 필요 없다고 말한 바 있다. 이것은 사실이다. 대만은 한국과 거의 비슷한 수준의 인프라를 가지고 있으며 사람들의 사고방식도 비슷하기 때문에 유학원 없이도 다

유학원이 너무 많아 선택하기 어렵다.

닐 학교에 가서 돈 내고 등록하면 간단하게 끝나는 시스템을 가지고 있다. 한국어로 친절히 안내해주고 카드 결제도 되고 직원들 모두 영어로 의사소통이 가능하므로 정말 외국 생활에 두려움이 있는 경우가 아니라면 유학원은 필요하지 않다. 하지만 중국은 좀 다를 수 있다. 앞으로 계속 말하겠지만 중국은 꽌시(关系, 인맥)로 안 되는

것이 없다. 반대로 말하면 꽌시 없이는 되는 것도 없는 곳이라는 뜻이다. 똑같은 사안도 인맥에 따라 할 수 있고 없는 일들이 너무 많다. 유학원들의 꽌시를 이용하면 너무나도 쉽게 될 일들이 혼자 하면 불가능에 가깝게 어려워질 수 있다.

중국 학교는 등록에만 일주일 걸린다. 돈 내는 곳과 등록처의 동선을 하나로 이으면 될 것을 1층에서 등록을 한다면 등록비는 2층에서 내고 도장을 받아서 1층에 가져다 주고 개별 사항 사항마다 각자 다른 곳에서 등록을 해야 해서 정말 미칠 지경이다. 등록처 직원들이 영어를 못하는 경우도 태반이다. 정말 등록하다 정신이 혼미해 지고 진이 빠진다. 중국 학교들은 전산화 작업이 전무해 모두 수기로 하는 편이라서 착오도 많다. 중국 유학을 간다면 유학원을 고려해 볼만하다. 중국 유학은 가는 사람들도 많은 편이라 대규모로 이용하기 때문에 수수료 10만 원 정도에 해주는 경우가 많아 이런 유학원을 끼면 복잡한 절차를 한번에 해결 할 수 있다. 그러나 유학원에 따라서는 그 이상의 비용을 요구하기도 하고, 중간에서 이상한 학교를 추천한다든지 문제가 되는 행동을 하는 경우가 있으니 잘 살펴야 한다.

그렇다면 어떤 유학원을 선택하는 것이 좋을까? 그것은 지역에 따라 달라진다. 각 지역마다 꽌시가 있는 유학원이 다르기 때문에 가고자 하는 지역과 꽌시가 두터운 유학원을 선택하는 것이 관건이다. 그렇다면 어떻게 꽌시가 두터운 곳인지 알 수 있을까? 그 지역으로 유학생을 많이 보내는 유학원을 선택하면 된다. 학교로 학생을 많이 보내다 보면 당연히 꽌시는 두터워 지게 마련이고 현지 사정에 밝기 때문에 생각보다 더 다양한 것들이 쉽게 해결된다.

중국 학교를 다니면서 너무 안타까웠던 것은 중국에서는 학교, 특히 외국인을 대상으로 하는 학교를 외화벌이 수단 정도로 보는 경우가 많다는 점이었다. 외화벌이를 위해 교육이라는 상품을 파는 것쯤으로 생각하고 운영하는 경우가 꽤 많다. 최근 뉴스추적에도 나온 것 처럼 명문 학교의 부속학원으로 설립해 놓고는 본교 학위로 인정해 주지 않는 경우도 있고, 외국인들만 드글드글(!)한 곳에서 중국인 친구는 한 명도 못 만나보고 유학 생활을 마감할 수도 있다. 이런 문제가 있는 학교들 중 상당수는 유학원에 상당한 커미션을 주고 학생을 유치하기도 한다. 학교측에서 학생 한 명당 얼마씩 유학원에 비용을 지급하는데 유학원 입장에서는 학생이 주는 비용도 받고 학교에서 커미션도 받을 수 있는 학교를 추천하게 되고, 그러다 보면 얼토당토 않은 학교로 유학을 가게될 수도 있다. 그럼에도 여러 가지 편의를 위해 유학원을 선택하고자 한다면 생활이나 등록, 초기 정착적인 부분을 맡기고 학교 선택이나 정보 수집, 커리큘럼 선택은 스스로 하는 것이 좋다.

결론은 학교 선택은 직접 하는 것이 좋고, 생활 편의나 등록, 초기 정착을 위해 적정 수준의 비용을 요구하는 유학원이라면 이용하는 것이 좋다는 것이다.

THEME 02 유학원 선택 시 주의사항

수많은 유학원 중 어떤 유학원을 선택할 것인가? 이것 또한 어려운 일이다. 물론 내 친구나 다른 사람들의 소개를 통해 미리 그 유학원을 이용해본 사람들의 평을 듣고 이용하는 것이 가장 좋지만, 이렇지 않을 경우 종로와 강남에만도 정말 많은 유학원이 있기 때문에 선택하는 것은 더 어려워 진다. 우선 큰 유학원을 선택하고 내가 가고자 하는 지역으로 얼마나 많은 학생들을 보내는 지를 살펴보자. 그리고 유학원에 따라서는 비싼 수수료를 받고도 등록을 직접 해야 하는 곳도 있어서 현지에 갔을 때 매우 당황할 수 있다. 이 모든 일들을 하나하나 따져 물어야 한다.

Check Box

1. 내가 정보를 수집해야 한다.
유학원만 믿으면 안 된다. 중요한 정보는 내가 직접 수집해야 한다.

2. 추천 학교의 실제 홈페이지를 참조한다. (영어 홈페이지)
상당수의 중국 학교들이 영어 홈페이지를 운영 중이다. 이 홈페이지에서 등록 방법과 비용 등을 명확히 체크하자. 힘들 경우 bing 등의 번역기를 이용할 수도 있다.

3. 구글 지도로 위치와 주변 환경 체크
중국 학교 중 상당수가 산이나 도시 외곽에 위치해 있다. 중국의 산과 도시 외곽은 우리 생각 이상으로 고립되어 있다. 그곳으로 들어가려면 차를 타고 적어도 2시간 이상 가야 하는 경우도 있고, 공항에서 내려 찾아 가는 것이 거의 오지탐험 수준인 학교도 있다. 또 진짜 허허벌판에 학교만 덩그러니 있는 경우도 있어서 생활이 정말 힘들 수도 있다. 따라서 혹시 학교가 이런 곳에 있는 것은 아닌지 먼저 체크해보는 것이 좋다. 구글 지도로 위치와 주변 시설을 꼭 확인 해주어야 한다.

PART 02

중국으로 고고씽

STEP 01 학교 등록하기
STEP 02 상하이 항저우 어떻게 가요?
STEP 03 중국 비자 그 실체를 파악해 보자
STEP 04 짐싸기
STEP 05 환전은?
STEP 06 숙소
STEP 07 중국에서의 주의사항

학교 등록하기

중국 학교는 등록 기간이 보통 1주일이다. 1주일 동안 수업이나 다른 일체의 행위를 하지 않고 학교 등록만 받는다는 뜻이다. 한국인인 나로서는 언뜻 이해 되지 않지만 실제로 등록을 해보면 왜 1주일이 걸리는 지 알 수 있다.

많은 분야에서 세계 첨단을 달리는 중국이지만 국가든 학교든 행정에 있어서 만큼은 왜 그런지 알 수 없을 정도로 느리다. 절차도 내가 보았을 때는 쓸데없는 것이 너무 많다.

일단 중국에서 등록이라든지 행정 업무를 보고자 한다면 하루를 다 쓸 생각을 해야 한다. 정말 간단한 학교 등록 업무의 경우, 이미 비자도 다 받고 각종 절차를 다 수행하고 모든 서류를 다 갖추고 있다고 할지라도 하루는 너끈히 걸린다. 때로는 하루에 다 못하고 내일 다시 가야 할 수도 있다. 그 이유는 다음과 같다.

01. 중국의 행정은 무슨 이유에서인지 전산화가 안된 부분이 많다.

중국 상하이나 베이징 등 대도시에 가면 한국 못지 않은, 오히려 한국 이상으로 화려한 야경과 현대적인 도시 풍경에 놀라게 된다. 그러나 행정기관에 가보면 무슨 이유에서인지 전산화가 안 되어 있다. 컴퓨터가 없는 곳도 아주 많다. 중국인들이 너무 많아서 다 전산화 하려면 정말 많은 시간과 노력이 필요하기 때문에 전산화가 안 되어 있는 거라는 그럴싸한 변명도 있지만, 아직 이 부분에 대해 나에게 설득력 있게 설명해주는 사람은 없는 것 같다. 중국은 공문서가 참 허접하다. 그냥 페이퍼에 담당자가 대충 사인해서 주는데 그걸 보면 이게 정말 중요한 공문서인지 종이 조각인지 구분 안 되는 공문서도 많다. 이런 공문서를 들고 행정기관의 각 창구를 돌면서 도장을 받아야 하는 경우가 많다. 한국 같으면 공공기관 컴퓨터 한 대를 놓고 다 해결할 일들을 이 과 저 과를 돌면서 모든 스탬프를 받아야 등록증을 내주고 이 등록증들 역시 허접하기 이를 데 없다. 하나하나 손으로 쓰다 보니 잘 쓰면 위조가 가능하다는 말이 헛된 이야기는 아닌 듯싶다.

02. 운동하자는 취지인지 돈 내는 곳과 등록하는 곳이 다르다.

심지어 다른 층에 있다. 내가 학교 등록할 때 등록은 1층에서, 돈은 2층에서 냈는데, 1층에서 등록 후 주는 종이를 가지고 2층에서 돈을 내고 스탬프를 받아 다시 1층에 돌아오면 등록을 확인해 주는 시스템이었다. 인터넷 신청하는 곳이나 학생증 만드는 곳은 심지어 아예 다른 곳에 있다. 정말 이해 안 되는 부분 중 하나이다. 중국 행정은 행정을 처리하는 민원인 입장이 아닌 집행하는 공기관 입장에서 생각하는 경우가 많아 이런 경우가 발생한다. 시간이 2배 혹은 3배 걸리는데 이들은 무슨 청유(나들이) 나온 양 천하 태평이고 '오늘 못하면 내일 하지'라는 태도로 일한다. 우리 같은 유학생들은 중국 사람들이 너무 많아서 이 사람들에게 다 일자리를 주기 위해 이런 시스템을 계속 유지하는 게 아니냐는 의문을 제기하기도 해봤다.

실제로 공기관이나 대학 등등에는 스탬프만 찍어 주는 사람들이 있는데 스탬프 기계가 발명되면 이들의 일자리가 없어지므로 이런 시스템을 도입 안 하는 것이 아닐까 하는 생각이 든다.

03. 영어를 못하는 직원들이 등록을 받는 경우가 많다.(혼자 처음 중국어 연수를 위해 오는 경우 정말 대략 난감)

타이페이와 중국을 비교하는 것이 의미 있을까 하는 생각도 들지만, 대만 유학을 경험하였던 나로서는 정말 난감하였다. 물론 나는 이미 중국어로 어느 정도의 대화가 가능한 상태였기 때문에 큰 어려움이 없었지만 중화권에 처음, 혼자 유학 온 상태라면 영어도 못하는 직원들과 씨름하는게 보통 힘든 일은 아닌 것 같다.

모든 학교를 일반화 할 수 있는 것은 아니지만 중국 4대 명문대라는 저장(저장)대학교의 입학처 직원도 영어를 못한다. 오로지 중국어로만 이야기를 한다. 영어로 이야기 해도 중국어로, 한국어로 이야기 해도 중국어로 대답한다. 다행히도 한국인들은 항저우 한인 교회 청년부 학생들이 이런 분들을 도와주기 위해 입학 때마다 무료 봉사를 해주기 때문에 큰 도움을 받을 수 있다. 하지만 그렇지 않은 지역이나 다른 나라에서 온 친구들은 등록을 하다 지쳐 쓰러질 정도다. 게다가 앞서 말한 것처럼, 1주일이란 기간이 필요할 정도로 등록 과정 자체도 수월하지 않다.

나는 대만 유학으로 어느 정도 기본적인 의사소통은 할 수 있는 상태였고 출국하기 직전 학교에서 보낸 입학 허가서를 받았기 때문에 다행히 편하게 입학 수속을 마칠 수 있었다. 하지만 많은 사람들이 학교에서 보낸 입학 허가서를 미리 받지 못하고(아마도 학교 측의 착오를 이유로) 현지에 와서 직접 수속을 하는데, 유학원이나 학교에서 지원이 없는 경우 혼자서 이 모든 것들을 다 해야 하기 때문에 엄청난 스트레스에 시달린다. 내 홈메이트(체코인)의 경우 이 때문에 한동안 엄청난 스트레스에 울면서 집에 돌아가겠다며 심각하게 상담까지 했었다.

진짜 힘들게 만든 학생증. 등록하는 곳에서 무려 10분을 걸어가 각기 다른 건물에 있는 세 군데 사무실을 돌아 만들었다.

> Check Box

입학 등록 과정

물론 이런 과정은 유학원을 쓰거나 학교에서 단체로 등록을 대행하면 필요 없을 수 있다.

1. 학교에 서류를 써서 보낸다. 그리고 등록비를 입금하고 그 영수증을 동봉하여 보낸다.
2. 학교 측에서 서류가 한국으로 온다. 그 서류를 가지고 학생비자를 만든다. → 비자 만드는 법은 파트 1, 등록 방법 참조
3. 비자와 함께 나머지 서류를 가지고 중국 학교로 간다.
4. 등록 기간에 서류와 함께 등록금을 가지고 가서 등록을 한다. 이때 돈 내는 곳과 등록하는 곳은 다를 수 있다.

상하이 항저우 어떻게 가요?

항저우 가는 비행기 안에서 본 하늘

비행기는 어느 곳에서 티켓팅 했는지에 따라 다르겠지만, 인천 공항에서 출발하는 상하이 항저우행 비행기가 매일 있다. 상하이의 경우 김포에서 가는 편도 있다. 개인적으로 김포 공항이 도심에서 가까워서 김포에서 홍차오로 가는 비행기 편이 편의나 거리를 생각할 때 제일 좋은 것 같다. 상하이에는 공항이 두 군데 있다. 홍차오 공항과 푸텐 공항인데 홍차오 공항이 우리나라 김포, 푸텐 공항이 인천 공항 같은 역할을 한다. 비행 시간은 2시간 정도 걸리는데 홍차오 공항은 도심에 위치해 있어 상하이 시내 전 지역을 지하철로 갈 수 있다.

항저우로 가려면 인천에서 항저우 공항으로 가는 비행기 편을 이용해야 한다. 항저우에는 국제선, 국내선을 함께 취항하는 공항 한 곳 뿐이다. 김포에서 출발하는 편은 없고 청주 공항에서 출발하는 대한항공 편이 있다. 서울이 아닌 곳에서 출발하는 사

아무도 없는 청주 공항

람이라면 청주 공항에서 출발하는 것도 한적하고 좋다. 해외 여행을 많이 하는 사람들은 알겠지만 유명한 공항일수록 사람도 너무 많고 대기 시간도 길어서 차라리 약간 덜 유명한 공항이 출입국 수속도 빠르고 좋다. 나의 경우에는 대한항공 마일리지를 이용해야 해서 청주-항저우 공항 편을 자주 이용했었다. 서울에서 1시간 40분 정도가 걸리니 인천이랑 큰 차이가 없기도 했다. 청주 공항서 출국할 때 단체를 제외한 이용객이 나밖에 없어서 신기했던 적이 있었다. 직원들이 쉬다가 내가 들어가니까 비로소 수속을 하는 걸 보고 뭔가 VIP가 된 느낌이었달까?

항저우 공항은 유학생들이나 이우로 물건 하러 가시는 분들이 주로 탄다. 특히 항저우 공항에는 이우 푸텐시장(义乌福田市场)을 비롯해 저장성 곳곳으로 가는 버스가 잘 연결되어 있어서 다른 곳으로의 이동이 쉽다. 공항에서 저장대학교를 가려면 옥천캠퍼스(玉泉校区) 기준으로 120위안 정도 나오는 데 한국 돈 3만 원이 넘지는 않는다. 조금 더 싸게 오려면 항저우 시내 우림광창(武林广场)으로 들어오는 버스를 타고 우림광창에서 택시를 타면 된다. 하지만 가지고 있는 짐이 많다면 그냥 택시를 타는 것도 나쁘지 않다.

상하이로 들어오는 경우, 푸동 공항과 홍차오 공항으로 들어오는 두 가지 방법이 있다. 푸동 공항은 한국의 인천 공항같이 규모가 크며 상하이 외곽에 위치하고 있고, 홍차오 공항의 경우 한국 김포 공항처럼 규모는 상대적으로 작지만 도심에 있다. 홍차오 공항에는 고속철역이 바로 연결되어 있어서 상하이가 아닌 다른 지역으로 갈 때는 더 편리하다.

푸동 공항의 경우에는 자기부상열차, 지하철, 공항버스 등 도심으로 가는 교통편이

다양하다. 자기부상열차는 궁금하다면 한번쯤 타보는 것도 좋지만 가격이 비싼 편이다. 유학생의 경우 짐이 많다면 해당 학교 근처로 바로 가는 공항버스가 있다면 그걸 타고, 학교까지 지하철 역이 연결되어 있으면 지하철을 타면 된다.

한 가지 더. 상하이가 아무래도 비행기 편수가 많다 보니 비행기 값이 싼 경우가 더 많다. 그래서 항저우가 학교인 사람도 상하이 공항으로 오면 더 싸게 올 수 있다. 보통 상하이 홍차오 공항으로 들어와서 홍차오에서 바로 고속철을 타고 항저우로 이동한 다음, 역에서 학교까지 40위안 정도 택시비를 주면 저장대학교 옥천캠퍼스 베이문(北门 Běimén)로 올 수 있다.

상하이와 항저우는 대도시답게 여러 가지 교통편이 있기 때문에 대체적으로 편리하게 시내로 들어올 수 있다.

하늘에서 본 항저우

항저우 공항

중국 비자 그 실체를 파악해보자.

한국인에게 비자를 면제해주는 국가가 너무 많아 가끔 잊어버리지만, 중국은 비자가 필요한 지역이다. 중국 정부의 비자 수입이 엄청날 거라는 예상답게 중국은 대부분의 나라에 비자를 요구한다. 비자의 종류에는 여행용 단수비자와 유학비자, 그리고 상무용 복수비자 등이 있다.

THEME 01 비자의 종류

01. 여행용 비자

여행용 비자는 30일짜리와 90일짜리가 있다.
30일짜리는 여권과 사진, 비행기표, 호텔 바우처가 필요하다. 30일짜리와 90일짜리의 차이는 거주지가 있는지 없는지 차이로, 90일짜리 비자는 거주지 주소가 더 필요하다. 대다수가 그렇지 않지만, 혹시 유학생 중 90일 안에 한국에 들어올 계획이 있는 사람이라면 가장 간단한 여행용 90일짜리를 받는 것도 괜찮다. 비자 대행 업체에 맡기면 별 문제 없이 비자가 발급되기 때문에 거주지만 확실하면 비자는 쉽게 발급된다. 최근 90일짜리 여행비자 발급을 중지한다는 풍문이 돌기도 했지만 아직까지는 대행 업체를 통할 경우 별다른 문제 없이 발급이 된다. 꽌시의 중요성이 여기서도 발현되는 것 같은데 비자 센터에 가서 개인이 바로 신청하는 것보다 비자 대행업체를 이용하면 더 간단하게, 그리고 확실하게 발급이 된다. 아직 호텔을 예약하지 않거나 표를 끊지 않은 상태에서 30일짜리 비자를 받고자 한다면 비자 대행 업체를 이용하면 된다. 여권과 사진만 있으면 30일짜리는 발급되고 거기에 거주지를 추가하면 90일짜리가 발급된다.
학교 등록은 했는데 출국할 날짜가 되어도 학생비자를 만들기 위한 서류가 도착하지 않은 경우, 혹은 중국 밖으로 나올 계획 없이 최대한 오래 체류하고자 하는 경우에는 여행비자를 받아서 현지에서 학생비자로 바꾸는 방법이 있다.

Form V.2013

中华人民共和国签证申请表
중화인민공화국 비자신청서
Visa Application Form of the People's Republic of China
(For the Mainland of China only)

신청인은 사실에 근거하여 정확하게 신청서를 작성하고, 모든 항목은 빈칸에 한글 또는 영문 대문자로 기재하며, □칸에 해당사항을 √로 표시하시기 바랍니다. 만약 해당사항이 없을 경우 "없음"이라고 기재해 주시기 바랍니다.

The applicant should fill in this form truthfully, completely and clearly. Please type the answer in capital English letters in the space provided or tick (√) the relevant box to select. **If some of the items do not apply, please type N/A or None.**

1. 개인정보 Part 1: Personal Information

1.1 영문 이름 Full English name as in passport	성 Last name Middle name 명 First name		최근 촬영한 정면 탈모 사진으로 엷은색 바탕의 여권용 사진 한 장을 부착합니다. **사진/Photo** Affix one recent color passport photo (full face, front view, bareheaded and against a plain light colored background).
1.2 한자 이름 Name in Chinese		**1.3 기타 이름** Other name(s)	
1.4 성별 Sex	□ 남 M □ 여 F	**1.5 생년월일** DOB(yyyy-mm-dd)	
1.6 현재 국적 Current nationality(ies)		**1.7 이전 국적** Former nationality(ies)	
1.8 출생지 (시, 도, 국) Place of birth(city, province/state,country)			
1.9 주민등록번호 Local ID/ Citizenship number			
1.10 여권 종류 Passport/Travel document type	□ 외교 Diplomatic □ 관용 Service or Official □ 일반 Ordinary □ 기타(설명필요) Other (Please specify):		
1.11 여권 번호 Passport number		**1.12 여권 발급일자** Date of issue(yyyy-mm-dd)	
1.13 여권 발급지 Place of issue		**1.14 여권 만료일자** Date of expiry(yyyy-mm-dd)	
1.15 직업 (복수선택가능) Current occupation(s)	□ 사업가 Businessperson □ 회사원 Company employee □ 연예인 Entertainer □ 농、공업인 Industrial/Agricultural worker □ 학생 Student □ 승무원 Crew member □ 자영업 Self-employed □ 무직 Unemployed □ 퇴직 Retired □ 기타(설명필요) Other (Please specify):	□ 전/현직의원 Former/incumbent member of parliament 직위 Position_____ □ 전/현직공무원 Former/incumbent government official 직위 Position_____ □ 현역군인 Military personnel 직위 Position_____ □ 비정부기구 직원 NGO staff □ 종교인 Religious personnel □ 언론인 Staff of media	
1.16 최종학력 Education	□ 석,박사 Postgraduate □ 기타(설명필요) Other (Please specify):	□ 대졸 College	
1.17 직장/학교 Employer/School	명칭 Name 주소 Address	전화번호 Phone number 우편번호 Zip Code	

第1页 共4页 / Page 1 of 4

02. 학생비자

학생비자에는 두 가지가 있다. 6개월짜리 1년짜리로 기간에 따라 구분된다. JW202를 가지고 가야 발급이 가능한데, JW202에 표기된 등록 기간에 따라서 이 비자의 기간도 달라진다. 6개월짜리 학생비자의 경우에는 건강 검사증 없이도 비자를 내어주지만 1년짜리의 경우 건강 검사증이 필요하다. 이 건강 검사증은 아무 곳에서나 받을 수 있는 게 아니고 중국 대사관에서 지정한 병원에서 받아야 인정된다. 앞에서 말한 바와 같이 중국에서는 관광비자로 입국해도 현지에서 학생비자로 바꿀 수 있다. 이 경우 만약 1년짜리로 비자를 바꾸려 한다면 중국 현지 병원에서 건강검진을 해야 한다. 중국 의료체계에 심각한 불신을 가지고 있는 나로서는 1년짜리 학생비자를 받아야 한다면 한국서 아예 받아가라고 말하고 싶다. 지금은 물론 나아졌겠지만 과거 다른 나라 대사관 직원이 중국 병원에서 진료받은 후 감염으로 죽었던 일이 있고, 각종 약의 부작용 사례나 백신이나 주사약의 불량률이 심각하게 높다는 내용이 중국 내에서도 보고 되고 있다. 중국의 에이즈 보균자 수는 꽤 높은 편인데 주사기를 재사용한다든지 등의 각종 괴담이 떠돌기 때문에 웬만하면 병원은 한국에서 가는 것이 좋을 것 같다. 1년짜리 건강검사를 위해서는 피도 뽑고 여러 가지 의료처치들을 해야 하므로 우리가 스스로 조심하는 수밖에 없다.

모두가 다 가는 데 무슨 유난을 떠냐고 비난하는 독자들이 있을 지도 모르지만 아무튼 내 생각은 그렇다. 중국에서 아프면 가까우니 한국에 들어왔다 나가는 것이 더 나을 수 있다.

THEME 02 비자 신청은 어떻게?

01. 직접 신청과 대행 업체

비자는 비자 센터에 가서 직접 신청하는 방법과 대행 업체를 통해 신청하는 두 가지 방법으로 받을 수 있다. 과거에는 대사관에서 직접 받아야 했는데 지금은 비자 업무를 모두 비자 센터로 이관하였다. 비자 센터는 비자 허가를 주는 업체가 일정 수수료를 대사관에 주는 형태로 운영된다.

비자 센터에 직접 가는 편이 더 싸지만 대행 업체를 통하면 더 확실하게 비자를 얻을 수 있다. 학생비자는 상관 없지만 여행비자를 받을 거라면 대행 업체를 쓰는 편이 나을 수도 있다. 대행 업체를 쓰면 여권과 사진만 주면 바로 비자가 발급되는 반면, 직접 비자 센터에 신청하면 호텔 예약 확인증, 사진, E-ticket 확인증을 추가로 요구한다. 물론 이 서류가 모두 갖추어진 사람이라면 상관 없지만 상당수의 사람들이 비행기표 예약 전에 비자를 받으려 하고, 학교 기숙사는 호텔 바우처가 발급되지 않는 경우가 대다수이다. 이럴 경우 대행 업체를 쓰면 편하게 비자를 받을 수 있다.

유학 목적이라면 학생비자를 받아서 가는 게 좋다. 세계에서 가장 빠른 행정 서비스를 갖고 있는 한국답게 비자가 나오는 시간은 한국을 따라올 곳이 없다. 당급행의 경우 이틀이면 비자가 나온다.

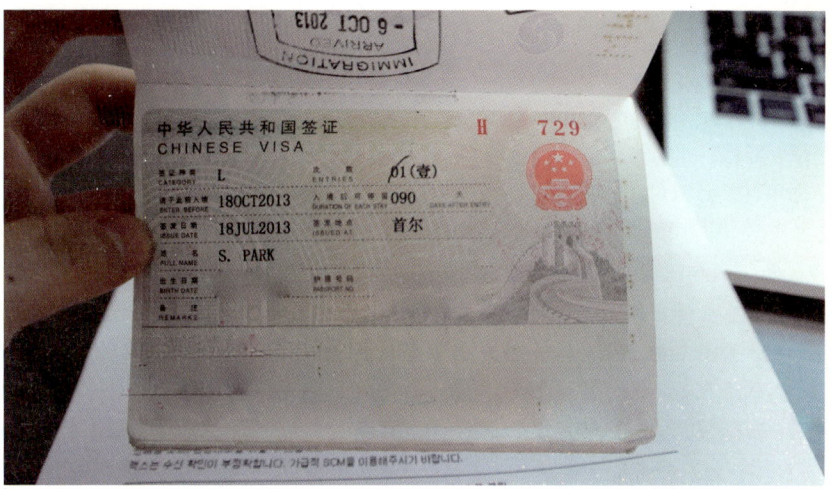

내가 받았던 90일짜리 중국 비자

하지만 중국에서 여행비자를 학생비자로 바꾸려면, 10월 국경절 즈음의 시기라면 거의 한 달이 걸린다. 따라서 이 기간 동안은 여권이 없는 상태로 생활해야 해서 매우 불편하다. 중국 공공기관들은 점심시간 2-3시간에 4시면 업무가 끝나는 경우가 많아 학교를 다니면서 이 시간을 맞춰 비자를 찾는 것도 여간 번거로운 일이 아니다.

02. 당일, 급행, 일반

일반 비자는 보통 4일 정도 걸린다. 급행은 2일, 당일은 하루에 발급 가능하다. 주의할 점은 급행과 당일은 그날 11시 30분 이전에 접수해야 한다는 것이다. 일반 비자는 3시까지 접수가 가능하다. 그 이외의 시간에는 발급된 비자를 찾는 업무만 가능하다. 가격은 당일이 가장 비싸고 급행, 일반 비자 순서이다.

비자 접수 시간

보통 비자 접수 시간 : 오전9시-오후3시
급행/특급 비자 접수 시간 : 오전9시-11시30분
비자 발급 시간 : 오전9시-오후4시
주의 : 급행/특급 접수 서비스(2일/1일 소요)는 접수 당일 오전11시30분 이전 접수 시에만 익일/당일 발급됨.
비자에 관한 최신 정보는 중국 대사관 홈페이지를 이용한다.
http://www.chinaemb.or.kr/

THEME 03   중화인민공화국 비자 규정

중국 방문 목적에 해당되는 비자의 종류를 선택한 후, 관련 서류는 아래에서 확인할 수 있다.

비자 종류
신청인의 범위

C : 승무, 항공, 해운업에 종사하는 국제열차 승무원, 국제항공기 직원, 국제항해선박 선원 및 선원과 동반한 가족, 국제도로운송업에 종사하는 운전기사
D : 중국에서 영구 거류하고자 하는 자
F : 중국에서 교류, 방문, 답사 활동 등을 하려는 자
G : 중국을 경유하려는 자
JJ1 : 중국에서 상주(180일 이상 체류)하는 외국 언론기관의 특파원
J2 : 취재·보도를 목적으로 단기 입국(180일 이내 체류)하는 외국 언론기관의 기자
L : 중국에서 여행을 하려는 자
M : 중국에서 상업무역활동을 하려는 자
QQ1 : 가족과 동거하기 위해 중국에서의 거류를 신청하려는
- 중국 국민의 가족 구성원(배우자, 부모, 자녀, 자녀의 배우자, 형제자매, 조부모, 외조부모, 손자녀, 외손자녀 및 배우자의 부모)
- 중국 영구거류자격을 보유한 외국인의 가족 구성원(배우자, 부모, 자녀, 자녀의 배우자, 형제자매, 조부모, 외조부모, 손자녀, 외손자녀 및 배우자의 부모)
- 위탁 양육 등의 사유로 거류하고자 하는 자

Q2 : 중국에서 단기간(180일 이하) 친지를 방문하고자 하는 자
- 중국 국내에서 거주하는 중국 국민을 방문하려는 가족
- 중국 영주권을 보유한 외국인을 방문하려는 가족

R : 중국 정부가 필요로 하는 외국 고급 인재 및 인재 충원을 위해 초빙하는 전문가
SS1 : 취업, 유학 등의 사유로 중국에 거류 중인 외국인의 배우자, 부모, 18세 미만의 자녀, 배우자의 부모 및 기타 개인 사정으로 중국에서의 거류가 필요한 자로서, 중국에 장기간(180일 초과) 방문 하려는 자
S2 : 취업, 유학 등의 사유로 중국에 거류 중인 외국인의 가족 구성원(배우자, 부모, 자녀, 자녀의 배우자, 형제자매, 조부모, 외조부모, 손자녀, 외손자녀, 배우자의 부모) 및 기타 개인 사정으로 중국에서의 체류가 필요한 자로서, 중국에 단기간(180일 이내) 방문하려는 자
XX1 : 중국에서 장기간(180일 초과) 유학 하려는 자
X2 : 중국에서 단기간(180일 이하)유학 하려는 자
Z : 중국에서 취업하려는 자

비자 신청 시, 신청인이 준비해야 할 서류는 다음과 같다.

유학비자
1. 단기유학비자(학습기간이 6개월 이하인 경우)
   (1) 학교 입학통지서 원본과 복사본 1부
   (2) 다음 서류 중 한가지를 제출해야 한다.
      a. 중국 외교부로부터 권한을 받은 기관의 초청장 또는 초청 확인서
      b. JW-202표(학습기간이 6개월 이하로 명시되어 있어야 함) 원본 및 복사본 1부

2. 장기유학비자(학습기간이 6개월을 초과하는 경우)
   (1) JW-202표(학습기간이 7개월 이상으로 명시되어 있어야 함) 원본 및 복사본 1부
   (2) 학교 입학통지서 원본 및 복사본 1부
   (3) "外國人體格檢査記錄(건강진단서)" 원본 및 복사본 1부
      a. 건강진단은 반드시 대사관에서 지정한 병원(지정병원 목록 참고)에서 검사를 받아야 한다.
      b. 만 18세 미만인 자는 "外國人體格檢査記錄(건강진단서)"를 제출할 필요가 없다.
3. 비자 신청서 1부를 작성하고, 여권용 사진 1장과 신청인의 여권을 제출해야 한다. 비자신청서에 신청인의 주소, 전화번호 및 유학하는 학교의 명칭을 반드시 기재해야 한다.
   여권유효기간이 4개월 이상 남아있어야 하며, 사용 가능한 비자페이지가 1페이지 이상 남아있어야 한다.

*특별요구사항
1. 유학비자 신청은 반드시 일반 여권으로 신청해야 한다.
2. 유학비자는 여권상의 동반자녀와 함께 신청할 수 없으므로, 동반자녀는 단독 여권으로 비자를 신청해야 한다.
3. 장기유학비자 소지자는 입국 후 1개월 내에 해당 지역 공안국에서 거류 수속을 해야 한다.
4. 중국에 유학 가는 유학생의 배우자 비자는 여행•친척방문 비자에 근거하여 비자를 신청해야 한다.

여행비자
비자신청 구비서류
1. 관광으로 중국을 방문하고자 하는 자는 다음과 같은 자료를 제출해야 한다.
(1) 여권 원본, 신분증 복사본
(2) 여권용 사진1매
(3) 비자 신청서
(4) 중국측 호텔의 예약확인서, 왕복 항공권 또는 연결 항공권

2. 친척 방문으로 중국을 방문하고자 하는 자는 다음과 같은 자료를 제출해야 한다.
(1) 여권 원본, 신분증 복사본
(2) 여권용 사진1매
(3) 비자 신청서
(4) 중국에 있는 친척과의 친족 관계 증명서, 왕복 항공권 또는 연결 항공권

모든 요건을 만족시켜야 비자를 받을 수 있다.

THEME 04 비자 센터

01. 지점
- 서울 스퀘어 : 서울시 중국 남대문로 5가 541번지 서울 스퀘어 6층
  전화 : 1670-1888, 02-6260-8888 팩스 : 02-6260-8855

-남산 스퀘어 : 서울시 중구 퇴계로 173번지 남산 스퀘어 3층(구:극동빌딩)
  전화 : 02-750-7800 팩스 : 02-750-9696

-부산센터 : 부산시 해운대구 마린시티 2로 38 해운대아이파크 C1 5층
  전화 : 1670-1888 팩스 : 051-920-0877
  이메일 : busancenter@visaforchina.org

-광주센터 : 광주시 북구 금남로 136 교보생명 누문동빌딩 7층
  전화 : 062-539-1810/062-606-8800 팩스 : 062-529-1815
  이메일 : gwangjucenter@visaforchina.org

02. 업무 시간과 휴무 안내

비자 센터 홈페이지에 들어가면 전 세계의 중국 비자 센터의 위치를 검색할 수 있다.

업무 시간 : 월요일부터 금요일까지(토, 일, 공휴일 휴무)

모든 비자센터가 너무 멀 경우 우편 접수 가능
전세계 중국 비자센터 검색은 이 주소를 이용한다.
http://www.visaforchina.org

THEME 05 병원 목록

학생비자 1년짜리, 취업비자 시 건강 검진표가 요구된다.

서울 영사관 지정 병원 명단
주의 : 대사관 지정 병원에서 발급받은 건강진단서는 주한중국 대사관에서 신청인의 비자신청 용도로만 사용할 수 있다.

*서울 지역
1) 인제대학교서울백병원 : 서울특별시 중구 저동 2가 64
(을지로3가역 12번 출구 중부경찰서 옆), 전화 : 02-2270-0916~7

2) 연세대 세브란스병원 : 서대문구 신촌동 134번지
(2호선 신촌역 3번 출구), 전화 : 2228-5808~9

3) 혜민병원 : 광진구 자양동 627-3번지
(2호선 구의역 4번 출구), 전화 : 453-3131

4) 하나로 의료재단 : 종로구 인사동 194-4 하나로빌딩 2층
(1호선 종각역), 전화 : 6322-1091~3, 738-3030

5) 한신메디피아(종합검진센터) : 서초구 잠원동 65-32 한신빌딩
(3호선 잠원역 3번 출구 7호선 반포역 6번 출구), 전화 : 595-5670~3

6) 재단 법인 한국의학연구소(KMI),(종합검진센타) : 종로구 당주동 100 세종빌딩 2, 3, 4층
전화 : 02-3702-9000/9075

7) 대한산업보건협회 종합건강진단센터 : 금천구 가산동 60-4번지 코오롱테크노벨리 2층
전화 : 866-9507

*기타 지역
1) 인하대병원 : 인천광역시 중구 신흥동3가 7-206,
전화 : 032-890-2341

2) 강원대학교 부속병원 : 강원도 춘천시 효자 3동 17-1번지,
전화 : 033-258-2313

3) 대한산업보건협회 종합건강진단센터(대전) : 대전광역시 대덕구 문평동 82-2,
전화 : 042-933-3200

부산 영사관 지정 병원 명단
1. 부산고신대학교 복음 병원 : 부산광역시 서구 암남동 34번지
전화 : 051-990-6114

2. 부산대학교병원 : 부산광역시 서구 아미동 1가 10번지
전화 : 051-254-0171

3. 좋은 강안병원 : 부산광역시 수영구 남천동 40-1번지
전화 : 051-625-0900

4. 인제대학교해운대백병원 : 부산광역시 해운대구 좌동1435번지
전화 : 051-797-0100/0114

*광주 지역
조선대학교 부속병원 : 광주광역시 동구 필문대로 365 조선대학병원
전화 : 062-220-3114

건강검진 비용은 20만 원 정도 수준으로 병원에 따라 조금씩 다르다. 여권과 사진 3매가 필요하다. 건강검진표에 이름, 주소, 국적, 출생지, 생년월일, 혈액형 등을 모두 영문으로 작성한다.
검사항목은 10여 가지 된다. X-ray, 심전도, 피검사, 청력 검사 등등이다. 검사가 끝나면 병원에 따라서는 짧으면 이틀 또는 일주일 후에 건강검진표를 받으러 오라고 말한다.

건강검진표를 들고 가서 비자를 받으면 된다.

유학 짐을 꾸릴 때 무엇을 넣고 빼야 하는 지 고민이 많다. 결론부터 이야기 하자면 들고 갈 수 있는 최대한을 챙기길 요청한다. 항저우 상하이는 물건 값은 오히려 한국보다 비싸면서 질은 그리 좋지 않다. 필요한 모든 것을 넣는 다는 심정으로 가지고 갈 수 있는 수화물 범위 내에서 가능한 많이 챙기는 것이 좋다.

THEME 01 반드시 필요한 것

01. 화장품

해외, 국내 브랜드 가릴 것 없이 중국에서 더 비싸기 때문에 챙겨야 한다. 현지에는 가짜가 판을 친다. 당신의 피부를 위해 폼 클렌징이나 클렌징 오일, 기초, 색조 메이크업 제품, 겨울을 지낸다면 매우 건조하므로 미스트나 보습크림, 핸드크림까지 이것 저것 다 챙기자. 한국의 로드샵에서 파는 1000원짜리 마스크팩도 넉넉히 챙겨가 친구들과 나누어 붙이면 친구를 사귀는 데 좋다. 한국식 마스크팩은 중국에서는 '미에모(面膜)'라고 하는데 중국 제품은 꽤 비싸고 질도 좋지 않아 중국 사람들이 아주 좋아하는 아이템 중 하나이다.

02. 비상약

정말 중요하다. 중국에선 아파도 병원을 맘 놓고 가지 못하므로 기본적인 약품인 감기약, 지사제, 해열제, 진통제, 연고, 소독제 등은 꼭 있어야 한다. 이런 기본 약을 먹고 낫지 않으면 결국 귀국해야 하므로 이 정도만 챙기면 된다. 나의 경우 심각한 가을 감기로 고생을 했었는데 한국에서 약이 오는 동안에 나은 적도 있다. 약 없는 기간 동안의 고생은 말을 못한다.

03. 섬유 탈취제

물론 천사마트에 가면 팔긴 한다.(상하이 항저우에는 천사마트가 있다.) 하지만 항저우의 경우 삥장 쪽에 있어 한번 가려면 여간 불편한 것이 아니다. 삥장은 항저우의 신시가지로 유학생들의 학교는 구시가지에 있다. 구시가지에서 신시가지를 가려면 적어도 1시간은 잡아야 한다. 또 매우 비싸다. 중국 세탁소에 드라이클리닝을 맡기는 것은 매우 위험하기 때문에(옷을 그냥 버릴 수도 있다.) 겨울 의류의 경우 탈취제를 뿌려 입는 게 나을 수 있다.

공간이 허락하는 한 꼭 챙겨야 하는 섬유 탈취재

04. 의류, 신발

중국의 옷은 비싸고 좋은 옷과 싸고 안 좋은 옷으로 구분되어 적당한 가격에 입을만한 옷을 찾기 어려울 수 있다. 현지에 매우 싼 것들이 있지만 못 입을 것들도 많다는 뜻이다. 인터넷 타오바오와 티엔미야오를 이용하면 진짜 싼 옷들은 살 수 있지만 반품하거나 한두 번 입고 버리는 옷이 대부분이다. 가격대비 질은 한국이 최고다. 저가 브랜드 자체가 형성되어 있지 않은 중국의 특성상 브랜드 옷을 입는 분이라면 반드시 챙겨가실 것을 추천한다.

05. 문법책, HSK 급수용 자습서

HSK를 현지에서 보는 것에 대해 부정적인 의견도 있지만 중국에서 보는 것이 더 쉽다라는 의견도 있다. 따라서 시간이 충분하다면 HSK는 현지에서 공부하는 것도 좋다.

06. 각종 서류

서류 등은 반드시 영수증까지 챙긴다.

07. 읽을 책

한두 권 정도면 충분하다.

08. 세재

손빨래 하거나 비싼 옷감의 옷이 많은 사람은 한국에서 울샴푸 등을 가져가는 것이 좋다. 중국 세제 중에서는 떼가 가시지 않고 오히려 더러워 지는 것들도 있다. 나의 경우 돈 좀 아껴보겠다고 중국 세제를 썼는데 검은색 바지를 빨면 흰색 세제가 옷에 붙어서 떨어지지 않는 바람에 옷을 통째로 버린 적이 있다. 이 세제로 빨다 나중에는 그냥 폼 클렌징으로 옷을 빨았다.

09. 여성용품
여성의 경우에만 해당하며 한국 제품이 월등히 좋다.

THEME 02 챙기지 않아도 되는 것

01. 필기류, 노트
현지가 엄청나게 싸다.

02. 과도한 책가지
학교 수업이나 어학당 수업으로 바쁘다. 이 책들을 읽을 시간적 여유는 없다.

03. 한국 음식
한국 음식 재료는 현지에 거의 다 있어서 챙기지 않아도 되는 것들이 대부분이다. 게다가 가공되지 않은 농축산물은 반입이 안될 수도 있다.

THEME 03 짐 구분과 가방 선택

유학생들이면 최대한 많은 것을 가져가는 것이 덕목이다. 짐은 크게 세 가지로 나눈다.

01. 부치는 짐
캐리어는 하드 캐리어보다 소프트 캐리어가 더 많이 들어가는 편이다. 하드 캐리어는 기본적인 무게가 있고 '밀어 넣기 신공'을 발휘할 수 없으므로 아무래도 상대적으로 들어가는 양이 적다. 이민 가방은 끄는 게 불편하고 터지는 경우도 있어 추천하지 않는다. 계속 강조하는 일이지만, 중화권을 갈 때, 휴대폰이나 배터리는 부치는 짐에 넣지 말아야 한다. 중국 항공법상 배터리를 부치는 짐에 넣을 수 없어서 공항에서 걸리면 배터리를 찾기 위해 온갖 짐을 다 뒤져야 할 수 있다. 반면 화장품 등의 액체류는 반드시 부치는 짐에 넣어야 한다.

02. 기내용 캐리어
기내용 캐리어는 비행기 선반 상단에 들어갈 수 있는 아이로 챙긴다. 이 캐리어에는 부피는 작지만 무거운 것들을 챙긴다. 예를 들자면 책 같은 것들. 하지만 이곳에는 가위, 칼 등이 들어가면 안되므로 필통을 넣지 않아야 하고 액체류 화장품 등이 들어가면 안되므로 꼼꼼하게 확인하자.

03. 배낭

유학생들의 찬스가 있다면 바로 배낭이 아닐까 한다. 손에 드는 작은 핸드백 대신 배낭을 이용하면 적어도 5Kg은 더 가져갈 수 있다. 배낭에는 무거운 짐을 챙겨도 되지만 너무 무거울 경우 유학 전 골병이 들 수 있으니 무게를 잘 파악해야 한다. 여기에도 허용치를 초과하는 화장품, 칼, 가위 등이 들어가지 않게 잘 꾸려야 한다.

04. 결론

짐 싸기에는 왕도가 없다. 각자가 필요하지만 현지에서 구할 수 없는 것이 무엇인지를 생각하고 이것을 최대한 들고 가는 것이 중요하다. 사소한 것까지 똑같이 구할 수는 없겠지만 중국에서도 어지간한 것들은 대부분 다 구할 수 있다.

옷가지는 필요한 것만 챙기고 너무 재질이 좋은 옷은 두고 가자. 세탁 시설 등이 한국에 비하면 매우 좋지 않아서 옷감이 많이 상한다. 최소한의 옷가지만 챙기고 싼 옷을 사서 입고 한국으로 돌아올 때 버리고 오는 것도 방법이다. 하지만 브랜드를 고집하는 분이라면 중국이 한국에 비해 1.5배 정도는 비싸니까 가져가는 편이 더 좋다. 짐이 많다면 EMS나 물류회사를 이용하자. EMS가 가장 확실하다. 한 달 정도 걸리는 배로 짐을 보내면 좀 싸긴 하지만 중국 특성상 도착 여부를 확인할 수 없기 때문에 EMS로 보내는 게 안전하다. EMS로 보낼 때, Post box가 있는 곳으로 보내면 더 안전하다. 일단 서류 보낸 곳과 동일한 주소로 보내면 기숙사가 배정되기 전이라도 학교 입학처 사무실에서 짐을 맡아주기는 한다.

THEME 01 환전은 어디서

내 국제 현금카드

유학을 하면 아무래도 여행 때보다는 큰돈이 필요하기 때문에 환전은 꼭 필요하다. 그런데 환전을 얼마나 하고 어떻게 해야 할지는 고민스러울 수밖에 없다. 아무래도 혼자 살다 보니 큰돈을 가지고 있기도 그렇고 어떻게 환전을 해야 환율이 유리한지도 고민되는 부분이다.

과거의 베이징이나 상하이 유학생들은 도심 곳곳에 있는 사설 환전소를 많이 이용하기도 했다. 환율 차이가 많이 났기 때문이다. 하지만 최근에는 공식 환율과 실제 거래 환율의 차이가 점차 줄어들고 있고, 위조지폐가 워낙 많은 중국의 특성상 이런 곳은 이용하지 않는 것이 좋다. 우리 같은 외국인 유학생들은 십중팔구 그들의 밥, 호갱님(?!)이 되기 때문에 정식 은행 이용을 권장한다.

환율을 따져보면 한국 돈을 가지고 중국 내 일반 은행에서 환전하는 것은 가장 안 좋은 방법이고, 한국에서 환전할 때는 은행 창구에서 바로 하는 것보다 미리 자신의 주거래 은행 지점에서 예약 환전을 하는 것이 유리하다. 달러와 더불어 중국 위안은 어느 은행이나 있기 때문에 그리 어렵지는 않다.

하지만 제일 좋은 방법은 한국에서 시티은행에 계좌를 만들고 국제 은행카드를 만든 다음 한국 돈을 예치하고 중국에서 시티은행 ATM을 이용하는 방법이다. 중국의 대도시로 유학을 간다면 중국에 시티은행(花旗銀行, 화치인항) 지점이 많기 때문에 이 방법이 가장 좋다. 시티은행은 중국 뿐 아니라 전 세계로 유학 가는 한국 학생들의 사랑을 받고 있는데 한국 지점에 한국 돈으로 입금해 놓고 현지 ATM에서 돈을 뽑으면 가장 좋은 환율로 이용할 수 있기 때문이다. 물론 국가에 따라서는 시티은행을 찾기 힘든 곳도 있지만 주요 국가의 수도나 큰 도시에는 다 있는 편이다. 중국 상하이와 항저우에도 도심 쪽에는 수많은 시티은행들이 있기 때문에 이용에 편리하다. 혹시 자신의 거주지 주변에 없다면 항저우 공항이나 상하이 공항에 있는 ATM을 이용해 돈을 뽑는 것도 방법이다.

최근 중국은행(中國銀行)이 서울 지점을 개설하면서 환전이 더욱 쉬워졌다. 한국에 있는 중국은행 지점에 가서 계좌를 개설하고 한국 돈을 예치하면 중국 현지에서 바로 인민폐로 찾을 수 있다. 세계 곳곳을 가지 않고 중국 유학만을 염두에 두고 만든다면 오히려 시티은행보다 지점이 많은 중국은행에서 체크카드를 개설해가는 편이 나을 수 있다. 중국은행 이용하기는 파트 3에서 쓰겠지만 초기에 있을 수밖에 없는 의사소통의 어려움을 생각하면 한국말로 통장을 개설할 수 있는 중국은행 한국지점에서 계좌를 개설하는 것이 어쩌면 가장 편리한 방법일 듯하다. 문제는 시티은행보다 높은 수수료다. 한 번에 많은 돈을 찾을 때는 상관없지만 한국에서 만든 카드로 중국에서 예금인출 시 건당 12위안(한국 돈 2000원) 정도의 수수료가 발생한다. 소액을 인출하면 배보다 배꼽이 더 커질 수도 있다. 하지만 중국 전역 동네마다 한두 개 이상의 지점을 가진 중국은행의 접근 편리성을 따지자면 이보다 좋은 옵션은 없는 것 같다.

-중국은행(中國銀行) 서울지점
주소 : 서울특별시 종로구 서린동 33 영풍빌딩 1층

| THEME 02 | 얼마나 환전해야 하나요?

얼마를 환전해야 하는 지에 대해서는 모두가 고민하는 부분이다. 처음 학교 등록금과 기숙사 보증금 외 한 달 생활비 정도는 한국에서 환전해 가는 것이 좋고 그 다음 달부터는 현지 시티은행에서 필요에 따라 돈을 뽑아 쓰는 것이 좋다. 나의 경우에는 저장대학교 옥천 캠퍼스에서 시티은행까지 걸어가기는 좀 멀고 택시를 타고 가야 했기 때문에 한번 돈을 뽑을 때마다 한 달치 생활비 정도를 뽑아 놓고 중국 로컬은행에 계좌를 만들어서 시티은행에서 뽑은 돈을 중국은행 계좌에 넣어 놓고 생활했다. 중국은 마오(毛) 혹은 펀(分) 단위의 경우 동전은 많은데 참 들고 다니기 귀찮아 중국은행 계좌에 연결된 체크카드를 이용했다. 물론 시장이나 이런 곳은 현금을 주어야 하지만 대다수의 큰 마트나 학교 내 편의시설들은 체크카드를 이용할 수 있기 때문에 이렇게 만들어 놓으면 매우 편리하다.

단, 중국 사람들의 평소 생활에서 영어 사용의 범위는 놀랍도록 낮은 편이라 '시티뱅크'라고 말하면 택시 기사님들이 못 알아듣는 경우가 많다. 중국어 '화치인항(花旗银行)'이라고 말해야 안다.

상하이 항저우 내 시티은행 지점 또는 ATM 주소와 위치는 바이두에서 花旗银行[Huāqíyínháng]으로 검색 가능하다.

01. 상하이
-지점
상하이 쉬지아후 지점 上海徐家汇支行[Shànghǎixújiāhuìzhīháng]
주소 : 上海市肇嘉浜路955-5号官网
전화번호 : 021-38627511

상하이 지점 上海分行[Shànghǎifēnháng]
주소 : 中国上海市浦东陆家嘴金融贸易区花园石桥路33号花旗集团大厦1F
전화번호 : 021-28963333, 28966000

쓰촨베이루 지점 四川北路支行[Sìchuānběilùzhīháng]
주소 : 四川北路1500
전화번호 : 021-26012288

구베이로 지점 古北路支行[Gǔběilùzhīháng]
주소 : 长宁区古北路1078号(近黄金城道)
전화번호 : 021-28963688

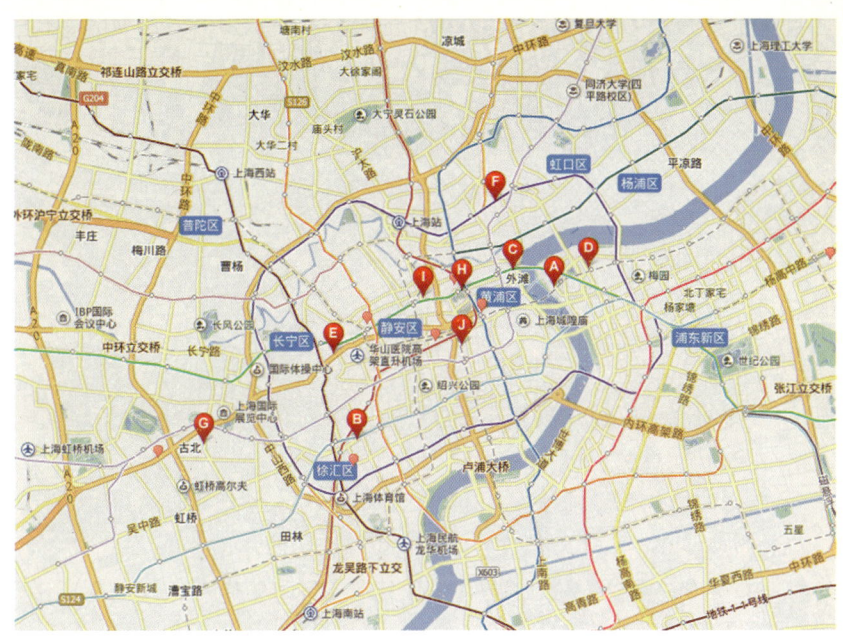

인민광장人民广场[Rénmínguǎngchǎng]
주소 : 上海地铁一号线人民广场站大三角换乘大厅1-116单元
전화번호 : 021-38627600

푸텐따루지점浦东大道支行[Pǔdōngdàdàozhīháng]
주소 : 浦东大道1号中国船舶大厦1楼
전화번호 : 021-38627188

난징시루지점南京西路支行[Nánjīngxīlùzhīháng]
주소 : 中国上海市南京西路762号1楼A室和2楼
전화번호 : 021-38627650

-ATM기
ATM 장닝중산공원长宁中山公园[zhǎngníngZhōngshāngōngyuán]
주소 : 上海市长宁区长宁路1018号龙之梦购物中心(长宁店)1层
전화번호 : 021-38627222

ATM 타이베이시루台北西路[Táiběixīlù] 168
주소 : 台北西路 168号

ATM 난징동루南京东路[Nánjīngdōnglù]
주소 : 南京东路 61号新黄浦金融大厦10层1012室

02. 항저우
-지점
신탕로 지점 新塘路支行[xīntánglùzhīháng]
24시간 ATM기 함께 운영
주소 : 新塘路99
전화번호 : 0571-88908018

친충로 지점 庆春路支行[Qìngchūnlù]
주소 : 庆春路122号嘉德广场
전화번호 : 0571-87229191, 0571-87222872

원얼시루지점 文二西路支行[Wénèrxīlùzhīháng]
저장대학교 옥천캠퍼스에서 가장 가까움 법원 옆 센추리마트 근처에 있음
주소 : 文二西路81
전화번호 : 0571-88250866

황룽지점 黄龙支行[Huánglóngzhīháng]
주소 : 杭大路15号嘉华国际商务中心
전화번호 : 0571-87687028

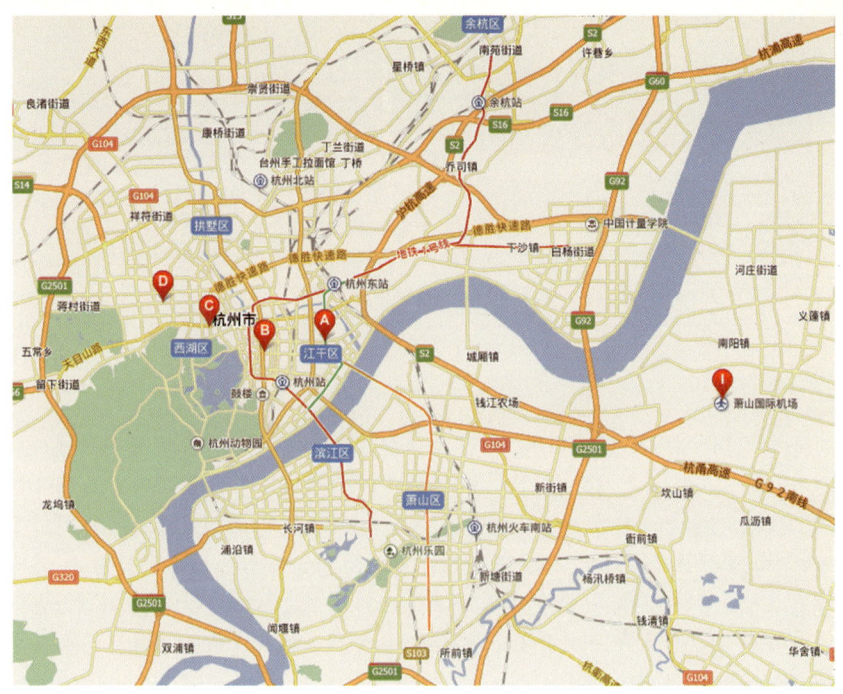

중국에서 공부하면서 한가지 아쉬웠던 것은 숙소였다. 대만과는 다르게 중국에서는 현지인과 외국인이 철저히 분리된 공간에서 생활하게 된다. 중국 대학들은 대다수가 외국인 전용 기숙사를 가지고 있어서 현지인들과 어울리며 언어를 습득할 기회가 없다. 방 배정도 주로 같은 국가 별로 하는 편이라 한국에 있는 건지 중국에 온 건지 헷갈리기도 한다. 하지만 나의 경우 다행히도 화교 친구들(외국에 나간 화교 2세들은 중국어 공부를 위해 어학당에서 공부하기도 한다.)과 같은 방을 사용하여서 그나마 중국어를 쓸 수 있었다.

처음 항저우나 상하이로 유학 오는 사람들은 거의 100% 기숙사를 이용한다. 현지 생활에 적응되고 기숙사 생활에 불편함을 느끼면 그때쯤 방을 얻거나 하는 편이다.

THEME 01 학교 기숙사

01. 장점

1) 안전하다.
   경비실이 있고 카드키가 있어서 외부인 출입이 어느 정도 통제된다. CCTV도 있다.
2) 주숙등기(住宿登记, 외국인 거주지 등록)를 알아서 해준다.
3) 집 주인과의 불필요한 마찰이 없다. 실제로 외국인들에게 임대해준 주인들이 보증금 반환 문제나 계약기간 등으로 유학생의 속을 썩이는 경우가 종종 있는데 이럴 필요가 없다.

02. 단점

1) 모든 생활이 학교 안에서만 이루어지기 때문에 삶이 무료해진다.
2) 경우에 따라서는 불친절한 기숙사 직원들에게 질릴 수 있다.

03. 기숙사 종류
중국 대학들의 외국인 기숙사는 1인실, 2인실과 같이 방으로 된 개인형과 3인실, 4인실 이상의 아파트형 기숙사로 나뉘어진다.
1) 개인형 기숙사 : 혼자 살 수 있어서 타인에게 내 생활을 방해 받지 않는다.
  기숙사비가 개인 단위로 청구되므로 돈 내는 것이 편리하다.
  단점으로는 부엌, 냉장고, 식탁이 없다. 규모가 협소하다.

2) 3인용 이상 기숙사(아파트형 기숙사)
  장점 : 부엌, 냉장고, 정수기 등이 옵션으로 딸려 있어 요리할 수 있다. 1인실에 비해 넉넉한 공간이 있고 마음 맞는 하우스 메이트를 만난다면 즐겁게 지낼 수 있다.
  단점 : 하우스 메이트들과의 관계가 중요하고 기숙사비가 집 단위로 청구되므로 같이 사는 친구들과 함께 가서 돈을 내야 하는 귀찮음이 있다. 한 명이 중간에 없어지면 나머지 돈을 남은 메이트들이 분담해야 한다. 하우스 메이트들 간의 규칙이 중요하다. 내 하우스 메이트는 내 그릇이나 식기(특히 수저)를 마음대로 써서 정말 큰 스트레스였다. 나라마다 문화가 다르기 때문에 공동 공간에 대한 청소부터 시작해서 집안에서 신발을 신을지 벗을지에 이르기까지 여러 가지가 스트레스 요인으로 작용한다.

THEME 02 개인 원룸

기숙사 생활에 지친 유학생들이 실제로 많이 이용하고 있는 방식이다. 학교 주변에 괜찮은 집들은 외국인에게 대여해 주고 있으며 보통 1년 단위로 계약한다. 중국 기숙사 중 시설이 좋지 않은 학교에 다니는 학생들이 특히 애용하는 방법이다. 개인 원룸은 비교적 쾌적한 편이지만 집주인과의 여러 가지 마찰이 있을 수 있고 계약만료 전에 집을 뺄 경우 보증금을 떼일 각오를 해야 한다. 집값이 비싼 상하이의 경우에는 비용이 부담될 수 있다. 보통 이런 원룸들은 유학생들이 자신이 살던 집을 중간 중간에 인계하는 방식으로 거래가 이뤄지며 현지의 집 구하는 사이트를 통해 거래되기도 한다.

THEME 03 아파트 쉐어

마음 맞는 친구들 여러 명이 집을 공유하는 형태로, 상하이에서는 집값이 부담스러워서 이렇게 사는 경우가 드물지만 항저우의 경우에는 외국인 기숙사보다 오히려 싸게 살 수 있어 나이 많은 유학생들이 이용하는 방식이다. 하지만 이사 시기와 생활 패턴이 비슷한 사람을 구하기도 어렵고 무엇보다 1년 이상씩 계약해야 하기 때문에 집주인과 보증금 문제 등으로 따질 일도 많으며 주숙등기 등 세세한 것까지 신경 써야 하므로 그다지 권장하지는 않는다. 아파트 쉐어는 중국인 한국인이 섞여 사는 경우는 거의 없고 한국인끼리 살기 때문에 중국어 회화가 잘 늘지 않는다.

THEME 04 집 구하기

유학생 커뮤니티, 한인회, 유학원이 있다면 유학원을 통해 구하는 것도 방법이다.

01. 숙소를 구할 때 유의할 점

-층수와 엘리베이터 유무를 확인하자

중국의 기숙사에는 엘리베이터가 없는 경우가 많다. 5층 이하 건물이라면 엘리베이터는 거의 없다고 보는 게 맞다. 때문에 엘리베이터가 없으면 정말 곤란하다는 사람은 5층 이하 건물은 피하는 편이 좋다. 나의 경우 3층에 살았는데 한번씩 장을 보거나 무거운 물건을 사올 때면 3층까지 올리느라 고생했다. 특히 중국에서는 생수를 사먹어야 하는데 집 앞까지 배달 서비스가 되지 않으면 5층까지 물병을 들고 날라야 하는 수고를 경험할 수 있다.

-경비실과 그 역할

경비실이 없는 곳도 있지만 있는 경우 택배를 받아주는지, 치안 관리를 어떻게 하는지, 추가 비용이 없는지 등을 확인하자.

-추가 비용

중국은 참으로 재미있게도(?!) 일반 집은 당연하고, 학교 기숙사도 전기세, 수도 요금을 따로 낸다. 그래서 이 요금이 어떻게 책정되고 얼마 만에 한번씩 내야 하는지 확인해야 한다. 매달 내는 경우, 세달 단위로 내는 경우, 일정량의 전기나 수도를 충전해서 쓰는 방법(진짜 기발하다) 등 다양하다.

02. 돈 내는 방법

내가 살았던 3인실 학교 기숙사의 경우 3인실의 사람이 전부 다 함께 가서 돈을 내야 하는 구조였다. 혼자 가서 내 방값만 내겠다고 해도 받지 않는다. 혹시 한 명이 돈을 내지 않는다면 나머지 두 명의 룸메이트가 연대 부담해야 하는 구조다. 이런 것이 싫다면 그냥 1인실에 살면 된다. 또 한가지 정말 기발한 시스템이 3인실은 날짜가 지나도 기숙사비를 지불하지 않으면 현관을 여는 카드가 안 된다.(놀라운 시스템) 따로 통보가 오지 않아도 어쩔 수 없이 사무실에 가서 돈을 낼 수밖에 없는 가장 효과적인 압박이다.

03. 보증금

중국에서는 야징(押金)이라고 해서 보증금이 있다. 일반 집의 경우 보증금은 집세의 3달치를 내는 것이 보통이고 기숙사의 경우에는 중국 돈 500위안, 한국 돈 약 10만원 정도를 내는 것이 보통이다. 이것은 혹시라도 전기세나 집세 등이 밀리거나 기물이 파손되면 사용된다. 만약 이런 식으로 더 내야 할 돈이 없다면 보증금은 돌려주는데, 여기서 주의할 점은 보증금을 냈다는 영수증을 반드시 가지고 있어야 한다는 것이다. 집에 들어갈 때 당연히 보증금을 냈을 텐데도 이 종이가 없으면 돈을 주지 않는다.(ㅜㅜ)

04. 내부 사진 찍기

기숙사의 경우는 그런 경우가 별로 없지만 개인에게 집을 빌리는 경우 이런 저런 이유로 보증금을 주지 않는 경우가 있다. 원래부터 파손된 것이나 물건이 있다면 들어가는 즉시 주인이나 관리인에게 이야기하고 이에 대해 확인을 받아두어야 나중에 보증금을 받을 수 있다. 확실한 방법은 들어가자마자 내부 사진을 날짜가 나오게 확실하게 찍어두는 것이다.

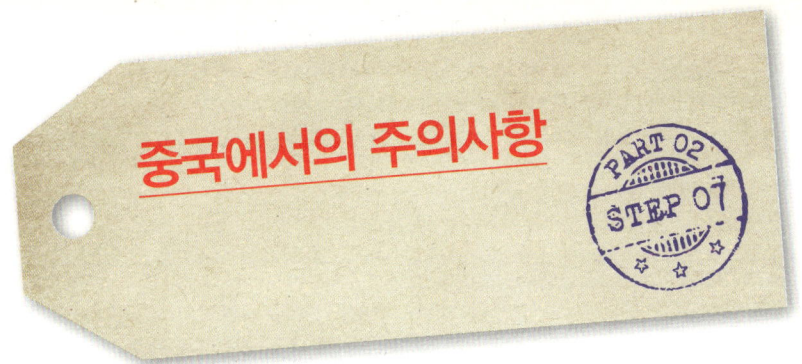

중국은 경제적으로는 시장주의를 도입하였지만 정치적으로는 아직도 사회주의 국가며 표현의 자유와 외국인의 활동의 자유가 제한되는 면이 있다. 생각 없이 한 이야기들 때문에 곤욕을 치를 수 도 있다. 다음은 중국에 살면서 주의해야 할 사항들이다.

01. 타이완 이야기는 꺼내지 말라.
제일 민감한 문제이다. 중국인들 중 타이완이 독립국가라 인정하는 사람은 없다. 외국인이 견해를 피력하면 친구들과의 관계 형성에 문제가 생길 수 있다. 또 지나칠 경우 정치적 문제가 될 수도 있다. 중국인 친구와 좋은 분위기에서 대화 중에 타이완에 대한 이야기를 잘못 꺼냈다 좌중이 싸늘해진 경험이 있다.

02. 정치 이야기를 깊이 하지 말라.
중국은 아직도 사회국가이며 하나의 당만이 존재하는 일당체제 국가이다. 따라서 정치이야기를 이들과 깊이 나누는 것은 좋지 않다. 공안이 모를 것이라는 생각은 버리자. 외국인들은 생각 이상으로 도청되고 감시 받고 있다. 이 이야기를 듣고 '나 같은 유학생이야' 하는 분들도 있겠다. 물론 평범한 유학생들을 도청하거나 감시하지는 않는다. 하지만 종교 관련자들, 특히 교회 분들은 감시 받고 있다.
공산당의 정책, 특히 이들의 정당성에 대해 비판하는 발언은 삼가는 것이 좋다. 이들의 정통성에 대해 의문을 갖는 것 자체가 굉장히 큰 문제이다. 한국의 정치 제도를 소개하는 것은 별 문제가 없지만 중국의 정치 제도에 대한 비판도 삼가자. 중국에 대해 자부심을 갖는 중국인 친구들과 관계가 어려워질 수 있다.

03. 외국인의 포교 활동은 불법이다. 물론 내 경험을 소개하는 것은 가능하다.
중국인을 대상으로 외국인이 어떤 종교를 가질 것을 권유하는 것은 불법이다. 이것은 18세 이상이거나 미만이거나 상관없이 모두 불법이다. 물론 같은 중국인이 18세 이상인 사람에게 종교를 가질 것을 권유하는 것은 합법이다.

중국은 공산혁명 이전에 있었던 5개 종교에 대해서 인정은 하지만 관의 통치 아래에 두고자 한다. 따라서 종교에 외국인들이 개입되는 것을 원하지 않는다. 다만 한 가지, 중국인에게 종교를 믿으라고 권유하는 것은 안 되지만 내가 만난 하나님에 대해 이야기 하는 것은 가능하다.

04. 중국에 대해 존중하는 태도를 갖는다.

중국의 엘리트들 중, 정부나 국가에 대해 속마음으로는 비판적인 의식을 가지고 있는 경우도 있다. 하지만 동시에 자랑스러움도 갖고 있다. 중국 사람들은 중국이라는 국가와 중국 문화에 대해 존중하는 태도를 갖는 외국인을 아주 좋아한다. 물론 아부하라는 것은 아니지만 현지 문화에 대한 존중은 내가 유학 온 국가에 대한 최소한의 예의이다. 지금은 많이 나아졌지만 예전에는 상당수의 한국 유학생들이 중국을 무시하는 태도를 갖고 있었다. 중국 친구들에 대해 존중하는 마음을 갖는다면 그들도 우리를 존중해 주고 좋아해 준다.

중국 문화 중 존중할만한 것도 상당히 많다. 어떤 시스템은 한국보다 합리적인 부분도 있고 도자기나 나무 조각 등은 '이런 것을 정말 사람의 손으로 만들었나' 싶을 정도로 놀라운 것들이 많다. 내가 받은 감동을 솔직하게 중국 친구들에게 알려주면 참으로 좋아한다.

감동을 주는 중국 나무 조각

05. 공항 검색 시 배터리는 트렁크가 아닌 들고 타는 짐에

중화권 국가를 여행할 때 주의할 사항 중 하나. 배터리는 부치는 짐이 아닌 들고 타는 짐에 넣고 되도록이면 소지하는 것이 좋다. 수화물 검색에 꼭 걸려서 짐을 다 열고 뒤져야 하는 상황이 발생하기도 한다.
중국에서 출국할 때는 짐이 검사를 마치고 들어간 다음에야 출국 게이트로 들어갈 수 있다. 짐에 문제가 생기면 짐 주인을 불러야 하기 때문이다. 나도 중국에서 한국으로 올 때 두 번이나 걸렸다. 부치는 짐에 넣었던 배터리가 문제였다. 이 배터리 때문에 두 번이나 공항 바닥에 트렁크를 열고 온 짐을 다 뒤지고 난리를 쳤던 기억이 있다.

06. 어느 곳이나 흥정이 있다.

중국에서 물건을 살 때는 기본적으로 가격의 절반을 부르고 시작해야 한다. 우리는 외국인이니 아저씨가 부른 가격의 10분의 1정도부터 흥정을 시작하면 된다. 아저씨가 처음 500위안을 부르면 우리는 50위안 부터 시작하면 된다. 백화점의 경우에는 30%정도 선에서 할인 폭을 정해서 깎으면 된다. 정가가 붙여진 가격에서 약 30%정도까지 깎을 수 있다.

07. 말 한마디로 천냥 빚 갚는다.

이건 어느 정도 중국어를 쓸 수 있게 된 후의 이야기지만, 중국에서는 말을 잘하는 것이 굉장히 중요하다. 네가 나한테 싸게 해주어야 하는 이유, 이 일이 되어야 하는 이유 등 모든 일에 이유를 말해야 한다. 이런 이유를 어떻게 말하는지에 따라 될 것도 안 되고 안 될 것도 된다.

08. 영수증을 잘 챙기자.

'영수증은 돈이다.' 중국에 살면 진리인 말씀이다. 중국에서는 영수증은 그 자체가 돈이다. 돈을 낸 사실이 너무나 명확해도 이를 증명하는 영수증을 제시하지 못하면 낸 돈도 떼인다. 외국인인 우리는 더 그렇다. 중국에서는 모든 일에 보증금(야징押金)을 요구한다. 기숙사에 입주할 때도 500위안 정도의 보증금을, 학생 카드를 만들어도 300위안, 자전거 카드를 만들어도 300위안의 보증금을 내야 한다. 중국은 돈 떼먹고 가는 사람들이 많은지 숙박 시설을 가도 어느 곳이든 보증금을 내라는 압박에 시달린다. 보증금을 내면 영수증을 준다. 중국에서는 일단 여러 종류의 보증금을 현금으로 내고 그 영수증을 챙겨야 한다. 돈을 낸 사실이 컴퓨터나 다른 전산장치에 기록되지 않으므로 유일한 증거가 바로 영수증이다. 그런데 한국인은 영수증이 그리 필요하지 않은 사회에 살고 있어서인지 보증금 영수증을 소홀히 할 때가 많다. 기숙사 보증금도 기숙사 들어갈 때 보증금을 안 내면 입주를 시켜주었을 리 없건만 영수증이 없으면 보증금을 돌려주지 않는다. 종이 한 장이 없어 500위안을 그 자리에서 날릴 수도 있다.
기숙사비든 전기세든 돈을 내면 그 영수증을 꼭 받아 놓아야 한다. 영수증을 챙겨 놓지 않으면 나중에 이중으로 청구할 수 있다.

09. 네가 외국인인 것을 자각하라.

가장 뼈에 새겨야 할 이야기가 아닌가 싶다. 이제 중국에 왔으니 우리는 갖가지 어려움과 불합리함을 당할 것이다. 중국인들 중 상당수, 특히 물건 가게 점원들은 외국인 보기를 호구와 같이 한다. 우리는 그들의 호갱님이다. 매일 매일 화도 나겠지만 내가 외국인으로 남의 땅에 와서 살기 때문에 그러려니 하자. 화내면 내 몸만 상한다. 중국에서 5년 이상 근무한 주재원 분의 이야기를 빌자면 내가 파견되어 와서 중국 사람들 덕분에 밥 먹고 사니까 어느 정도의 바가지는 기부라고 생각하고 중국 사람들에게 돌려주자.(그래야 맘이라도 편하다.)

PART 03

중국에서 살아보기

STEP 01 핸드폰 개통
STEP 02 은행 계좌 개설 및 체크카드 만들기
STEP 03 그날 공안국에서는 (비자 연장)
STEP 04 주숙등기(住宿登记)
STEP 05 택배는 집으로 오는 것이 아니었다.
　　　　　(택배 찾기)
STEP 06 마트, 백화점, 시장 비교 분석기
STEP 07 중국에선 뭘 먹고 살까?
STEP 08 인터넷에서 보물을 캐다. 타오바오와
　　　　　티엔미야오(인터넷 쇼핑 이용법)
STEP 09 소셜커머스 이용
STEP 10 택시는 내 자가용(중국에서 택시타기)
STEP 11 띠엔동(电动), 자전거 구입하기
STEP 12 교통카드 만들기
STEP 13 기차, 중국 국내선, 시외버스 이용하기

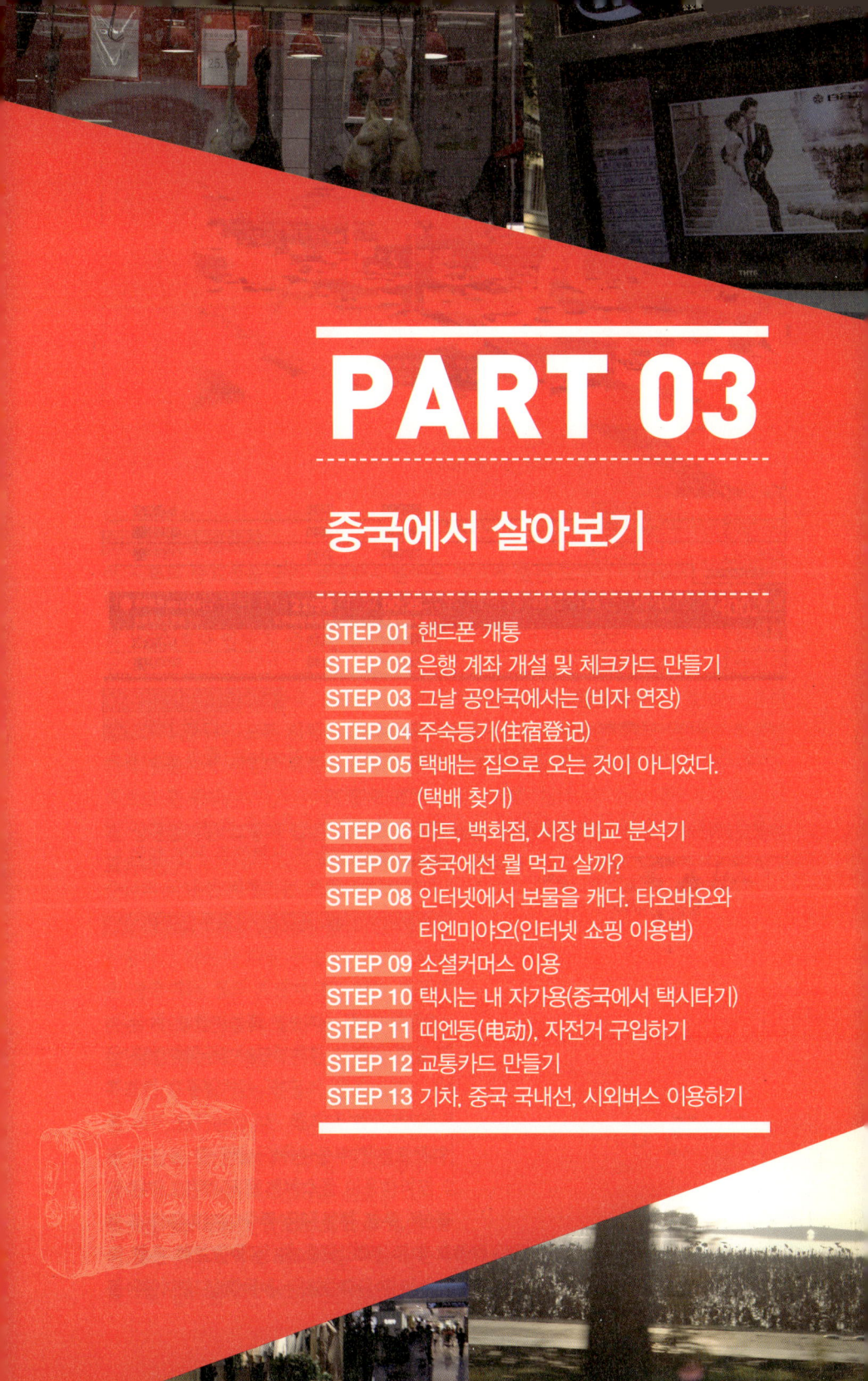

핸드폰 개통

PART 03 STEP 01

중국에 살면서 반드시 해야 하는 일 중 하나가 휴대폰 개통이다. 그 이유는 은행 계좌 개설에서부터 작은 일 하나에도 핸드폰이 개통되어야지만 할 수 있는 일들이 너무 많기 때문이다. 나름 해외를 많이 다녀보고 캄보디아부터 러시아까지 세계 각국의 유심카드를 소유한 사람인지라 역시나 중국 항저우에 도착하자마자 보이는 핸드폰 가게에서 유심카드부터 샀다. 그런데 이게 큰 돈 낭비가 될 줄이야. 일단 핸드폰은 되는데 인터넷이 아주아주 느린 게 문제였다. 산 유심칩이 '리엔통'이 아니라 '이통' 거였기 때문이라는 걸 안 것은 정확히 3주 후였다. 어쩐지 인터넷 속도가 느려도 너무 느려서 주변 지인들에게 문의 한 결과 '이통'은 원래 3G서비스가 잘 안되고 '리엔통'을 사야지만 제대로 된 인터넷 사용이 가능하다는 것이었다. 그래서 그냥 생돈을 날리고 '리엔통' 것으로 칩을 다시 샀다. 3G가 제대로 안될 거라고는 상식적으로(?!) 예상하기 힘들었다. 중국은 통신 회사들도 거의 국영이다 보니 3G는 리엔통이, 4G는 차이나 모바일이 잘되는 구조이다.

저장대학교 북문 쪽에 있는 휴대폰 가게, 리엔통(차이나 유니콤)이다. 이 집은 특이하게 휴대폰 개통과 더불어 택배 맡아 주는 서비스도 같이 하고 있었다.

THEME 01 　핸드폰 개통하기 단계

01. 3G라면 리엔통을 이용한다.

리엔통(china unicom)이 3G 서비스가 잘될 뿐 아니라 지점도 많다. 하지만 4G는 차이나 모바일이 잘된다.

02. 선불 충전식을 사용한다.

한 달에 얼마씩 주면 후불식을 사용할 수도 있지만 추천하지 않는다. 요금이 과도할 수 있기 때문이다. 따라서 충전식 칩을 사 선불식으로 사용하는 편이 낫다. 2014년 기준으로 50위안이면 칩을 살 수 있다. 처음 칩을 살 때 100위안 정도를 지불하면 되는데, 50위안은 칩 값으로 나머지는 핸드폰 충전을 해서 사용하면 된다.

03. 번호를 고른다.

유심카드를 사겠다고 하면 빈 번호를 보여 준다. 빈 번호 중 맘에 드는 번호를 고르라고 한다. 이 중 마음에 드는 번호를 고르면 된다. 8자가 많이 들어간 번호일 수록 비싸다. 중국어 8은 돈을 많이 번다는 뜻인 '빠치엔'과 발음이 비슷하기 때문이다.

04. 칩을 충전하다.

생각보다 중국의 휴대전화 요금은 싸지 않다. 특히나 충전식은 그리 싸지 않다. 하지만 그럼에도 학교 내에 있는 리엔통(china unicom)을 이용하면 새학기에는 각종 행사를 하기 때문에 조금은 저렴하게 핸드폰을 개통할 수 있다.

05. 핸드폰을 사용하지 않아도 한 달에 얼마씩 고정적으로 빠져 나간다.
중국은 번호를 사용하는 대가로 휴대폰을 전혀 사용하지 않는다고 해도 고정적으로 얼마씩의 요금이 빠져 나간다.

06. 프리 인터넷 존을 활용하자.
리엔통에서는 번호가 있는 사용자에게 일정한 인터넷 존에서는 본인 번호에 비밀번호를 넣고 무료 인터넷을 사용할 수 있는 서비스를 제공한다. 이것을 잘 활용하자.

핸드폰 개통은 빠르면 빠를수록 좋다. 은행 계좌를 개설하려고 해도 인터넷 사이트에 가입하려고 해도 핸드폰이 있어야만 가능하기 때문이다. 가능한 빠르게 핸드폰을 개통하는 것이 생활 적응에 좋다.
휴대폰 기계는 한국에서 쓰던 핸드폰 중에서 유심칩을 넣는 모델 중 아무거나 가져가면 된다. 나의 경우 옛날에 쓰던 갤럭시2를 가져가 사용했다.

한국에서 가져간 단말기와 중국에서 구입한 두 개의 유심칩

은행 계좌 개설 및 체크카드 만들기

| THEME 01 | 중국 은행 계좌 만들기 |

중국은 은행 계좌 개설하기가 쉬운 나라에 속한다. 관광이 아닌 거주 목적의 학생비자나 기타 비자 등이 있어야만 은행 계좌 개설이 가능한 나라들과 다르게, 중국은 여권만 있으면 외국인이라고 할지라도 별다른 제한 없이 계좌를 발급해 준다. 계좌를 발급받아야 체크카드와 인터넷뱅킹 사용이 가능하고, 인터넷 쇼핑 등도 가능해지기 때문에 중국 생활에 필수적이다.(물론 인터넷 쇼핑을 안 한다면 크게 필요 없을 수도 있다.)

사실 내가 중국 은행 계좌를 개설하게 된 이유 중 하나가 타오바오(인터넷 쇼핑)를 위해서였다. 한참 이것 저것 사면서 중국 생활의 살림살이를 사 모으던 시절, 아무리 많이 사도 배달이 안 되는 중국 마트 시스템에 절망하면서 타오바오로 눈을 돌리게 되었다. 사실 물건을 사러 월마트나 세계롄화(世纪联华, shijilianhua) 마트에 많이 갔었는데 두 곳 다 배달이 안 되었다. 물건을 사고 택시를 잡고 저장대학교까지 들어와서 엘리베이터도 없는 3층까지 물건을 올리는 일은 결코 만만한 일이 아니었다. 물건이 너무 많아 여러 번에 나누어 사야하는 어려움도 있었다. 타오바오의 경우 구매만 하면 3-4일 안에 집 앞까지 배달이 되므로 매우 편리하다. 더불어 외국인인 나는 어디를 가도 중국인들의 바가지 상술의 최우선 공격대상이 되기 때문에 타오바오와 같은 인터넷 쇼핑몰이 나에게는 아주 편리했다.

우리 집 앞(저장대학교 옥천 캠퍼스 앞)에는 너무도 많은 은행들이 있었기 때문에 어떤 은행에 계좌를 만들까 잠시 고민했었지만, 중국에서 가장 많은 지점을 보유하고 있고 어느 지역을 가든 두 개 이상씩의 지점이 보이는 중국은행(中国银行)을 이용하기로 하였다. 내가 가는 지점은 학교 앞에서 10분 정도 걸으면 나오는 고급 주택가에 있었는데 그래서인지 직원들도 친절하고 무엇보다 영어로 일처리가 가능하다는 점이 매우 만족스러웠다. 확실히 외국인이 많이 오는 지점이라 그런지 은행 계좌(bank account)를 개설하러 왔다는 말에 알아서 신청서를 주었다. 신청서를 작성하고 약간의 수수료를 주면 별로 어렵지 않게 은행 계좌를 만들고 체크카드와, 한국으로 치면 OTP 카드를 받을 수 있다. 중국 은행에 들어가서 등록하는 법에 대해서도 상세하게 설명해두었다.

중국 은행은 창구마다 은행원의 인적사항이 담긴 명패를 놓아둔다.

은행 번호표

은행 직원이 방탄유리 뒤쪽에서 근무하는 것이 인상적이다.

은행 계좌 만들기

1. 준비물
신분증, 도장(사인으로 대체 가능하다), 약간의 돈(30위안 정도였던 것 같기도 한데, 정확한 액수는 은행마다 다를 수 있다.)

2. 은행 번호표 뽑고 직원에게 업무 내용 말하기

3. 신청서 작성하기

4. 신청서 작성 후 수수료 내기

5. 카드 혹은 통장 선택하기
중국은행은 카드와 통장 중 한 가지만 준다. 카드는 현금카드와 체크카드를 겸용하는 경우가 많아 카드를 선택하는 편이 더 좋다.

6. 비밀번호 입력
비밀번호는 6자리를 입력하는데 이 비밀번호는 잘 기억해야 한다. 왜냐하면 체크카드로 물건을 살 때도 반드시 비밀번호를 알아야만 카드를 쓸 수 있기 때문이다.

7. 인터넷뱅킹 이용
인터넷뱅킹을 신청할 지 물어보는데 사용하면 약간의 수수료가 있을 수 있다. 하지만 3회 이상 이용하면 연회비가 면제 되니 사용하는 것이 좋다. 인터넷뱅킹은 타오바오 같은 곳에서 물건을 살 때 유용하다.

THEME 02 체크카드 이용하기

체크카드를 만드는 법은 정말 간단하고 쉽다. 은행에서 계좌를 만들 때 통장이 아닌 카드를 선택하면 된다. 중국에 있으면서 가장 편리했던 점이 바로 이 체크카드가 아니었나 싶다. 체크카드의 장점에는 여러 가지가 있다.
첫째, 잔돈이 안 생긴다. 중국은 계산할 때 1원 이하의 마오 단위의 거스름돈을 받는 경우가 아주 흔한데 정말 들고 다니기 귀찮다. 이 돈들은 정말 작은 단위라서 물건을 살 수는 없으면서도 이 돈이 없으면 큰돈을 깨야 한다.

둘째, 목돈을 소지 하지 않아도 된다. 보통 유학생들은 환전을 하려면 자기가 사는 곳이 아닌 먼 곳으로 가야 하는 경우가 많아 한번에 많은 돈을 바꿔 놓는 편이다. 그런데 기숙사 생활을 하는 학생들의 특성상 목돈을 그냥 방에 놓아 두기가 불안하다. 이때 중국은행을 이용하면서 체크카드를 만들어 두면 한번에 환전해 중국은행에 예치해두면 되니 매우 편리하다. 한국 시티은행 계좌에 한국 돈을 예치해 놓고 중국 현지 ATM에서 돈을 뽑으면 자연스럽게 최저환율로 환전되므로 나는 이 방법을 이용했다. 그러나 시티은행을 가려면 택시를 타야 했기 때문에 한번에 많이 뽑아서 가까운 중국은행에 입금해 놓고 체크카드를 이용해 물건을 사거나 중국은행 ATM에서 인출해 썼다.

셋째, 마스터카드나 비자카드를 사용하지 않아도 된다. 보통 큰 물건을 사거나 급할 때 사용하기 위해 마스터카드나 비자카드를 하나씩 가져오는 데 중국 내 가맹점을 찾기 어려울 뿐만 아니라 이 카드들은 건당 1%의 수수료가 붙는다. 그런데 체크카드는 은련카드(银联卡)로 발행되므로 중국 대다수의 상점에서 통용되고 한국에 돌아와서도 은련카드 가맹점에서 수수료 없이 쓸 수 있다.

넷째, 인터넷 쇼핑을 자유롭게 할 수 있다. 인터넷뱅킹 가입 이후에 타오바오에서 자유롭게 물건을 살 수 있다. 수수료가 없으므로 비자나 마스터카드를 이용하는 것 보다 저렴하다. 계좌나 카드를 인터넷 등록하면 바로 사용할 수 있다.

다섯째, 할인 혜택이 있다. 이 할인 혜택은 중국 내에서 보다 한국에 돌아왔을 때나 일본 여행 때 톡톡히 써먹었다. 한국이나 일본이나 요우커(중국인 관광객)를 유치하기 위한 경쟁이 치열하다. 그래서 요우커들이 주로 이용하는 은련카드에 대해서는 특별 할인 혜택을 주는 경우가 많다. 일본 백화점에서는 10%의 추가 할인을 해주기도 했고 한국에서도 은련카드가 있으면 각종 혜택이 있다. 중국 내에서는 단순 체크카드용 차이나 유니콘(은련카드)만으로는 혜택이 없지만 비자나 마스터랑 비교하면 수수료가 발생하지 않기 때문에 저렴하다.

> **Tip**
>
> **중국은련카드란**
> '유니온 페이'라고도 불리는 중국은련유한공사(中国银联股份有限公司)는 중국 내 직불카드 및 신용카드 결제망을 운영하는 회사로 중국 뿐 아니라 전 세계적인 결제망을 갖고 있다. 이 회사에서 발행하는 카드가 바로 은련카드로 중국 내에서 발행하는 각종 직불카드와 신용카드 대부분이 가입되어있다. 비자나 마스터에 비해 세계적으로 가맹점은 많지 않지만 중국 내에서는 독보적인 위치를 차지하고 있고 중국의 경제력이 커감에 따라 점차 세계적으로 영업망을 넓혀가고 있는 추세다. 비자나 마스터와 달리 해외 결제 수수료가 없는 장점이 있다. 요우커(중국 관광객)가 전 세계를 휩쓺에 따라 한국과 일본 등지에는 은련카드에만 주는 할인 혜택이 있는 쇼핑몰도 늘어가고 있다. 중국에서 산다면 결제를 위해 필수적으로 갖춰야하는 카드이다. 중국 내 은행에서 발행 가능하고 한국에서도 신용카드에 은련카드가 들어있는 상품이 출시되고 있다.

THEME 03　은행의 서류에 사용되는 중국어 모음

收款人姓名[shōukuǎnrénxìngmíng] - 신청인 성명
家庭住址[jiātíngzhùzhǐ] - 거주지 주소
单位地址[dānwèidìzhǐ] - 직장 주소
邮政编码[yóuzhèngbiānmǎ] - 우편번호
固定电话[gùdìngdiànhuà] - 고정 전화
移动电话[yídòngdiànhuà] - 이동전화
证件种类[zhèngjiànzhǒnglèi] - 신분증 종류
证件编码[zhèngjiànbiānmǎ] - 신분증 번호
发证机关所在地[fāzhèngjīguānsuǒzàidì] - 신분증 발행처
开户类型[kāihùlèixíng] - 통장 종류

支票[zhīpiào] - 전표
借记卡[jièjìkǎ] - 현금카드
信用卡[xìnyòngkǎ] - 신용카드

开户银行名称[kāihùyínhángmíngchēng] - 개설 은행명
开户银行代码[kāihùyínhángdàimǎ] - 은행지정번호(은행 작성란)
开户日期[kāihùrìqí] - 개설 날짜
存款人签章[cúnkuǎnrénqiānzhāng] - 신청인 서명

银行账户[yínhángzhànghù] - 은행 계좌
准贷记卡[zhǔndàijìkǎ] - 체크카드
借记卡[jièjìkǎ] - 신용카드
电子银行[diànzǐyínháng], 网络银行(wǎngluòyínháng),
网上银行[wǎngshàngyínháng] - 인터넷뱅킹
签章[qiānzhāng] - 통장 사인

은행에서 사용되는 대화 정리

我想开个账户[Wǒxiǎngkāigèzhànghù].
나는 은행 계좌를 개설하고 싶습니다.
请问您的账号是多少？[Qǐngwènníndezhànghàoshìduōshǎo?]
당신의 계좌번호는 무엇입니까?
我想办个账号和网银[Wǒxiǎngbàngèzhànghàohéwǎngyín].
통장하고 인터넷뱅킹 만들고 싶어요.
请给我身份证[Qǐnggěiwǒshēnfènzhèng].
신분증 주세요.
自动取款机在哪里？[Zìdòngqǔkuǎnjīzàinǎlǐ?]
ATM기는 어디 있습니까?

중국 은행의 영업 시간

중국 은행은 일요일에도 영업을 한다. AM9:00~PM5:00까지 이다.

THEME 04 중국 은행 선택

중국에서도 국영부터 사설까지 정말 많은 은행이 서로 심각한 경쟁 중에 있다. 하지만 유학생들이 그런 경쟁 중 생긴 이점을 다 활용할 수 있는 경우는 매우 드물기 때문에 그냥 본인 주변에서 가장 가깝고 지점 많은 은행을 이용하면 된다. 내가 사는 지역과 항저우에서는 중국은행이 가장 많이 눈에 띄어서 나는 이곳을 이용했다.

중국은행 외에도 저장성에는 저상은행, 닝보은행 등의 지역 은행이 있다. 그러나 전국구 은행을 이용할 것을 권장한다.

그날 공안국에서는 (비자 연장)

THEME 01 공안국 이용 팁

단기 연수라면 한 번도 안가고 끝날 수 있지만 대부분의 장기 유학생들이 한 번 이상 가게 되는 곳이 있다면 그곳은 바로 공안국이다. 공안국은 외국인이 비자를 연장하거나 종류를 바꿀 때 이용하는 곳이다. 비자에 관한 사항이라면 모두 이곳에서 처리된다고 할 수 있다.

이곳은 나름 외국인들을 대상으로 하는 곳이라서 인지 대기 번호표도 있지만 중국의 공공 기관이 다 그렇듯 '만만디(천천히)'를 자랑하는 곳이다. 이곳이 얼마나 만만디로 일을 처리하는 지는 아는 사람들만 안다.

여행비자를 받아 중국에 입국한 다음 학생비자로 바꾸어야 한다면 반드시 공안국에 가야 하는데 이럴 때를 대비하여 몇 가지 팁을 준비했다.

01. 1달 이상의 여행비자 기간이 남아있다면 학기 초가 아닌 학기 중간쯤 간다.
학기 초에는 학생비자 업무 연장을 위해서 엄청나게 많은 사람들이 공안국에 가기 때문에 오전에 가도 그날 일 처리를 못하고 오는 경우가 있다.

02. 점심시간이 끼지 않도록 완전히 일찍, 문 열자마자 가거나 점심시간 끝나자마자 간다.
중국의 공기관들은 보통 점심시간이 2시간 이상이기 때문에 11시 같은 애매한 시간에 가면 기다리는 것이 보통 힘든 일이 아니다. 그리고 사람이 많을 경우 다음날 다시 가야 하는 사태가 발생할 수도 있으므로 되도록이면 오전에 가고, 학기초에는 사람들이 너무 많기 때문에 학기 초가 살짝 지날 쯤에 가는 것이 그나마 신속하게 일 처리를 할 수 있다.

03. 국경절이나 춘절 같은 대규모 휴일이 가까운 경우에는 이 명절이 끝난 후 간다.
이 기간 동안에는 절대 일하지 않기 때문에 많게는 한 달 동안 여권(신분증)없이 살아야 하는 경우가 발생한다.

THEME 02 비자 연장, 종류 바꾸기

비자를 연장하거나 비자를 바꾸는 방법은 다음과 같다.

1. 학생비자를 연장하기 위해서는 비자 연장을 위해서 학교로부터 다음 학기 등록금을 내었다는 증명서가 필요하다. 입학생 에 따라 돈을 내면 바로 주는 경우도 있고 돈은 이곳에서 내고 다른 사무실로 가서 비자 연장 서류를 받아야 하는 경우가 발생한다.

2. 이 증명서를 받았다면 여권과 증명사진을 가지고 공안국에 간다.

3. 공안국의 기계에서 번호표를 받는다. 그리고 신청서를 쓴다. 번호표를 주는 직원이 필요한 서류가 다 있는 지를 먼저 확인한다.

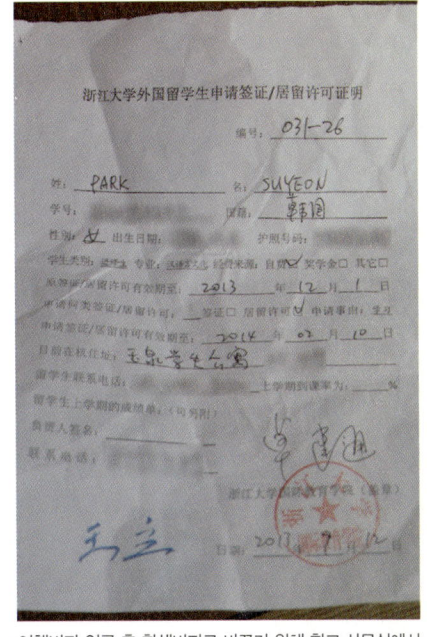
여행비자 입국 후 학생비자로 바꾸기 위해 학교 사무실에서 받았던 서류

4. 공안국 사진관에 가서 사진을 찍고 번호표를 받는다. 한국인들이 워낙 뽀샵을 심하게 해서 실물과 다른 경우가 많아 도입된 제도이다.

5. 이 번호표를 가지고 가면 접수를 하고 기다린다.

6. 번호가 되면 서류를 제출하고 여권까지 제출하고 확인증과 나머지 서류를 받는다. 확인증을 잘 챙기자.

이렇게 모든 서류가 구비되면 확인증을 주는데 일반적으로 여행비자를 학생비자로 바꾸는데 2주 정도가 소요되지만 국경절이 끼어있거나 하면 많게는 1달까지도 소모된다. 이 동안은 여권 없이 지내야 한다.

아무튼 공안국이고 경찰국이고 간에 중국 공공기관을 간다는 것은 굉장한 모험이다. 아주 느리고 고압적이며 서비스라는 개념을 찾아 볼 수 없다. 그런데 내가 한 가지 발견한 점은 우리가 한국 사람이고 언제나 너무 좋은 서비스를 받아왔던 탓에 공기관이고 어디고 간에 좋은 서비스를 받는 것이 당연하게 느낀다는 사실이다. 하지만 세계적으로 여권이 3일만에 나오는 나라는 한국밖에 없다는 점을 기억하면 조금은 위로가 될 듯하다. 세계 어느 나라를 가도 전화 한 통으로 당일에 인터넷이 개통되고, 하루 만에 인터넷 쇼핑한 물건이 오는 나라는 없다. 또한 고객은 왕이다를 실행할 수 있는 나라도 전 세계적으로 한국을 비롯한 몇 군데 정도다.

중국 공기관과 학교 등 공공기관들의 서비스가 악명 높지만 러시아, 스페인 등등 세계에 수없이 많은 나라들이 이런 상태라는 것을 기억하자. 이런 곳에 부정부패가 개입하는 것이 아닌가 한다. 급행료라는 것이 한국에서 중국 비자를 만들 때는 공식적으로 있지만 중국에서는 암암리에 있는 것 같았다. 우리 정부의 부정부패와 무능이 우리의 신문상에 오르내리지만 중국에서 어떤 일을 처리해보면 그래도 한국은 세계 다른 나라에 비하면 참 모든 것들이 빠르고, 그리고 합리적으로 이루어 진다는 생각이 든다.

항저우의 공안국. 비자를 연장하는 곳이다.

주숙등기(住宿登记)

중국에 아직도 남아있는 전근대적인 제도 중 하나를 꼽으라면 나는 주숙등기(住宿登记)를 꼽을 것이다. 중국을 비롯한 러시아 등의 국가들은 아직도 외국인 주숙등기 제도를 가지고 있다. 이 법은 중국에 입국한 외국인은 24시간 안에 주거지 관할 파출소에 자신의 주거지를 신고해야 하는 제도이다. 아마 중국 여행을 다녀왔던 사람들 중 상당수가 처음 들어보는 단어일 것이다. 그 동안 우리가 직접 하지 않았기 때문이다. 큰 호텔이나 일정 규모 이상의 숙박 시설에서는 주숙등기를 대행해준다. 우리가 요청하지 않아도 관할 파출소에 자동으로 신고되는 시스템을 가지고 있는 것이다. 유학생들 중 학교 기숙사에 살고 있는 학생들도 따로 신경 쓰지 않아도 여권을 며칠만 맡기면 학교 당국에서 일괄적으로 주숙등기를 해준다. 그런데 외부에 집을 얻어 살 때 잘 모르고 주숙등기를 소홀히 했다 낭패를 당하는 경우가 있다. 2013년 칭다오에서는 여행비자로 입국한 한국인 두 명이 주숙등기를 하지 않아서 공안에 적발된 적이 있다. 적발될 경우 하루당 500위안의 벌금을 물게 된다. 물론 초범인 경우에는 말을 잘하면 봐주기도 한다. 항저우의 경우 주숙등기를 안 해서 적발된 사례는 아직 없는 것 같고 등기의 존재 자체를 모르는 교민들도 꽤 된다. 그러나 상하이의 경우에는 좀 더 엄격하게 주숙등기 관리를 하기 때문에 신경을 써야 한다.

중국어를 잘 못하는 상태에서 중국의 공공기관을 방문하는 것은 매우 어렵고 부담스러운 일이다. 중국 공공기관에는 영어를 하는 직원이 없는 경우가 많기 때문이다. 10분이면 끝날 정도로 주숙등기 자체는 별로 어렵지 않지만 중국어를 못하는 상태라면 이야기가 달라진다.

주숙등기에는 본인 여권, 비자 서류, 거주지 증명, 임대차 계약서, 주인 신분증, 돈 등이 필요하다. 이 서류들을 복사해 거주지 관할 파출소로 가져가면 된다.

상하이의 경우 한국 상인회와 홍차오 파출소가 함께 외국인 전용 관리센터를 운영하고 있어서 도움을 받을 수 있다. 물론 이 지역 관할 거주자에 한하지만 말이다. 다음은 홍차오 관할 지역인을 위한 안내이다.

> **Tip**
>
> **주숙등기**
>
> 주숙등기는 홍차오 파출소 관할 지역에 해당하는 거주자에 한해 접수를 받고 있으며, 당일 처리된다.
>
> ▶ 업무 시간 : 매일 오전 9시 ~ 오후 4시
> ▶ 준비 서류 : 본인 여권(입국 도장과 비자), 각 아파트 관리 위원회에서 발행하는 거주증명(居住证明), 임대 계약서(合同), 주인 신분증 복사본(房东身份证复印件)
> ▶ 홍차오 파출소 관할 지역 : 锦华居委, 古北虹苑居委, 名都城居委, 金虹居委, 古北居委, 海申居委, 振宏居委, 井亭苑居委, 锦绣江南居委, 井亭村, 河南居委, 河西居委, 上虹居委, 虹桥居委, 红春居委, 虹鹿居委, 金斯居委, 虹华苑居委, 锦绣江南居委, 名都城居委, 红春居委, 虹桥花苑居委, 华光居委
> ▶ 수수료 : 무료
> ▶ 주소 : 吴中路1100号炫润大厦621室
> ▶ 문의 : 상하이한국상회6209-5175(#15) 주숙등기

"주숙등기, 걸리지 않으면 괜찮은 거 아니에요?"라고 말하는 사람이 있을 수 있다. 하지만 어찌되었든 법이기 때문에 지켜야 하고 안 하고 있다 걸리면 벌금을 물을 수 있기 때문에 그냥 하고 사는 것이 맘 편하다. 비용은 파출소에 따라 받는 곳도 있고 안 받는 곳도 있는 것 같다. 그런데 정확히 정해진 비용이 얼마인지는 아직 모르겠다. 파출소마다 다른 건지 담당자 재량으로 받는 건지 안 받고 했다는 사람부터 비용이 있다는 사람까지 그 비용도 천차만별이라 통일해서 말하기 어렵다.

택배는 집으로 오는 것이 아니었다.
(택배 찾기)

중국에서는 무엇 하나 쉽지 않다라는 걸 택배 찾기에서 느꼈다. '택배는 집 앞까지 배달되는 것'이라는 나의 편견은 중국에서 산산이 깨졌다.

중국에 들어올 때 여름·가을 옷만 챙겨왔던 탓에 11월이 넘으니 추웠다.(상하이 항저우의 기온은 항상 상온이지만 습한 탓에 으슬으슬 춥다.) 한국에 있는 어머니께 겨울 코트를 택배로 보내달라고 부탁 드렸다. EMS는 보통 3~4일 만에 오는 데 1주일이 지나도 도무지 올 기미가 없는 것이다. 기숙사 경비실에 문의했으나 우리 집으로 온 택배가 없다는 대답뿐이었다. 그런데 아저씨가 스쳐 지나가듯 던진 한 마디. '택배가 반드시 집으로 오지 않을 수도 있다.' 택배 회사에 따라서는 집이 아닌 집하장 같은 곳으로 배달될 수 있다는 것이었다. 결국 온 동네방네 수소문 결과 내가 살던 건물이 저장대학교 옥천캠퍼스 23동이었는데 EMS로 보낸 택배는 집으로 오지 않고 교내에 있는 EMS 사무실로 가야 찾을 수 있다는 사실을 알았다. 이렇게 해서 찾아갔더니 이곳은 4시면 문을 닫는다는 것이었다. 이때는 회사에 출근하고 있던 시기라 퇴근이 6시가 넘을 때여서 결국 주말까지 기다렸다 택배를 찾으러 갔다. 그런데 더 기가 막힌 것은 보낸 지 2주가 되었는데도 택배가 아직 안 왔다는 것이다. 송장을 조회해달라고 해도 모르겠다는 답변뿐이었다.(중국에서는 귀찮으면 그냥 안 왔다고 한다.) 그래서 어떻게 할까 고민하다가 같이 갔던 한인 교회 유비오빠(저장대학교 대학원생)가 그 우체국 직원에게 일주일 동안 온 택배를 다 뒤져보아도 되겠냐고 했다. 그럼 그러라는 직원의 시니컬한 대답을 듣고 하나하나 다 뒤진 결과 한쪽 구석에 처박혀 있는 내 옷가지를 발견하고 기뻐 뛰었다. 사건의 전말은 택배 받는 대행 사무소에서 택배를 받고도 잘 관리하지 않고 1주일째 한쪽에 그냥 방치해 놓고서는 귀찮으니 찾아볼 생각도 없이 그냥 안 왔다고 한 것이었다. 중국 EMS면 명색이 국영인데 이렇게 허술하게 관리될 수 있을까 싶다가도 이곳이라면 그럴 수 있겠다 싶었다. 그 후로는 택배를 배달시킬 게 있으면 바로 받을 수 있는 회사로 시키게 됐다.

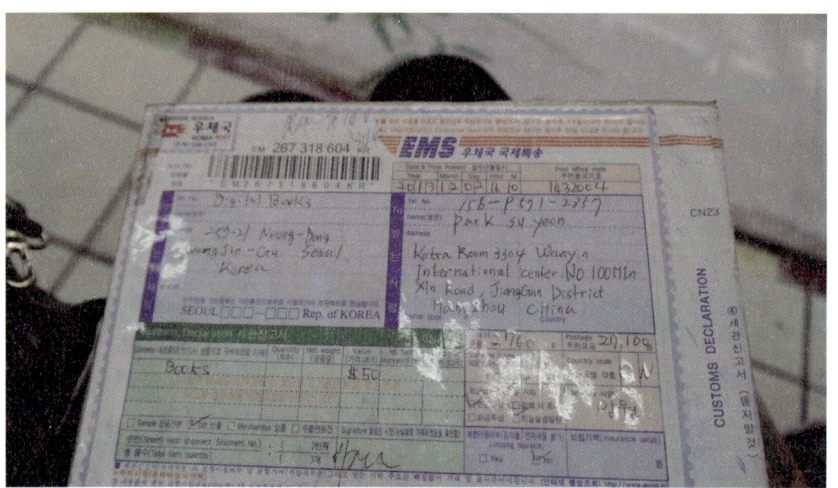
한 번의 택배 실패 이후 회사에서 받은 그 다음 택배. 코트라에서 받았던 내 첫 책(우리는 지금 대만으로 간다) 출간본.

중국 택배에서 신기한 점 하나. 한국에서는 인터넷으로 물건을 살 때 전부 결제하고 배송비만 착불과 선불을 결정하는데 중국에는 일정 금액의 보증금만 미리 납부하고 택배가 오면 대리점에 가서 나머지 물건값과 택배비까지 치르는 형태의 택배도 있다. 이런 곳은 주로 휴대폰 대리점과 같이 다른 목적의 가게에서 겸업을 하는 곳들이다.

일반 가정집은 모르겠지만 중국 대학교로 오는 택배는 찾는 곳이 따로 있다. 한국으로 치면 편의점처럼 대행점 같은 곳이다. Post box가 있는 곳은 바로 오지만 그렇지 않은 곳은 거의 100이면 100 다 이런 대행점에 가서 찾아야 한다. 문제는 이런 대행점이 어디 있는지 안내가 없다는 것이다. 가령 이렇다. 내가 타오바오에서 물건을 샀는데 기숙사인 저장대학교 23호로 배달시키면 내가 선택한 택배에 따라서 우리 집을 관할하는 그 택배 지점으로 배달이 된다. 그런데 학교 내 택배 지점이란 게 EMS만 좀 번듯한 건물이 있지 다른 택배는 그냥 공터에 택배를 풀어놔서 누가 가져가도 신경도 안 쓴다. 택배 배달 사고가 종종 일어나는데 이런 사건에 대해 택배사들은 웬만하면 책임을 안 진다. 그런데도 이런 택배회사들이 장사를 하고 먹고 사는 것을 보면 서비스 강국에서 태어난 우리로서는 이해하기 힘들다.

학교 내 택배 찾아가는 곳. 그냥 공터에 관리자도 없이 풀어놨다. 본인이 가서 열심히 뒤져 찾아야 한다.

내가 있던 저장대학교를 기준으로 들자면, 이런 문제를 해결하는 방법이 한 가지 있다. 바로 처음부터 Post box가 있는 곳으로 택배를 배달시키는 것이다. 저장대학교 청년회관이라고 해서 1인실 기숙사가 있는 곳이 바로 Post box가 있는 곳인데 인터네셔널 스쿨로 보내면 1층 프론트 데스크로 배달이 된다. 저장대학교 외국인 1인실 기숙사는 청년회관, 한국으로 치면 유스호스텔 정도의 역할도 겸하고 있어서 1층에 항상 직원들이 상주해 있다. 물론 이 직원들이 영어를 못하는 게 약간 문제긴 하지만 (인터네셔널 스쿨의 유스호스텔 직원인데도 정말 한마디도 못한다.) 아무튼 이곳으로 보내면 조금은 더 안전하게(?) 배달된다. 나의 경우 항저우에 들어가기 전에 타이페이에서 '우리는 지금 대만으로 간다' 첫 책을 집필하고 중국 대륙으로 넘어갔었는데, 가면서 타이페이에서 항저우 저장대학교로 내 물건들을 보냈었다. 아직 내 기숙사 주소를 몰라서 학교 서류를 보낸 주소로 보냈었는데 다행히 학교 1층으로 왔다. 보내 놓고도 택배가 올 때까지 과연 올까 마음을 졸였었다.(등록을 하면서 1주일 동안 너무 고생을 많이 해서 과연 택배는 제대로 올지 의심스러웠다.) 그런데 기숙사라고 안심해서는 안 되는 것이 1인실 기숙사에 살던 학생이 자기 기숙사로 택배를 시켰는데 1층 프론트 직원들이 그냥 방치해둬서 택배가 다시 상하이로 가서 한국으로 돌아갔다는 이야기도 있다. 그

학교 안에 있는 EMS 택배 찾는 곳. 단 이곳에서 택배를 부칠 수는 없다. 택배를 부치려면 외부에 있는 우체국으로 가야 한다.

래도 학교 당국 입학 사무실로 보내면 프론트 직원들이 아무래도 신경 써서 보관해 준다.

더 신기했던 점. 내가 사는 기숙사 23동은 앞에 경비 아저씨가 있다. 이 아저씨들에게 우리는 기숙사비로 월급을 지불하고 있다. 그런데 이 경비 아저씨가 하는 일이 진짜 없으시다. 가끔 문 열어 달라고 하면(23동 기숙사는 입구에 카드가 있는 사람만 들어갈 수 있고, 나올 때도 카드를 찍어야 한다.) 짜증을 내면서 문을 열어주는 것 빼고는 택배도 받아주지 않고 도무지 뭘 하는지 알 수 없다. 물론 아저씨에게 돈 되는 일에 대해서는 완전 열심이시긴 하다. 세탁기를 돌리러 가거나(세탁비는 아저씨가 받는다.) 기숙사 짐을 뺄 때 유학생들이 남겨놓은 물건을 챙겨 파는 일들.(외국 서적 같은 유학생의 물건은 중국 학생에게 비싸게 팔린다.) 이런 일들은 진짜 열심히 하신다.

결국 중국에서 택배를 받을 일이 있다면 우선 내가 이용하게 되는 택배가 어느 회사인지를 확실히 체크하고 수일 내에 집으로 안온다면 택배 찾는 곳이 어딘지 확인해 스스로 가서 찾아야 할 것이다. 혹시 EMS를 보내야 한다면 가능한 학교 당국으로 보내라. 선생님을 통해 확실하게 찾을 수 있다.

마트, 백화점, 시장 비교 분석기

중국에서는 이것 저것 물건 사는 게 한국보다 힘든 일일 수 있다. 한국에 있는 대다수의 공산품들과 저렴한 물건들이 중국에서 들어오기 때문에 한국 사람들은 중국의 물가가 아주 쌀 거라고 생각하는 경향이 있다. 하지만 실상을 들여다보면 그렇지만은 않다.

한국에서는 무척 저렴한 중국산이 중국 현지에서는 국내산이므로 거기에 이런 저런 세금들까지 붙어서 결코 저렴 하지 않다. 나는 '메이드인 차이나' 프라이팬을 무려 250위안(5만 원) 정도를 주고 샀는데 한국이라면 8천 원 정도면 충분히 살 수 있는 그런 프라이팬이었다. 잠깐 살 거라며 그것보다 싼 50위안(나름 만 원)짜리 프라이팬을 샀지만 코팅이 안 되어 있어 계란프라이도 할 수 없어서 결국 못쓰고 250위안짜리 프라이팬을 다시 사게 되었다.(중국에서는 싸게 비지떡인 상황이 많다.)

이런 저런 물건을 사면서 느낀 것은 내가 한국인이라서 그렇겠지만 물건 사기에는 한국이 좋다는 점이다. 물론 중국 물건은 정말 싸면서 품질이 낮은 물건부터 정말 비싸고 품질 괜찮은 물건까지 한국에 비해 다양한 가격대에 다양한 품질의 물건들이 있다. 수입산(중국 내부적으로)의 경우 우리 어머니가 좋아하는 테팔 브랜드의 프라이팬 등을 들 수 있는데 이런 프라이팬은 평범한 사람이라면 결코 살 마음이 들지 않을 가격이다.(프라이팬 하나가 15만 원이 넘는 다면 이건 문제 있는 게 아닐까?)

내 결론은 한국인이 쓸만한 품질의 물건은 중국 내부적으로 보았을 때는 고급품에 속하기 때문에 한국보다 비싸다는 것이다. 따라서 메이드인 차이나의 쓸만하지만 저렴한 물건을 기대한다면 그 기대를 버리라는 말을 하고 싶다. 중국에서 싼 물건이라면 전통시장에서 사는 채소나 과일, 고기 정도 일듯하다.(고기 중에서도 돼지고기가 싸다.) 중국에서는 돼지고기도 물가 통제 품목 중에 하나기 때문에 싼 가격에 살 수 있다.

학교 앞 전통 재래시장. 이곳에서 신선한 채소와 고기, 생선을 저렴한 가격에 판다.

THEME 01 전통시장 체험기

저장대학교 옥천 캠퍼스 앞에는 전통시장이 있다. 중국에 살면서 얻는 큰 즐거움 중 하나가 전통시장이 아닐까한다. 매일 장을 보는 중국인의 특성상 웬만한 주거지 근처에는 모두 시장이 있다.

중국은 먹을거리가 쌀 거라고 생각하지만 사실은 그다지 싸지 않다. 학생이 먹을 만한 10위안 정도 대의 음식들은 학생식당을 제외하고는 정말 비위생적인 환경에서 조리되는지라 시킨 음식을 버리고 나온 적이 많았고 그나마 먹을 만한 30위안 이상의 식당은 유학생 신분으로서는 매 끼니 먹기에 부담스러운 가격이다. 다행히 나는 주방과 냉장고, 식탁이 있는 기숙사에 살아서 음식을 해먹을 수 있었다. 한국 음식도 많이 해먹었지만 사실 더 많이 해먹은 건 파스타였다.(중국에서는 파스타가 진짜 비싸다. 학교 앞 파스타 가게는 음식 하나에 150위안에서 200위안(한국 돈 3-4만 원)을 호가하고 맛도 없었다.) 학교 앞 전통시장이 있어서 그나마 다행이었다.

중국 전통시장에 가봐야 비로소 왜 사람들이 중국 물가가 싸다고 하는지 알 수 있다. 채소와 과일, 고기까지 정말 저렴한 가격에 살 수 있다. 무엇보다 신선하다. 중국인들은 전통적으로 새벽시장에서 그날그날 먹을 만큼만 장을 보는 습관이 있다. 냉장고에 들어간 지 하루가 지나면 신선하지 않다고 생각하는 경향도 있다. 맞벌이 가구가 한국보다 더 많기 때문에 장보는 일은 주로 집에 있는 노인들의 몫이다. 중국 정부는 엄청난 빈부격차 속에서도 서민들의 생활 유지를 위해 다른 공산품은 그렇더라도 채소, 과일 그리고 돼지고기 물가는 철저히 통제한다. 덕분에 이런 저런 채소를 한가득 사도 100위안을 넘는 경우는 아주 드물다.(보통 나의 1주일 치 먹거리) 나는 한국에서도 토마토와 파프리카를 입에 달고 사는데 저렴하고 신선하게 살 수 있어 좋았다. 파프리카와 토마토 등을 데쳐 먹거나 그 외에 다른 채소를 올리브유에 볶아 먹는 요리법을 자주 사용하였다. 돼지고기도 자주 먹었는데 200그램 정도의 돼지고기를 한국 돈 천 원에서 2천 원 정도의 가격에 먹을 수 있었다.

중국에 살면서 정말 좋았던 점을 뽑으라면 이 전통시장을 이용할 수 있었다는 점이 아니었나 싶다. 중국에서 쇼핑의 자유는 전통시장에서만 느낄 수 있다.

현대식으로 잘 정리된 전통시장 내부

THEME 02 월마트 VS 렌화

지역마다 약간의 차이는 있겠지만 항저우 상하이 지역에서 가장 친숙한 마트 체인이라고 한다면 월마트와 렌화 일 것이다. 월마트의 경우 미국 월마트의 중국 내 체인이고 렌화는 중국 국영기업 소속의 마트 체인이다.

월마트와 렌화 중 어디가 더 나은지에 대해서는 품목에 따라 차이가 나므로 단정지어 말할 수는 없다. 하지만 중국

렌화 수입식품 코너. 월마트와 렌화에는 전 세계의 수입식품이 다양하다. 가격은 비싸다.

현지에서의 인기는 렌화가 앞서는 편이다. 렌화는 단일 회사 매장으로는 중국에서 가장 많은 매장 수를 가지고 있다. 렌화는 우리가 생각하는 마트인 세계렌화(센츄리마트), 시티라이프, 동네 슈퍼인 렌화까지 다양한 형태로 운영이 되어서 생활 밀접한 곳까지 구석구석 스며 있고 국영기업이라는 이점으로 국가에서 밀어주는 탓(?!)에 중국 마트계를 점령해 가고 있다. 코트라 근무 시 렌화와 함께 한국 식품전을 기획해서 인지 더욱 친근한 마트가 렌화였다.

한국 식품전 기간 2주 정도를 세계렌화(世界联华)로 출근하면서 느낀 점은 렌화가 정말 중국 현지 밀착형 서비스를 잘 한다는 것이었다. 새벽에 시장을 보는 중국인들의 특성을 반영하여 식료품에 한해서 아침 7시에 새벽시장을 연다. 모든 식료품을

직접 손으로 만져보고 사는 중국인의 특성을 고려해 고기와 생선을 직접 손으로 만져볼 수 있게 열어두고 살아있는 닭도 유리 케이지에 넣어서 고객이 선택하면 그 자리에서 잡아준다. 아침 식사로 만두 등도 판다. 더불어 수입식품 코너가 다양하다. 월마트가 주로 미국을 비롯한 영미권의 식품들을 주로 가져다 놓았다면 렌화는 한국, 일본 등 아시아권의 식품까지 두루 갖춰놓고 있어서 선택하기 더 좋았다. 가전제품도 좀 더 다양했던 것 같다. 렌화에는 로컬 제품 뿐 아니라 해외 생산 제품까지 고객의 기호에 맞추어 다양했기 때문에 나를 비롯한 유학생들은 렌화 가기를 좋아했다.
저장대학교 옥천캠퍼스에서 월마트까지는 걸어서 15분 걸리고 센츄리마트는 택시를 타면 기본요금이나 1위안 정도 더 나온다. 센츄리마트는 시티은행 건너편에 있어서 돈 찾고 겸사겸사 다녀오면 된다.

Tip

렌화는?

정식 이름 렌화슈퍼마켓(联华超市), 영문 이름 LIANHUA SUPERMARKET이다. 국영기업으로 '소매 체인점의 불도저'라 불리며 점포수는 6000여 개로 매출액은 6조가 넘는 중국 내 제일 큰 마트 체인이다.

중국 사람들은 고기를 꼭 만져 보고 산다. 소비자가 만져보고 고를 수 있게 각종 식재료가 배열 되어있다.

중국 마트에서는 비둘기 고기와 오리 발도 판다.

렌화에는 닭을 고르면 앞에서 직접 잡아주는 서비스도 해준다.

PART 03 중국에서 살아보기　103

THEME 03 깎는 재미가 있는 중국 백화점

중국 백화점은 깎아준다. 반드시 깎아야 한다. 가끔 명동 L백화점에 가보면 백화점에서 깎아 달라고 떼를 쓰는 중국인들을 볼 때가 있다. 한국인들이 그들을 보면 당황스러울 듯한데 중국 백화점을 경험한 나로서는 놀랍지 않다. 중국 백화점에 갔을 때는 반드시, '이띵야오!'(반드시!) 깎아야 한다. 제 가격을 다 주고 산다면 억울하다. 일반적으로 한국인을 비롯한 외국인들은 백화점에서 물건을 깎아 사는 것에 익숙하지 않다. 물론 한국 백화점도 아는 사람들은 깎아 산다. 하지만 깎아봐야 정가의 5%-10% 내외에서 할인을 받는 정도지만 중국의 경우 심하면 가격의 절반 정도까지 깎아준다. 정가도 일부러 받을 가격보다 높게 붙여놓는 경우가 많다.

중국 백화점을 갔을 때 정말 불편하고 어색했던 점이 있는데 백화점 매장에서 물건을 고르면 바로 돈을 지불하는 것이 아니라 그 물건 값에 해당하는 전표를 받아 매장 밖 카운터에 가서 돈을 내고 도장을 받아 다시 매장으로 오면 물건을 주는 시스템이 바로 그것이다. 처음 갔을 때는 정말 이상했다. 공기관은 그렇다 치더라도 고객 서비스를 최우선으로 생각해야 할 백화점이 이렇다는 게 한국인으로는 선뜻 이해되진 않았다. 그런데 중국 백화점 할인 제도를 이해하면 어느 정도 이해가 된다. 대부분이 정가로 판매되는 한국과는 다르게 직원의 재량에 따라 돈을 깎을 수 있는 중국 백화점의 특성상 매장 직원이 돈을 받게 하면 20%로 깎아줬다 보고하고 고객에게 10%만 깎아주는 방식의 직원 횡령을 막을 수 없으니 그럴 듯하다.

중국의 유통업계는 규정이 굉장히 까다로운데 직원에 의한 물건 도난이 많기 때문이라고도 한다. 하지만 어떤 이유에서든 물건을 고르고 표를 받고 돈을 내고 다시 매장으로 와서 물건을 가져가야 하니 고객 입장에서는 불편하다. 특히 세일 기간이 되면 돈 내는 곳 앞에 줄이 길어서 '빨리 빨리'와 고객 중심의 서비스에 익숙한 한국인으로서는 물건을 안 사고 싶어진다.

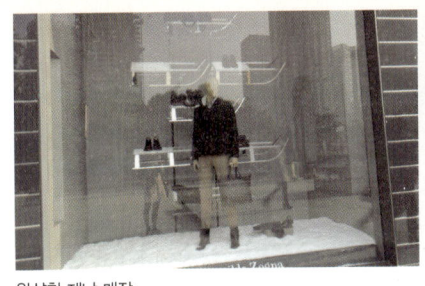 

완샹창 제냐 매장

한국인들이 중국 백화점에서 물건을 살 일은 그리 많지 않다. 일단 중국 백화점은 물건의 품질 대비 가격이 한국에 비해서 높고 명품 브랜드의 경우에는 한국보다 1.5배는 더 비싸고 그게 과연 진짜인지도 의심스럽다. 내 경우 항상 쓰는 일본 슈에무라 클렌징 오일이 중국에 있는 동안 떨어졌던 일이 있었다. 슈에무라 클렌징 오일을 안 쓰니 피부가 퍼석거려서 항저우 백화점을 다 뒤지고 다닌 끝에 시후 인타임에서 발견하고 샀다. 반 일본정서 때문인지 뭐 때문인지 모르지만 슈에무라가 항저우 백화점 중 시후 인타임에만 있다는 점도 신기했다. 그런데 가격은 한국에 비해 정확히 1.5배. 더불어 지금도 이상한 것은 브랜드는 슈에무란데 사용하는 느낌은 과연 동일한 제품일까 궁금할 정도로 달랐다는 점이다. 일반적으로 슈에무라는 별 다른 클렌징 없이도 깔끔하게 지워지고 거기에 보습성분이 있어서 얼굴이 당기지 않는데 이 아이는 어찌된 건지 깔끔하게 지워지는 느낌은 없고 그 동안 쓰던 아이가 아니었다. 한 병에 300위안의 거금을 주고 샀으나 내가 쓰는 아이인지 의심을 떨쳐버리질 못했으니 그 후 나는 중국 백화점을 이용하지 않기로 했다. 그 외에 물건들도 왜 이리 비싼지 한국인인 나는 못 사는 물건들이 너무 많았다. 한국에 비하면 정말 턱없이 비싸고, 진짜인지 질도 보장 할 수 없는 물건들이 많고, 물건 하나 사자고 돈 내려고 줄 서고……. 한국인인 나에게는 불편하다. 중국 친구들이 한국에 오면 왜 백화점 물건들을 싹쓸이해가는지 알 것 같다.

백화점에 대한 인식도 한국 사람들과 중국 사람들 간 차이가 있는 것 같다. 한국 백화점은 다양한 소비자들을 잡기 위해 적정한 가격의 물건부터 비싼 물건까지 다양한 가격대의 물건을 구비해 놓지만 중국 백화점은 부호들 위해서만 존재한다는 느낌이 강하다.

중국 백화점 이용, 유학생이라면 웬만하면 한국 올 때까지 참자.

완샹창 러버덕 행사에서 나

THEME 04 천사마트(한국 식품점) 이용 방법 및 주소

천사마트가 생소한, 처음 듣는 분들도 있겠지만 전 중국에 분포한 한국 식품점 체인이다. 한국 사장님이 경영하시는데 항저우 유학시절 내 친구가 항저우 점장이라서 자주 이용할 수 있었다. 상하이에 제 1호 점이 있는데 상하이 1호점이 너무 잘되어서 전국적인 마트 체인으로 거듭날 수 있었다고 한다. 천사마트는 가격이야 한국에 비하면 비싸지만 그래도 제일 다양한 한국 제품들을 갖추고 있다. 먼 거리의 경우 많이 사면 배달도 해준다. 하지만 최근 슬프게도 삥장에 있던 항저우 천사마트가 없어졌다. 그러나 상하이는 1호점과 구베이로의 2호점까지 많은 지점들이 여전히 성업 중이다. 중국에는 P섬유 탈취제가 없는데 이곳에 가면 있고 각종 한국 음식들도 많아서 이용했다. 중국 대형마트에 없는 한국 물건들을 모두 구비해 놓고 있어서 좋다.

천사마트 홍보 행사 중인 내 친구 종구(천사마트 점장)와 중국 여직원

THEME 01 중국에선 뭘 먹고 살까?

중국에 오면 많은 사람들이 여러 가지 이유로 음식을 잘 못 먹는다. 가리는 음식 없이 정말 잘 먹는 편인 나도 한동안 밥을 잘 못 먹었었다. 이는 맛보다는 주로 위생 상태 때문이었다. 보통 학교 주변의 싼 음식점들은 위생 상태가 별로 좋지 않았다. 첫날 먹었던 음식에서 벌레가 나온 뒤로는 그런 식당은 웬만하면 안 간다. 그래도 큰 백화점 푸드코트 같은 곳에 가면 먹을 만한 곳이 많지만 집 주변에는 그런 곳이 없어서 기숙사 식당에 전적으로 의지했다. 그런데 큰 백화점 푸드코트, 겉은 멀쩡하지만 속은 제대로 위생이 관리되는지에 대해서 모두가 의문을 가지고 있다. 회사를 다니면서는 점심을 먹으러 완양창 내부에 있는 푸드코트를 다녔었다. 푸드코트 음식 중 마라탕을 좋아했는데 어느 날, 마라탕 집에서 채소가 땅에 떨어졌는데 이 떨어진 야채를 흙도 털지 않고 그대로 다시 올려놓더라는 이야기를 들었다. 이 이후로 웬만해서는 그 마라탕, 다시 먹지 않는다.

이렇게 위에 기술한 문제들 때문에 중국에 처음 가면 음식 때문에 힘들 수 있다. 하지만 중국 음식 자체가 '산해진미'로 표현되는 만큼, 가짓수도 많고 그만큼 맛있는 음식도 많다. 중국 음식은 너무 다양해 어떤 맛이다 이야기하는 것에는 어폐가 있다. 우리가 가는 항저우 상하이 음식을 중심으로 이야기 해보기로 한다.

상하이와 항저우 요리에는 차이가 있다. 상하이 요리는 달고 기름진 편이고 해산물을 이용한 음식이 많다. 항저우 음식은 짜지도 맵지도 달지도 않고 재료의 본연의 맛을 살리는 데 집중한다. 맛집 수로 따지면 상하이가 대도시답게 더 많다. 상하이의 경우 게 요리가 매우 유명하고 상하이식 해물볶음과 상하이 만두와 더불어 전 세계에 유명 프랜차이즈들은 거의 다 들어와 있어 두루 두루 먹을 게 많다. 이에 비해 항저우는 역사적 인물과 연관된 음식이 많은데 소동파의 동파육이 있고(잘하는 집에 가서 먹으면 맛있다.) 생선요리가 유명하다. 또 항저우는 용정차의 고장답게 차관(茶馆)이 유명하다. 차관은 찻집처럼 보이지만 차는 부수적이고 코스요리가 더 유명하다. 150-200위안 정도의 가격으로 비싼 편이라 자주 가기는 쉽지 않지만 차와 더불어 풍경과 친구들과의 만남을 즐기고 20가지가 넘는 중국식 코스요리를 경험해 볼 수 있다.(차관은 중국의 중산층들이 주말을 즐기는 방법 중 하나이다.)

보통 유학생들이 적당한 가격에 많이 가는 곳은 학교 주변 식당이며 조금 특별한 외식을 위해서는 와이포지아(外婆家), 녹차(绿茶), 농탕리(弄堂里), 로와이로(楼外楼), 쩐공푸(真功夫) 등의 식당에 간다. 상하이의 경우 맛집이 너무 많아 일일이 꼽기 어렵다.

백화점 푸드코트

상하이 명물, 게 요리를 위한 재료

중국식 패스트푸드점을 표방하는 쩐공푸의 타오찬(세트 메뉴)이다. 맛과 위생이 만족스럽고, 무엇보다 빨리 나온다.

항저우의 유서 깊은 식당 로앤로의 모습. 시후를 한눈에 내려다 볼 수 있다.

차관의 모습. 룸이 있어서 비즈니스 접대에 이용된다.

차관에서 첫 번째로 주는 과일과 피스타치오. 중국어로 피스타치오는 카이심궈(开心果)로, '즐겁다'는 의미의 '开心'의 뜻도 내포하고 있다.

후식으로 주는 디저트이다. 오른쪽 말린 오징어 같은 아이는 오리발을 염장해 말린 음식이다.

항저우 유명 치즈 케이크 집 앞, 줄 서 있는 사람들. 그러나 한국인인 내 입에는 그냥 그렇다.

THEME 02 항저우 상하이 내 한국 식당 리스트

01. 항저우

(1) 청석골(青石谷)
주소 : 西溪路395-1
전화번호 : (86) 571 8512 4170

(2) 사랑채(爱舍坊)
주소 : 万塘路8号
전화번호 : (86) 571 8884 6131

(3) 산(山)
주소 : 文二西路489号交通银行4楼
전화번호 : (86) 571 8830 2633

(4) 고구려(高句麗)
주소 : 曙光路136号黃龙体育场沃尔玛超市1楼
전화번호 : (86) 571 8763 3635

02. 상하이
상하이는 한국 식당이 너무 많아 나열하기 힘들 정도이다. 한국에서 유명한 각종 프랜차이즈들은 거의 진출해 있다. 그 외에도 한국만큼이나 다양한 한국 요리를 맛볼 수 있다.

(1) 옛골토성 - 백반
주소 : 金汇南路193号(천사마트1호점 옆)
전화번호 : (86) 21 3421 3232

(2) 요기 - 콩국수
주소 : 虹泉路 1101号(풍도국제 안 하오마트 옆)
전화번호 : (86) 21 3431 3447

(3) 대가 - 간장게장
주소 : 龙柏紫藤路 280号
전화번호 : (86) 21 63431 6979

(4) 고향맛집 - 돼지고기 주물럭과 냉면
주소 : 虹中路 10-116
전화번호 : (86) 21 6126 5949

(5) 청담동 - 냉면, 돈까스, 설렁탕
주소 : 虹泉路1101弄28号 2층(하오마트 건물 2층)
전화번호 : (86) 21 3431 0003

인터넷에서 보물을 캐다. 타오바오와 티엔미야오 (인터넷 쇼핑 이용법)

중국에 살면서 쇼핑할 때 가장 유용하고 편리한 방법은 바로 타오바오(淘宝)와 티엔미야오(天猫) 쇼핑이 아닐까 한다. 타오바오와 티엔미야오는 한국의 G마켓 같은 곳이지만 조금 더 광범위한 종류의 물건들이 있다. 내가 살던 항저우는 타오바오를 운영하는 알리바바 그룹의 본사가 있는 곳이었고 이곳에 올라오는 상당수 물건의 생산기지가 저장성에 근거를 두고 있는 경우가 많아 배송 기간이 이틀에서 삼일 정도 밖에 걸리지 않았다.

타오바오는 베이징, 상하이를 제외하고는 아직도 대중 교통망이 잘 되어 있지 않은 중국에서는 최적의 쇼핑 형태가 아닐까 한다. 유학생들이 사는 학교들은 몇몇 학교를 제외하고는 도심과 떨어진 곳에 있는 경우가 많아 물건을 사러 나가기도 힘들고 산다 하더라도 쇼핑한 물건을 가져오는 일이 보통 문제가 아니기 때문이다. 이런 점에서 정말 유용하다.

타오바오와 티엔미야오에는 품목도 다양하다. 한국 식품관도 따로 있어서 어느 정도는 다 구할 수 있다. 그리고 외국인만 보면 바가지를 씌우는 중국 문화의 관행을 생각하면, 가격이 정해진 인터넷 쇼핑은 '쇼핑 약자'인 외국인의 입장에서 매우 유용하다. 다만 한가지, 모든 전자상거래가 그렇듯 질을 보장할 수 없다는 문제가 있기는 하다.

타오바오와 티엔미야오는 중국에서 압도적인 인기를 끌고 있고, 한때 인터넷 시장 점유율 80%가 넘었었다. 그 이유는 우리에게는 너무 당연한 교환·환불 시스템에 있었다. 한국에서는 교환과 환불이 너무 당연하지만 중국 사람들에게는 생소한 제도였는데 알리바바 그룹의 회장 마윈이 처음으로 이 시스템을 도입했다. 일개 영어 통역원이었던 마윈을 중국 최고 갑부로 올려놓은 알리바바 그룹을 성장시킨 원동력이다.

타오바오 결제 화면

타오바오와 티엔미야오는 기본적으로 마스터, 비자카드를 받지만 마스터카드나 비자카드로 결제를 할 경우 수수료가 생각보다 비싸다. 때문에 되도록이면 중국은행 계좌를 하나 트고 인터넷뱅킹을 신청해서 쓰는 것을 추천한다.

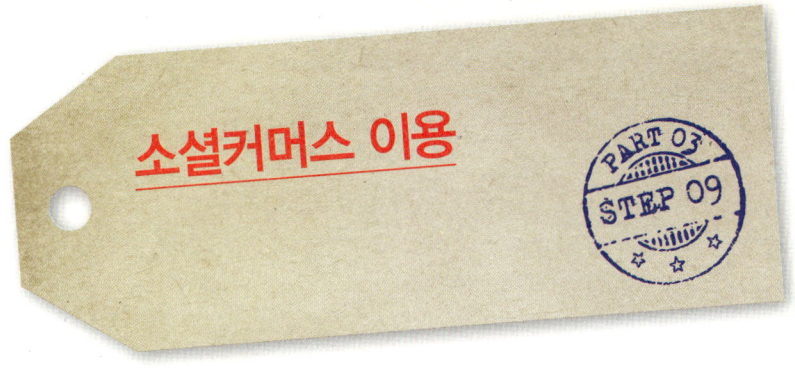

한국의 위메프나 쿠팡과 같은 소셜커머스가 중국에도 있다. 중국에 살다보면 어떤 부분은 한국 이상으로 빠르게 발전해 그 속도에 놀라는 부분도 있는데 그 부분 중 하나가 바로 이 소셜커머스 부분이다. 한국의 쿠팡처럼 중국에는 다양한 소셜커머스 업체가 있고 이곳에서 구매하면 같은 서비스를 저렴하게 이용할 수 있어 좋다. 할인을 좋아하는 중국 사람들의 특성상 제 가격을 주고 사는 것은 어쩐지 싫은데 체면상 깎기도 어려운 것들이 소셜커머스를 통하면 저렴하니 좋아할 만 하다.

대표적인 아이템은 음식점과 KTV로 불리는 유흥점이다. 그 외에도 피트니스센터 등도 이용 가능하다. 음식점이나 찻집 등은 소셜커머스에서 저렴한 쿠폰을 파는데 내가 좋아하는 레스토랑 '녹차'와 고급 차관들도 이곳을 이용하면 저렴하다. 소셜커머스는 인터넷으로 결제를 해야한다. 앞에서 말한 바와 같이 중국은행에 가서 계좌를 만들 때 인터넷뱅킹 이용을 체크해 주면 된다. 인터넷 소셜커머스의 경우 대부분 가게 홍보를 위해서, 손님이 적은 시간대에 상품을 내놓긴 하지만 저렴한 가격에 질도 비슷하다. 비싸서 잘 가지 못했던 음식점들을 저렴하게 이용할 수 있어서 좋다.

몇 가지 대표적인 소셜커머스를 소개한다. 거대한 중국 대륙의 특성상 먼저 내가 이용할 지역을 선택하고 거기에 있는 종목을 선택한다.

大众点评
http://www.dianping.com/

拉手网
http://lashou.com

www.tuan800.com

택시는 내 자가용
(중국에서 택시타기)

대도시인 상하이는 물론 대중교통망이 잘 되어있지만 항저우는 대중교통망에 약간의 구멍이 있다. 가령 기숙사에서 센츄리마트 가는 길이나 교회 가는 길. 버스가 구획상 가로세로로 나눠진 길 중 세로 길로는 잘 다니지 않는다. 따라서 띠엔동이 없는 친구들은 보통 택시를 타게 된다. 물론 택시비는 싸지 않다. 그래도 한국에 비한다면 저렴한 가격인데다 무엇보다 시간을 크게 아낄 수 있기 때문에 자주 타고 다녔다. 우리 집에서 가장 가까운 시티은행을 가려면 버스는 없고 걸어서 30분은 걸리지만 택시를 이용하면 기본 요금으로 금방 간다.

택시는 중국에서 중요한 교통수단이다. 중국의 버스 요금은 정말 정말 싸지만 그래도 항저우 같은 2선 도시에서는 아직도 세밀한 노선으로는 운행되지 않는다. 단기 연수라 오토바이 사기도 아까운 생각이 든다면 택시를 이용하는 것도 좋은 방법이다. 하지만 항저우와 상하이 모두 택시 잡기가 여간 어려운 게 아니다. 수요에 비해 택시 대수가 현저히 적기 때문이다.(이에 대해 택시 아저씨들은 반박하지만 사실이 그렇다.) 출퇴근 시간이나 4시 경에는 정말 택시 잡는 게 하늘의 별 따기이다.

중국은 정말 특이하게도 4시 반이 되면 모든 택시들이 교대를 한다. 이 시간에는 교대하는 차고지 근처가 아니면 택시들이 손님을 태우지 않는다. 택시 잡기 정말 어려운 시간이다. 내가 중국에 살면서 정말 이해가 안 되는 것 중 하나가 바로 택시 교대 시스템이었다. 중국의 택시들은 2교대로 운영되는데 그 교대 시점이 4시 반이다. 4시 반을 넘겨 영업을 하면 그만큼 돈을 물어주어야 하기 때문에 아저씨들은 이 시간이 되면 거의 필사적으로 교대 차고지로 간다. 어떤 택시는 3시, 어떤 택시는 4시, 어떤 택시는 5시 이렇게 세 타임으로만 나눠도 한결 교대하기도, 택시 잡기도 수월할 텐데 이 시스템을 고집하는 이유는 잘 모르겠다. 아무튼 이 시간에 택시를 타는 것은 불가능에 가깝다. 그래서 택시를 탈 일이 있다면 이 시간을 피해서 타는 것이 좋다.

택시를 타면 택시 기사님들은 정말 어김없이 말을 건다. 이게 바로 함정이다. 내가 처음 택시를 타고 시티은행을 찾아갈 때 아저씨가 항저우에 온지 얼마나 되었냐고 물어 어제 왔다고 했다. 그랬더니 10위안 기본 요금이 나올 거리가 16위안이 나온 게 아닌가. 항저우가 처음인 나는 그냥 원래 좀 먼 곳이겠거니 했는데 정말 온 동네를 다 돌아서 갔던 것이다. 중국 택시 기사 아저씨들은 조금만 길을 모르는 것 같으면 온 동네를 돈다. 그렇기 때문에 택시를 타면 무조건 길을 아는 척 해줘야 한다. 거기에 한국어를 쓰면 안되고 중국어를 유창히 써주어야 한다. 그러나 어학연수생의 신분으로는 쉬운 일이 아니다. 그럴 때는 아저씨가 최대한 말을 많이 할 수 있는 질문을 시키고 대답은 是的(shìde) 정도로만 하자. 거기에 택시에서 졸아도 안 된다. 눈만 감으면 돌아가려고 호시탐탐 기회를 노리고 있다. 그래서 눈을 부릅떠야 한다.

출근길 택시 안에서 본 풍경. 택시 옆으로 자전거와 오토바이를 타고 출근하는 중국 인민이 보인다.

그럼에도 우리가 택시를 타는 이유는 중국 대중교통을 타는 게 호락호락 하지 않기 때문일 것이다. 중국의 버스를 타는 일은 힘들다. 중국 버스를 타면서 나는 중국 인민들의 고달픈(?!) 삶을 경험했다. 한국 버스가 출퇴근 시간만 밀리는 것과 다르게 중국 버스는 거의 모든 시간에 만원이다. 자리에 앉아서 가는 것은 정말 행운 중 행운이다. 나는 코트라 인턴 시절 회사 출근을 위해 버스를 타고 다녔는데 1시간 반 동안이나 서서 갔던 적도 있다. 이런 버스를 날마다 타고 출근하는 중국 사람들이 정말 대단하면서도 안타깝다는 생각이 들었다. 나는 한동안 중국 인민의 삶을 체험하겠다며 버스를 타고 다녔지만 마

출퇴근 시간뿐 아니라 언제 타도 만원인 중국의 버스

지막쯤 가서는 회사도 너무 바쁘고 한국에서 받아 온 일에 학교 공부까지 병행하느라 1분이 아쉽던 터라 결국은 통근 수단을 택시로 바꾸었다. 통근을 택시로 하니 1시간 반 걸리던 시간이 30분 정도로 단축되고 좋았다.(물론 돈은 좀 많이 들었다.) 날마다 40위안(한국 돈 8천 원) 이상이 택시비로 나가니 적은 돈은 아니었다. 그나마 중국 택시비가 한국에 비하면 절반 정도 가격이라 시간을 아끼는 마음으로 탔다.

택시비도 문제지만 아침에 택시를 잡는 것이 더 큰 문제였다. 아침에는 빈 택시 찾는 것이 너무 힘들어서 30분을 택시를 못 잡고 돌아다녔던 적도 있다. 하지만 한참을 고생하니 이제는 어느 길로 나가야 택시가 더 잘 잡히는지 파악이 되면서 나중에는 좀 편하게 타고 다녔다. 일단 기숙사에서 가까운 북문 시시루에서 잡는 것은 불가능하고 동문 쪽으로 나와야 택시가 잘 잡힌다는 것을 알게 되었다. 아침에는 절대 친충로 쪽으로 가면 안 되고 베이산로 쪽으로 가야 길이 덜 막힌다는 것도 알게 되었다. 출근 수단으로 택시를 좋아했던 이유 중 하나는 회사 가는 길에 지나는 베이산로가 서호를 가장 잘 볼 수 있는 길 중 하나이기 때문이었다. 아침 서호는 정말 아름답다. 이 아름다운 서호를 보고 여유로운 아침을 즐기는 사람들을 보면 졸립고 피곤한 아침을 잊을 수 있을 것 같았다. 아침을 사 들고 가서 택시를 타고 가면서 먹을 수 있었던 점도 보너스였던 것 같다. 거기에 라디오를 들으며 아저씨들과 수다로 회화 공부를 할 수 있다는 것도 좋은 점이었다. 이런 대화들은 내가 중국의 다양한 측면을 이해하는데 도움이 되었다. 사실 내가 회사에서 만나게 되는 사람들은 중국에서 안정적인 생활을 하는 사람들이다. 그런데 택시 기사 아저씨들과 이야기 하다 보면 중국 서민의 생각을 듣고 중국의 다양성을 보게 된다. 주로 농민공의 교육과 주거 환경

에 대한 이야기와 생각을 들을 수 있었다.(택시 아저씨는 대부분 농민공이다.) 내가 출근했던 빌딩에서는 택시를 타고 가면 경비원들이 택시 문을 열어줬는데 이것도 하나의 즐거움이 아니었나 싶다. 사실 한국에서는 평범할 수 있는 서비스지만 중국에서는 굉장히 특별한 일이다. 상점에 가서 물건을 사도 종업원들이 인사도 안 한다. 불친절이 일상인 중국 사회에서 이런 조그마한 서비스가 일할 맛 나게 해주었던 것 같다.

중국에서 살면서 택시를 타는 것은 그래도 작은 즐거움이었다.(물론 돈은 좀 들었다.ㅜㅜ)

택시 안 베이산루에서 보았던 시후의 아침 풍경

독자들을 위한 택시 이용 팁

무조건 길을 아는 척 해라.(중국어가 안 되면 아는 척 할 수 없다.ㅜㅜ) 중국 택시는 돌기 시작하면 정말 끝이 없다. 항저우와 상하이는 그 정도는 아니지만 모 일본인은 40위안 거리를 400위안에 갔다는 이야기도 있다. 돈보다 사막 같은 데를 막 도는데 진짜 무서워 죽을 뻔 했다고 한다.

중국 택시는 또한 합승으로 악명 높다. 택시 수에 비해 택시를 타고자 하는 사람이 워낙 많다 보니 중국에서는 합승이 너무 흔하다. 회사에서 야근을 하고 집에 오는 길, 택시를 탔는데 기사 아저씨가 막무가내로 합승을 하더니 30분을 돌아갔던 적이 있다. 내릴 때 아저씨가 '싸게 해줬으니 된 거 아니냐'고 해서 '그럼 내 시간은 어떡할 건데!' 라고 싸운 끝에 아저씨가 20위안이나 깎아 주었다. 그래서 중국에서 살려면 말을 잘해야 한다. 큰 목소리와 패기, 말발은 중국에 살려면 갖춰야 하는 3종 세트인듯하다.

택시 이용에 유용한 어플

항저우와 상하이는 택시 잡기가 매우 어렵지만 한국의 카카오 택시처럼 어플을 이용해 택시를 부를 수 있는 어플이 있다. 콰이디다처(快的打车)와 디디다처(滴滴打车)가 유명하다. 바이두나 큐큐에서 핑잉으로 검색해 QR코드로 찍어도 되고 스토어를 검색해도 된다.

검색된 차들 중 응답한 차의 위치와 도착 시간을 알려준다.

띠엔동(电动), 자전거 구입하기

중국에서 살다 보면 구입해야 하나 말아야 하나 정말 고민되는 것 중 하나가 띠엔동(电动)과 자전거이다. 물론 한국 학교도 캠퍼스가 광활한 곳은 정말 크지만 중국의 대학은 이곳에서 저곳까지 가는 데 학교 내에서도 한참 걸리므로 띠엔동 또는 자전거 구입을 고려하게 된다. 띠엔동은 우리나라 말로는 오토바이. 중국은 어느 곳이나, 대학이고 동네고 간에 광활한 경우가 많아서 대중교통으로 커버되지 않는 곳이 너무 많다. 예를 들자면 학교 내 기숙사 우리 집에서부터 월마트까지 걸어서 20분 정도 거리인데 버스도 없고 택시를 타고 가기엔 아깝고 걷기엔 너무 먼 그런 거리다. 중국은 대중교통망이 촘촘하지 못하다 보니 이런 사각지대들이 정말 많다. 승객에 비해 택시가 절대 부족한 중국의 거리를 생각한다면 개인 교통수단이 한 개는 필요하다. 그렇다고 차를 사기에는 가벼운 주머니와 운전면허라는 쉽지 않은 관문이 있고(중국은 국제 면허증이 통용되지 않는다.) 그래서 결국 선택하는 것이 띠엔동(오토바이)이다.

보통 맨 처음 하는 고민은 자전거를 사야 하는 가이고 좀 더 있으면 띠엔동을 사야 하는 가로 고민이 바뀐다. 보통 이곳에서 본과나 대학원을 마칠 생각을 하는 경우에는 띠엔동을 구입하는 것 같고 1년 이상의 어학연수를 계획할 때는 자전거 정도를 구입한다. 이왕 구입할 거라면 연수 초기에 구입해야 본전을 찾을 수 있다. 중국은 평지가 많아서 자전거 타기 좋고 운동도 된다. 상하이는 잘 모르겠지만 항저우는 다른 중국 지역에 비해 자전거 도둑들이 덜한 편이라서 더 좋다. 중국인 대학생들은 띠엔동은 몰라도 자전거는 다 하나씩 있는 것 같고 한국 유학생들 중에서는 1년 이하의 단기 연수의 경우에는 그럭저럭 자전저 없이 버티는 것 같다. 1년 이상이면 띠엔동이나 자전거를 구입하는 것 같다. 유학 후반 회사에 다니면서 정말 많은 돈을 택시비로 지급했던 나로서는 띠엔동이건 자전거건 하나 있었으면 했는데 결국은 못 사고 한국으로 왔다.

재미있는 것은 상하이의 경우에는 그렇지 않지만 항저우의 경우에는 녹색친화 도시로 선정된 탓(?!)에 배기량이 큰 띠엔동은 불법이라는 점이다. 그 불법의 기준도 우리가 생각하는 할리 데이비드슨 같은 엄청난 배기량의 슈퍼 바이크도 아니고 그냥 우리가 흔히 타는 스쿠터도 다 불법이다. 탈수 있는 거라곤 한국에서는 전기 자전거라고 불리는 모터와 자가 발전을 같이 할 수 있는 자전거밖에 없다. 이 자전거는 항저우 근처에 이 배터리를 만든 공장이 있어서인지 많이 타고 다닌다. 스쿠터는 불법이기 때문에 원칙적으로는 못 타고 다닌다. 하지만 유학생들의 경우 일단 단속이 심하지 않고 전기 자전거를 타기에는 뭔가 멋이 없고 오히려 자전거가 더 위험한 부분도 있어서 띠엔동을 구입한다. 중국 항저우 시정부의 정책도 오락가락 하는 부분이 있어서 과연 이것이 불법인지, 정말 타지 말아야 하는지 헷갈린다. 우리 뿐만 아니라 수많은 중국인들도 타고 다니므로 타고 다녀도 될 것 같은 그런 생각에 사로잡힌다. 항저우 시정부 공식 입장은 띠엔동은 불법이라는 것이다. 그런데 단속은 외국인만 대상으로 연례 행사처럼 제한적으로 이루어 진다. 저장대학교 외국인 기숙사 앞에서만 집중적으로 단속을 한다. 대다수의 한국 유학생들이 이곳에 띠엔동을 주차해 놓는데 한 번씩 단속 트럭을 몰고 와서 그 앞에 주차된 모든 오토바이들을 실어간다. 그리고는 어디로 벌금 얼마를 내고 찾으러 오라는 계고장을 남겨준다. 이 오토바이들을 찾으러 가는 유학생들은 거의 없다. 벌금을 내느니 차라리 중고 오토바이를 사는 편이 더 싸기 때문이다. 한 가지 더 재미있는 점은 새로 장만하러 오토바이 가게에 가면 간혹 내 오토바이가 매물로 나와있는 경우를 종종 볼 수 있다는 것이다. 일단 벌금 명령을 받고 찾아가지 않은 오토바이는 주인의 소유권이 없어지는데 원칙적으로는 이 물건을 폐기해야 하지만 공안들이 오토바이 업자들에게 싼값에 내다 팔기 때문이다.(이 돈이 누구 주머니로 가는지는 알 수 없다.) 따라서 내 물건이 다시 매물로 나올 가능성이 아주 크다. 그리고 배기량 크고 색깔 예쁜 오토바이를 실제로 구매하는 수요자가 주로 한국 유학생이기 때문에 내가 띠엔동을 구입했던 학교 주변 그 가게에 매물로 다시 나올 수 있다. 오토바이 가게에 가서 다시 울며 겨자 먹기로 (물론 벌금보다 싸기 때문에) 자기 띠엔동을 다시 사가지고 왔단 사람들이 많다. 그럼에도 벌금보다는 싸니 이익이라고 해야 할지 모르겠다. 자국민을 상대로 단속하는 경우는 거의 없어서 정말 우리 한국 유학생들만 봉인듯 하여 씁쓸한 마음을 감출 수는 없다.

대학 캠퍼스에 세워져 있는 자전거들

항저우 시내에 산다면 한 가지 제안하고 싶은 것은 자전거를 사지 말고 자전거 카드를 만드는 것이다. 이 제도는 항저우 시정부의 친환경 아이디어 사업 중 하나인 듯한데, 이 카드가 있으면 1시간 이내에 시내에 있는 자전거를 빌려 타고 근처에 있는 자전거 정차장에 반납하기만 하면 무료로 이용할 수 있다. 1시간은 무료고 초과하는 시간에 대해서만 1위안씩 가격이 더 붙는다. 카드의 야징(보증금)은 약 300위안 정도로 한국 돈 6만 원이니 결코 싸지는 않다. 하지만 자전거 반납과 대여가 쉽고 나중에 보증금을 돌려 받을 수 있다는 점도 매력적이며, 상당히 오랜 기간 동안 이용할 수 있기 때문에 충분히 지불할 만한 돈이다.

이 카드를 만들 수 있는 곳은 딱 한 곳이라 카드를 만들 때, 그리고 보증금을 돌려 받을 때 이곳까지 여권을 가지고 가야 한다. 자전거 가격에 비한다면 야징(보증금)이 너무 과도하지 않고, 특히 저장대학교 옥천캠퍼스에 산다면 주변 생활 시설과 옥천캠퍼스를 연결하는 버스가 없어서 좋은 수단이 된다. 대여한 자전거는 근처 거치장에 바로 세워두면 되므로 자전거를 끌고 온 동네를 다니다 돌아올 때 특정 구역까지 가서 자전거를 두고 와야 하는 수고를 들이지 않아도 된다. 유학이나 연수를 마치고 돌아올 땐 이 카드에서 보증금을 다시 회수해 와야 하는데 내 기억으로 옥천에서 이곳까지 가려면 매우 복잡하고 그래서 그냥 돈을 포기하고 오게 된다는 단점은 있었다.(그런데 자전거를 사고자 해도 이 정도 이상의 돈은 든다.)

교통카드 만들기

상하이 교통카드

유학생 입장에서 가장 많이 이용하게 되는 교통수단은 버스와 지하철이 아닐까 싶다. 지하철을 이용할 때마다 매번 돈을 주고 표를 구매할 수도 있지만 교통카드를 만들면 할인 혜택에 더해 매번 잔돈을 준비하지 않아도 된다는 편리함이 있다. 상하이에 산다면 교통카드는 반드시 만들어야 한다. 상하이의 경우 교통카드로 택시비도 지불 할 수 있고 70위안 이상 지출할 경우 초과 금액에 대해서는 10%의 할인 혜택을 준다. 항저우에 산다면 아직 교통카드 시스템이 통합되지 않아서 택시비는 지불 할 수 없다. 하지만 시정부의 친환경 정책에 따라 자전거도 이용할 수 있는 교통카드가 있어 이를 이용하면 항저우 시내에 있는 공용 자전거를 1시간까지는 무료로 이용할 수 있다. 1시간이 지나면 시간당 2위안씩 충전금에서 빠진다. 즉 1시간 이내라면 수많은 항저우 공용 자전거를 공짜로 이용할 수 있는 것이다. 항저우 서호를 자전거로 다니면 풍경도 멋지고 운동도 된다.

항저우는 교통카드 종류가 다양한데 버스만 탈 수 있는 것은 비교적 여러 군데에서 만들 수 있지만 지하철, 자전거까지 탈 수 있는 카드는 시민중심(市民中心)에 가서 만들어야 하고, 보증금 반환도 이곳에서만 가능하다. 시민중심은 신시가지 쪽에 있는데 첸강 쪽에 있어서 조금 먼 편이다. 상하이의 교통카드는 모든 지하철역과 푸동발전은행, 교통은행에서 구입이 가능하다. 중국 교통카드를 만들려면 신분증이 필요하기 때문에 여권을 가지고 가서 만들어야 하고 홈페이지에서 검색하면 현재 남은 잔액을 파악할 수 있다.

귀국 시 신경 써야 하는 것은 교통카드 보증금 환수이다. 항저우 자전거 카드의 경우 보증금이 300元(한국 돈 6만 원 정도)라서 꼭 챙겨야 한다.

항저우시 친환경 자전거

자전거 거치장

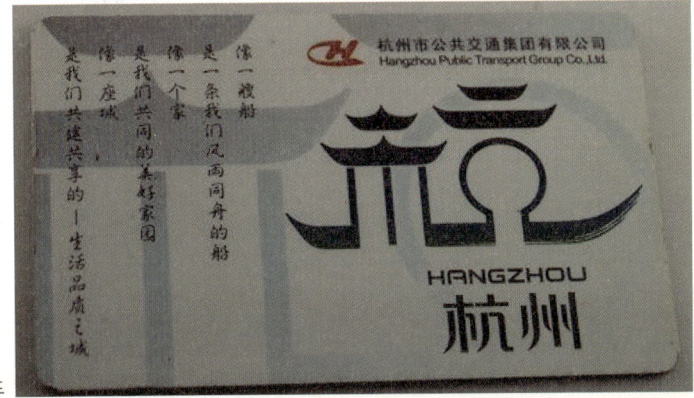
항저우 교통카드

PART 03 중국에서 살아보기

기차, 중국 국내선, 시외버스 이용하기

중국은 광활한 대륙인 만큼 다양한 지역으로 내륙 교통망이 있다. 중국의 광역 교통은 크게 국내선 항공, 고속철도, 기차, 장거리 버스, 시외버스로 나뉘어진다.

THEME 01 철도

중국에서 여행하거나 이동할 때 최상의 선택이다. 하지만 미리 예약해야 한다. 예전에는 인터넷 구매가 아예 불가능 했지만 지금은 씨트립과 같은 사이트를 통해 구매 가능하다. 씨트립에 가입하려면 중국 전화번호가 필요하다. 인터넷 구매도 가능하고 기차역 현장 구매나 기차표 판매 대리점을 통해서도 구입할 수 있다.

01. 고속철도

고속철도는 베이징과 상하이, 광저우 라인을 시작으로 중국의 경제 특구를 연결하며 대륙을 종단한다. 중국의 고속철도망은 세계적 수준이어서 베이징에서 광저우까지 8시간이면 주파할 수 있다.(매우 빠르다!) 상하이와 항저우도 이 라인으로 연결되어 있어서 1시간이면 항저우에서 상하이로 주말 쇼핑을 즐기러 갈 수 있다. 하지만 아직 연결된 지역이 적은 것과 가격이 비싸다는 것이 단점이다.

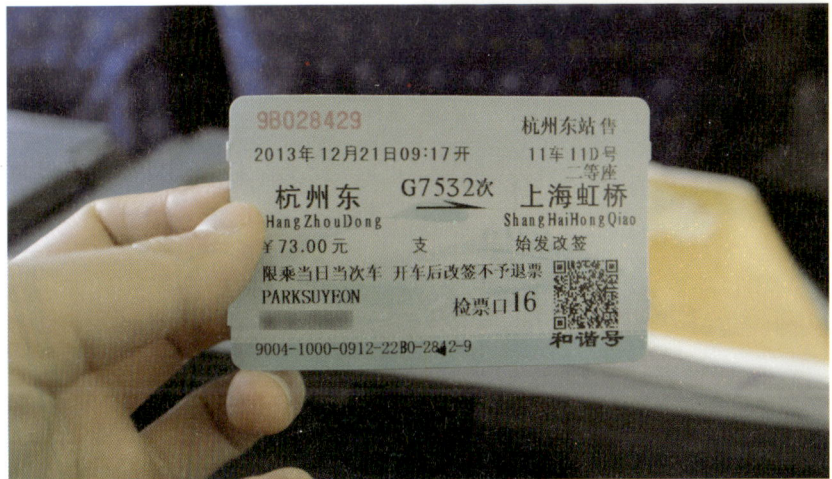

73元으로 가격은 다소 비싸다. 항저우 동짠에서 상하이 홍차오로 가는 기차다. 중국 기차는 신분증(여권)이 있어야 예매할 수 있다.

02. 일반 기차

일반 기차는 중국 각 지역을 세밀하게 연결하기는 하지만 시간이 오래 걸린다는 단점이 있다. 기차의 종류와 객실이 매우 다양한데 먼 거리를 가야 하는 경우 침대 칸도 있고 딱딱한 의자, 푹신한 의자 등 선택의 폭이 넓은 편이다. 고속철도가 연결하지 못하는 중소 도시들을 연결한다.

03. 기차표 예약 방법

일단 기차표 예약 사이트인 씨트립(www.ctrip.com)을 중심으로 이야기 해보자.

기차표는 왕복과 단수로 나뉜다. 왕복으로 산다고 더 싸지는 않다. 씨트립 홈페이지를 바이두에서 검색하면 이런 화면이 뜬다.

이곳에서 火车 부분에 가면 출발지와 도착지를 입력하고 왕복인지 편도인지 선택할 수 있다.

항저우와 상하이의 경우 역이 몇 군데 있는데 항저우는 '정짠(正站)'과 '동짠(东站)' 두 곳으로 고속기차는 동짠에서 더 자주 있다. 상하이에서 출발하는 경우라면 홍차오 역에 도착하게 된다. 예약한 표는 핸드폰으로 전송된다. 이걸 들고 역에 가면 표로 바꾸어 준다.

THEME 02 국내선 비행기

중국의 공항이 있는 주요 도시를 연결한다. 요즘은 중국 관광지에 공항이 생기는 추세라 여행에도 적합한 수단이 되고 있다. 일찍 할인하는 표를 잘 끊으면 고속철도보다 오히려 싸다. 씨트립을 이용해 표를 끊는데, 정가를 다 주고 사려면 비싸고 공항에서 시내로 들어가는데 1시간 이상 걸리고 수속하는 시간이 오래 걸리는 등 여러 가지로 불편한 점이 있다.

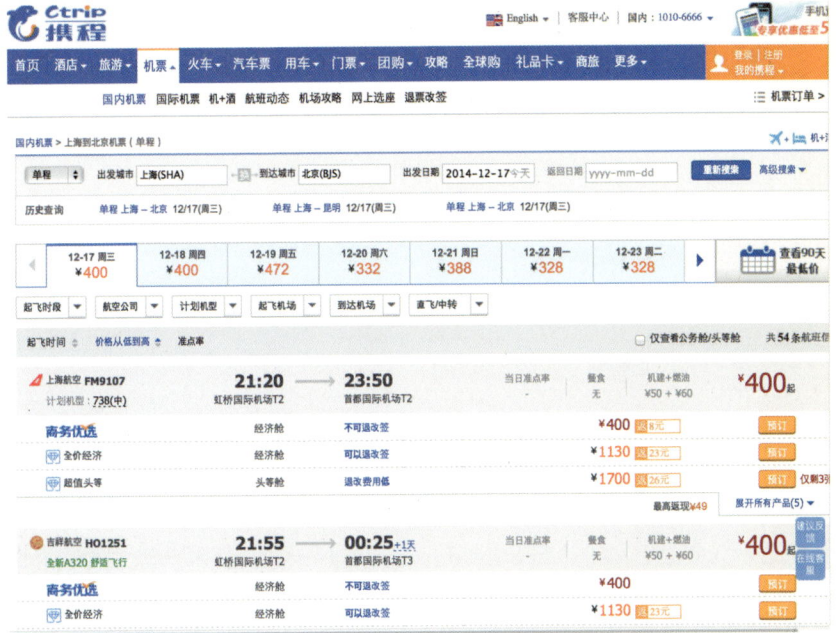

01. 예약 방법

비행기는 机票[jīpiào]이다. 机票를 눌러 출발지와 도착지를 입력하면 표가 뜬다. 주로 너무 늦거나 너무 이른 시간의 표가 싸다. 여권 번호와 시간 등을 입력해 예약하면 된다. 표는 휴대폰으로 받는데 싼 표의 경우 예약 취소가 안 되는 경우가 많으니 예약 전에 주의해서 자세히 살펴야 한다.

중국의 국내선 비행기는 해외 사이트보다 중국 국내 사이트를 통해서 이용하는 것이 가장 좋다. 주로 씨트립을 많이 이용하는데 씨트립의 경우 한국어 사이트와 중국어 사이트, 영문 사이트까지 있지만 사이트 별로 제공하는 혜택이 다르고 심지어 가격이 다를 때도 있어서 중국어가 어느 정도 된다면, 혹시 안 되더라도 번역기를 돌리면서 중국어 사이트를 이용하는 것이 좋다.

국내선 항공권 예약에 대한 약간의 팁을 더 준다면 항저우에 사는 사람의 경우에 상하이에서 출발하는 표가 더 쌀 수 있다. 상하이의 국제공항 말고 홍차오 공항으로 가면 지하철역에서 그리 멀지 않아서 쉽게 갈 수 있고, 상하이가 중국 교통의 중심이다 보니 이 지역을 경유하는 비행기가 많아 더 싼 가격에 비행기를 탈 수 있는 경우가 많다. 이런 모든 서비스를 이용하려면 인터넷 계좌나 핸드폰 번호 등이 잘 갖추어져 있어야 한다. 중국 국내선의 경우 적어도 2시간 전에는 공항에 도착해야 한다. 나의 경우 하얼빈에 갈 때 출발 30분 전에 도착했음에도 비행기를 태워주지 않아 놓쳤던 적이 있다.(한국은 태워준다.) 따라서 싸다고 지나치게 이른 시간을 예매하지 말

자. 여러 가지 변수가 있을 수도 있다.

> Ctrip 사이트에 들어가 보면 가끔 정말 저렴한 국내선 항공권이 뜬다. 이런 것들은 버스나 기차보다 더 싼 것도 있어서 이런 표를 잘 찾는다면 가장 빠르게 원하는 지역까지 갈 수 있다. 하지만 공항의 대부분이 도심과 떨어져 있어서 시내로 가는 데 상당한 시간과 노력이 필요할 수 있다. 사전에 공항까지 가는 시간을 잘 계산해 보기 바란다. 항저우나 상하이를 기준으로 보았을 때 동북지역이나 베이징 등 위로 갔을 때는 비행기가 더 빠르고 그렇지 않은 경우에는 기차(동츠)를 이용하는 편이 낫다.

THEME 03 버스

01. 장거리 버스

장거리 버스를 타는 것은 정말 웬만하면 말리고 싶다. 한국인들은 정말 기절할 수 있다. 버스 내부에 화장실이 있는 경우도 있긴 하지만 그 냄새로 기절할 지경이고 이마저도 없는 경우 운전 기사가 화장실에 가고 싶을 때만 차를 세워주므로 언제 화장실을 갈 수 있을지 모른다. 침대 버스의 경우 계속 누워가야 해서 진짜 피곤하다. 무엇보다 위험하다. 중국 아저씨들이 워낙 운전을 험하게 하는 데다 국가 관리가 아닌 사설 버스 회사들이 난립하다 보니 사고를 당해도 보상받기 힘들다. 중국에는 생각보다 비포장 도로가 많다. 베이징, 상하이, 천진 등등 주재원들이 많이 사는 지역을 중심으로 중국에 대한 정보를 얻다 보니 중국의 시골에 대해 간과하게 될 때가 많은데, 중국 비포장 도로는 먼지가 정말 엄청나다. 고속버스 터미널 화장실은 지저분하고 끼니도 지저분하고 비싼 고속터미널 밥을 먹어야 한다. 거기에 도난 위험도 있다. 또한 중국 버스들 중 상당수는 제 시간에 출발하지 않고 손님이 한 차 채워지면 간다. 그래서 언제 도착할지 기약할 수 없는 경우도 많다. 물론 진짜 중국을 느끼고 싶다면 말리지는 않겠지만 피로와 지저분함으로 장거리 버스를 한 번 타면 며칠은 쉬어 주어야 한다. 최근에는 정시에 출발하는 쾌적한 고속버스도 생겼다고 들었다.

02. 시외버스

한두 시간 정도의 시외버스는 그래도 탈만하다. 하지만 출발 시간이 부정확하고(사람이 없으면 안 간다) 그냥 개인이 집에 있는 차를 끌고 와서 영업을 하므로 위험할 수 있다. 아저씨의 난폭 운전도 대단하다. 항저우에서 샤오싱이나 이우 같은, 기차로 가는 것에 비해 시외버스가 더 빠르고 편리한 지역들로 갈 때는 탈만은 하다.
나의 경우 성도 항저우에서 약간 떨어진 샤오싱(샤오싱은 중국 내에서도 최고의 부촌으로 꼽히며 전 세계 최고의 원단시장이 있다.)에 갈 때 타보았는데 상당히 유명한 도시임에도 가는 길 내내 흙먼지에 시달려야 했다. 그런데 재미있는 건 내가 탄 버스였다. 승객이 나와 아주머니 한 분밖에 없자 버스 아저씨가 사람들이 올 때까지 계속 기다렸는데 그러다 도착 시간이 촉박했는지 나중에 항저우에 도착할 때 쯤 되어서는 중앙선을 침범해서 달리기도 했다. 그런데 내가 진짜 경악하고 웃겼던 건 중앙선을 침범해서 역주행으로 달리는데 아저씨가 빵빵 거리며 달리자 정상 주행하던 차들이 피하는 것이었다. 정말 중국이 아니면 볼 수 없는 진풍경이었다.

고속철 이용 시 유용한 팁 하나!
중국에서 예약한 고속철을 놓쳤다면 걱정하지 말고 창구로 가서 다음 기차표로 바꿔 달라고 말하자. 중국 고속철은 이미 떠나버린 기차의 표라도 다음 기차에 빈자리가 있다면 추가 비용 없이 바꾸어 준다.

PART 04

P양의 중국 엿보기

STEP 01 달구지와 벤츠 공존기
  (중국의 빈부격차 이야기)
STEP 02 헤이츠(黑车)와 헤이띠엔동(黑电动)
STEP 03 맹모삼천지교(중국 내 교육 열풍)
STEP 04 어학당에 왜 이리 많은 중국인이
STEP 05 국영기업과 민간기업
STEP 06 알리바바(阿里巴巴) 그룹
STEP 07 조선족 그들의 정체
STEP 08 중국의 환경오염

달구지와 벤츠 공존기
(중국의 빈부격차 이야기)

01. 중국에는 달구지와 벤츠가 공존한다.

이러한 명제로 시작하는 이 파트에서는 중국의 엄청난 빈부격차에 대해 말하고자 한다. 중국은 달구지와 벤츠가 공존하는 곳이다. 도로를 지나다 보면 달구지와 벤츠가 나란히 함께 가는 장면을 종종 목격할 수 있다. 중국은 가파른 경제 성장으로 일정 수준 이상의 경제력을 가진 인구가 한국 전체 인구수 이상이지만 동시에 대다수의 중국 인민들은 아프리카 수준의 생활을 벗어나지 못하고 있다.

중국 중산층의 구매력은 대단하다. 의식주와 여가 부분에서 세계 최고 수준의 소비력을 자랑한다. 중국 사람들이 땅을 사기 시작하면서 전 세계의 부동산 시장이 활기를 띠고 중국에서 건강에 좋다고 소문나면 제주도 해마가 씨가 마른다. 중국은 세계 자동차들의 전시장이다. 대졸 초임이 80만 원이 채 되지 않는 상황에서 무슨 돈으로 저런 차를 사나 싶지만 중국의 저금리 대출 시장과 소비 활성화를 위한 정책, 원래 도시에 호구를 갖고 있는 원주민들에게 주는 혜택 덕분에 이러한 소비 패턴이 가능하다. 덕분에 벤츠나 아우디 등 해외 자동차들을 탈 수 있는 중국인들은 날로 날로 증가하고 있지만 동시에 지금도 달구지를 끌고 다니고(이마저도 없는 사람들도 많다) 아프리카 난민 정도의 수준으로 한 달을 사는 중국인들 또한 많다. 이렇게 수준이 다양한 계층이 함께 살아야 하는 것이 중국의 현실이자 어려움일 것이다.

02. 중국에는 계급이 존재한다.

중국은 현대의 대다수의 나라들이 그렇듯 명시적인 계급 제도가 존재하진 않지만 현실적으로 계급이라 불릴만한 격차가 존재한다. 이 계급의 격차는 너무 커서 뛰어넘기 여간 어려운 것이 아니다. 간혹 자수성가에 입지전적인 인물들이 등장하지만 그들은 정말 13억 명 중 0.01%도 되지 않고 대다수의 인민들은 자신의 계급을 지키며 살게 된다.

과거 이 계급은 상당히 구시대적 방법에 의해 결정됐다. 중국 공산당 혁명 시 최악질 계급이었던 지주를 최하위로 부농, 중농, 빈농으로 나누어졌다. 하지만 이런 계급은 지금은 희미해지고 최근에는 정부 개발의 혜택을 누리는가 못 누리는가를 두고 나누어지며 도시와 농촌에 따라 새로운 형태로 나누어진다. 도시 주민들은 각종 개발의 혜택과 의료 보험, 연금 등의 혜택을 누리지만 농촌 주민들은 도시 노동자들의 안정을 위해 저가로 농산물을 공급할 의무와 가난을 짊어졌다. 그렇다고 도시 지역에 가서 일을 한다고 도시민이 될 수 있는 것도 아니고 여러 요건에 의해 호구를 취득하는 방법 뿐인데 중국에서 도시의 호구, 특히 베이징이나 상하이의 호구를 갖는다는 것은 정말 어려운 일이다. 때문에 여러 농민공들이 호구도 없는 상태로 베이징, 상하이에서 보호받지 못하는 노동자로 살고 있다.

03. 중국 내부 경제력 차이

내가 본 상하이, 베이징, 항저우, 이우 등지에서 조상 대대로 호구를 가지고 살아온 아이들 중에서 가난한 아이들을 한 번도 본 적이 없다. 이 지역에서 오래 전부터 호구를 가지고 살았던 이들은 개방과 함께 중국이 개발되면서 아파트나 심지어는 건물 한 채씩을 개발 회사나 국가로부터 지급받았다. 그 임대료 만으로도 어려움 없이 살고 있다. 이 지역 원주민들 중에서는 회사는 취미로 다니고, 주 수입은 임대 수입인 사람들이 꽤 있다. 상하이가 개발되면서 그 지역에 세워진 아파트를 농민들에게 두 채씩 무상으로 주기도 했고(이런 아파트의 월세는 한 달 200만 원에 달하는 곳도 많다.) 이우 푸텐시장이 개발되면서 원주민들에게 상가 한 건물씩을 주기도 했다. 중국은 땅이 국가 소유라 이에 대한 사용권만 70년 동안 임대하는 방식이지만, 70년이면 월세로 건물 값을 빼고도 남을 만큼의 가격이라고 한다. 이들은 해외 여행을 즐기고 세련된 생활 방식을 구가한다. 세계적 브랜드에도 관심이 많다. 반면 도시 하층에서 일 하는 사람들은 대부분이 농촌 출신 노동자들이다. 이들은 배운 것도 없고 심지어 보통화(표준어)를 못하는 경우도 있기 때문에 물가 비싼 도시에서 저임금 노동자로 힘들게 살아간다.

04. 관 주도의 경제 개발의 결과

중국은 자본주의 시장 경제를 도입하면서도 공산당에 의해 주도되는 형태라 경제 개발 지역과 종목이 당에 의해 결정되었다. 새로 공업지구를 선정하고 택지 조성 공사를 할 지역을 개발하는 것 역시 당이 주도하는 일이었다. 중국 공산당 전당 대회나 전국인민회의 때 보면 경제 개발의 성과를 중국 공산당의 성과로 표현한다. 하지만 관 주도 경제 개발은 그 과실 분배에 있어서 빈

부격차라는 모순을 낳는다.(하지만 이런 것은 한국을 비롯 국가 주도 성장 국가들의 태생적 문제일 수 있다.)

05. 도시 · 농촌 간의 격차

항저우와 상하이는 도시이기 때문에 처음 이 지역 공항에 도착하면 한국이랑 다른 게 별로 없네 라고 생각할지도 모른다. 하지만 조금이라도 외곽으로 가본 사람이라면 중국의 실상을 체험하게 된다. 내가 살던 항저우는 상당히 세련된 도시였고 상하이는 더 말할 것도 없는 곳이다. 그런데 농촌 지역에 가서 다른 중국의 모습을 보았다. 도시 전체가 뿌연 먼지 속에 쌓여있었다. 마을 전체는 가난했다. 너무나도 가난한 사람들이 살고 있었다. 그리고 아이들은 영양 상태가 좋아 보이지 않았다.

06. 계급 이동은 가능한가?

중국에서는 세 가지에 의해 계급이 결정되는 것 같다. 1번은 가족력, 2번은 태어난 지역, 3번은 학력이다. 이 중 자신의 힘으로 바꿀 수 있는 것은 3번 뿐이기 때문에 모두 3번, 자식 교육에 목을 메는 것 같다. 뒤에 가서 말하겠지만 중국의 강력한 한 자녀 정책 탓에 아이 하나를 위해 나머지 가족들이 존재했을 정도로 한 아이의 영향력이 집안 내에서 대단했고, 자신의 신분을 상승시킬 희망을 오로지 아이에게 두었다. 중국에서 계급을 바꾸는데 성공한 사람들은 거의 3번을 통해서 이다. 중국 정치인들 중 가끔 입지전적인 인물들이 있는데(주로 공청단 출신) 이들의 특징은 모두 베이징대학교나 칭만화대를 우수한 성적으로 졸업한 전국구 수재라는 것이다.

국내 전체 생산에서 국영기업들이 차지하는 비중이 높다 보니 사기업의 주도 비율이 낮지만 인터넷 기업에는 자수성가로 불릴 만한 기업가들이 많았다. 가장 대표적인 사람이 항저우 알리바바의 마윈일 것이고 이우, 샤오싱, 항저우, 온저우 등지에는 다른 기반 없이 자신의 노력과 실력으로 성공한 기업가들이 있다. 그래도 이런 기업들이 중국인으로 하여금 희망을 보게 하는 것 같다.

고단한 도시 노동자들

동시에 중국은 세계 명품시장의 큰손이다.

자동차 회사들의 중국어 표현
상하이 폭스바겐 – 上海大众[Shànghǎi dàzhòng]
베이징 현대자동차 – 北京现代[Běijīng xiàndài]
벤츠 – 奔驰 [bēnchí]
아우디 – 奥迪[Àodí]

헤이츠(黑车)와 헤이띠엔동(黑电动)

중국에서는 사설 영업 택시를 헤이츠 혹은 빵차라고 한다. 앞에서 말한 바와 같이 중국에서 아직 대중 교통망이 부족한 항저우 같은 도시에서는 사설 영업 택시가 성행하고 있다. 이 차들은 정식 택시 허가를 받지 못한 사설 운송 수단이다. 이런 차를 타는 것은 편리하지만 위험하다. 하지만 대중교통망이 없거나 택시가 잡히지 않는 4시 반이 되면 이 차들을 타고 싶은 유혹에 빠진다.

이런 차들은 계약을 통해 일정 기간, 일정 금액을 받고 셔틀처럼 운행하기도 하고 4시 반이나 출퇴근 시간에 택시를 잡는 사람들에게 영업을 하기도 한다. 목적지까지 가기만 하면 결과적으로 동일한 것 같고 헤이띠엔동의 경우 오히려 저렴하기도 하지만, 그래도 위험하다.

일단 나같이 외관상 외국인 티가 팍팍 나는 사람들이 이런 차를 타는 것은 호갱님이 되는 길이다. 한번은 너무 추웠던 겨울, 후빈 인타임에 약속이 있어 갔던 적이 있었다. 인타임 후빈점에서 시후점까지는 진짜 가까워 걸어도 5분이 채 걸리지 않는 거리다. 이날 너무 추운데 걸어가긴 멀고 택시는 잡히지 않아서 헤이츠를 타고 말았다. 그런데 기막히게도 이 가까운 거리를 가는데 40위안(8천 원)을 달라는 것이다. 정말 기본 요금도 안 나오는 거린데 말이다. 결국 내리긴 했는데 중국인들은 외국인을 보면 일단 돈을 많이 부르고 이에 더해 난폭 운전으로 위험하므로 헤이츠와 헤이띠엔동는 외국인이라면 이용을 자제하는 것이 좋다.

코트라는 젠강 시청 주변 항저우 구시가지와는 떨어진 곳에 있다. 회사 앞에는 완샹창이라는 백화점이 있는데 직원들은 9시가 되면 퇴근을 한다. 퇴근 시간인 9시가 되면 굉장히 많은 사람들이 차를 타려 하기 때문에 이 앞에는 항상 헤이츠와 헤이띠엔동이 있다. 헤이띠엔동은 헤이츠보다는 좀 더 저렴하지만 그야말로 오토바이 뒷좌석에 타고 다니는 거라 정말 춥고 위험하다. 이 아저씨들은 한탕이라도 더 뛰고 싶어서 난폭 운전에 역주행도 서슴지 않는다.

중국에서는 헤이츠와 헤이띠엔동이 성업 중이지만 되도록이면 이용을 자제하는 것을 권한다. 물론 진짜 차가 없을 때는 어쩔 수 없지만 가기 전에 협상을 잘 하는 것이 중요할 듯싶다. 더불어 중국이 빨리 대중교통망이 확충되어서 이런 불법 영업들을 제도권으로 가져오는 작업이 이루어졌으면 하는 바람이다.

헤이(黑/검을 흑)의 의미

중국어에서 헤이(黑)자는 보통 불법과 관계 있는 단어에 쓰인다. 1자녀 정책으로 호적에 오르지 못한 아이들을 黑孩子[Hēiháizi], 불법 택시를 黑车[Hēichē], 불법 오토바이를 黑电动[Hēidiàndòng], 조직 폭력배를 黑帮[Hēibāng], 암표를 黑票[Hēipiào]라고 한다.

맹모삼천지교 (중국 내 교육 열풍)

중국 내의 교육 열풍은 놀랍다라는 표현이 부족할 정도로 대단하다. 과거 맹자의 어머니가 맹자를 위해 세 번이나 이사를 했던 전통을 이어받아서 일까? 중국의 교육 열풍은 거대한 산업을 형성한다. 항저우나 상하이 같은 대도시의 경우 먹고 살만한 화이트칼라 계층에서는 부모의 교육열이 넘쳐서 각종 학원이 성행하고 아이들용 학습제품 등이 많이 팔리고 있다.

중국 내 교육 폭풍의 원인에 대해 학자들은 크게 두 가지를 든다. 지금은 완화되었지만 최근까지 강력하게 시행됐던 중국 정부의 인구 억제 정책에 따라 한 자녀 출산을 강요 받으면서 한 자녀를 위해 양쪽 집 조부모까지 모두가 희생하는 구조가 '아이를 위해서라면 무엇이라도 아깝지 않다'는 세태를 만들었고 아이를 위해 집안의 모든 역량을 동원하고 모든 일을 희생하면서 물불 안 가리는 엄마들이 등장했다는 것이다.

중국 서점의 가장 넓은 공간은 입시를 위한 학습지로 채워져 있다.

또한 중국 내에서 계급(현대에 적합한 말인지 고민스럽지만 중국 상황에서는 계층보다 정확한 의미라고 본다.)을 이동할 수 있는 거의 유일한 방법이 교육이기 때문에 아이의 학업 성적 향상에 목숨을 걸게 되었다는 것이다. 중국에서는 학력을 매우 중요시 한다. 물론 최근에는 고학력자들의 실업이 중국의 사회 문제가 되고 있긴 하지만 아직까지 중국에서 대학을 갈 수 있다는 것은 굉장한 특권으로 받아들여진다. 한국에서 대학원은 정말 공부를 하고 싶거나 학교에 남고 싶은 친구들을 제외하고는 취업이 안될 경우 경력 단절을 막기 위한 방편인데 반해, 중국에서는 아직도 박사를 딴 것이 굉장히 자랑스러운 일이며 가문의 영광이다. 중국에서는 석사, 박사학위가 그 사람의 자질을 보증하기 때문에 이런 사람들은 대부분 좋은 직장을 갖는다.

중국 국영 신화서점(新华书店)의 모습

문화혁명 때 중국에는 고등교육을 받지 못한 세대들이 등장한다. 중국 회사와 일하다 보면 최고 책임자가 젊은 경우가 많아 놀라게 된다. 한국으로 치면 50대 초반이 앉을 자리를 중국에서는 30대 후반 정도에 차지하고 있다. 한국만큼 나이를 중시하지는 않는 경향도 영향이 있지만 그보다 주요한 이유는 50대 초반 중 문화대혁명을 겪으면서 대학을 나오거나 고등교육을 받은 사람들이 드물고 중국 경제가 급속도로 성장하다 보니 이에 맞는 인재가 부족한 상황이 됐기 때문이다. 덕분에 이른 나이에 장급의 최고 책임자가 된 경우가 많다.

중국에서는 대학 교육을 받고 유학을 다녀오면 확실히 삶이 나아질 수 있다. 중국의 최고 인재의 산실인 공산당도 안을 들여다보면 말을 잘하는 것과 특히 무엇보다 학업 성취도를 중요시 한다. 공산당 내 계파를 형성하고 있는 공청단만 해도 높은 학업 성취를 기초로 한다.

한국에서는 좋은 대학 졸업이 곧 출세를 보장하는 시대는 끝났다. 하지만 중국에서는 아직도 좋은 대학을 나오면 출세가 거의 보장되기 때문에 교육 열풍은 중국에서 당분간은 가장 거세고 지속적인 열풍일 듯하다.

중국에 살면서 굉장히 놀랐던 부분 중 하나는 영어교육에 관한 부분이었다. 중국에서는 영어교육을 받으려면 상당한 비용이 든다. 중국인의 소득 수준에 비추어 보았을 때 굉장히 비싸다. 영어를 배우기 위해 많은 돈을 투자하고 영어를 잘하면 우수한 교육을 받았을 것이라 추정한다. 물론 베이징대나 칭화대 정도 명문대는 다르지만 저장대만 해도 영어를 깔끔하게 구사하는 친구들이 그리 많지 않았다. 그래서 외국인 유학생들 중 영미권 아이들은 주로 영어강사로 취업하거나 과외 등을 하며 유학생이지만 부유하게 산다.

항저우 시 도서관의 모습. 단일 도서관으로는 세계적인 규모를 자랑한다.

동양 문화권에서, 특히 한국과 중국의 경우에는 유교의 영향으로 공부를 해서 과거에 급제해 관원이 되는 것이 집안 성공의 척도가 되어서인지, 두 나라 모두 열심히 공부해서 관리가 되는 것을 큰 영광으로 생각하는 경향이 있다. 한국에서는 사법고시와 공무원 시험(5급) 등이 그럴 것이고 중국에서는 공무원이나 공산당 당직자 같은 관리가 되는 것이 그런듯하다. 이런 이유로 한국이든 중국이든 교육 시장만큼은 불황을 모르고 매일매일 성장해 나간다. 코트라에 있으면서 진행했던 상담 건 중 하나가 한국의 유명 어학원이 중국의 미디어 그룹과 손잡고 교육 콘텐츠를 제공하는 사업이었다. 한국 교육 기업들의 중국 진출에 대한 관심 또한 뜨거운 것 같다.

맹자의 어머니는 맹자의 교육을 위해 세 번이나 이사를 했다고 하던가? 중국에는 세 번이 아니라 열 번이라도 이사할 수 있는 부모들이 넘쳐난다.

어학당에 왜 이리 많은 중국인이?

어학당에 처음 가서 너무 놀랐던 일은 어학당에 엄청난 수의 중국인들이 있다는 것이다. 우리가 일명 화교라고 부르는 그들. 중국어를 좀 한다는 이유로 내 하우스 메이트가 모두 화교였기 때문에 그들과 생활하면서 화교들이 궁금해 졌다.

내가 다녔던 대학은 저장대학교로 저장성에서는 가장 좋은 대학교였고 중국 전국을 통틀어 4위 정도 하는 대학이었기에 해외 출신 화교들 중 자재의 중국어 공부를 위해 유학을 보낸 부모들이 많았다.

저장대학교에 가면 온저우 화교들과 함께 중국어를 배운다. 이런 친구들과 친해지면 그냥 외국인 친구를 만날 때와는 다르게 중국에 대해 다른 관점에서 이해를 하게 된다. 그런데 이상한 점은 국적은 다른 나라지만 중국인 가정에서 자란 이 아이들 중 중국어를 못하는 아이들이 많다는 것이다. 그래서 '너희는 중국인인데 왜 중국어를 못하니?' 라고 물어봤다. 그들의 대답은 자기들은 온저우 말은 할 줄 알지만 표준 중국어는 못한다는 것이었다. 집에서는 온저우 말을 쓰니까 온저우 말은 하지만 표준 중국어(보통화)는 못해서 배우러 왔다는 것이다. 생각해보니 맞는 말이긴 한 듯하다. 우리나라에서는 모두 다 같은 말인 표준 한국어를 쓰고 방언이라 해 봤자 못 알아 듣는 게 아니지만 온저우 말은 표준 중국어와는 완전히 다른 말이다 보니 배워야겠다는 생각이 들었다.

이 아이들의 친척들은 대부분이 온저우에 산다. 그래서 주말이면 친척집에 다녀 온다. 온저우에서 가까우면서도 좋은 대학을 찾다 보니 저장대학교로 몰려들었던 모양이다. 이들은 같은 온저우 지역 화교들이지만 태어난 지역에 따라서 모임이나 성향이 달라진다. 스페인과 프랑스 화교들 사이에서는 저장대학교에서 유학한 아이들이 제대로 중국어를 하더라는 소문이 돌아서 이곳으로 유학을 많이 보낸다고 한다. 화교 아이들은 확실히 우리보다 언어를 빨리 배우기도 하고 친척들도 많으니 도움도 많이 받는 것 같기도 하다. 전 세계에 정말 많은 중국 화교들이 있고. 이탈리아, 스페인, 프랑스 곳곳에 퍼져있다는 것을 확인하는 계기이기도 했다. 그리고 화교라는 커뮤니티가 전 세계적으로 정말 대단하다는 생각이 드는 현장이었다.

어학당 우리반. 뒷줄 오른쪽 끝에서 첫 번째 친구가 프랑스 화교, 그 옆이 이탈리아 화교이다.

국영기업과 민간기업

PART 04 STEP 05

01. 국영기업

중국의 경제는 국영기업과 민간기업으로 나뉘어 진다. 국영기업은 국가의 출자로 이루어지는 기업이다. 중국은 사회주의 정치 제도에 자본주의를 도입해서인지 경제 부분에서 국영기업의 비중이 높다. 저장성은 그래도 덜한 편이지만 상하이의 경우에는 국가에서 관리하는 기업이 너무 많아서 국영기업이 상하이 전체 생산에서 차지하는 비중이 80%가 넘으리라는 통계가 있을 정도다. 국영기업은 공산당에 의해서 운영되고 사장과 임원진들이 퇴직 관리이거나 공산당 당직자인 경우도 많다.

중국에서 국영기업이라는 것은 사회주의 경제를 지탱하는 하나의 축인 듯 싶다. 중국에 살다 보면 생각보다 많은 국영기업에 놀라고 국영기업이라 불리지 않더라도 산업 전반에 걸쳐 국가가 지분을 가지고 있는 회사가 참 많다는 생각이 든다. 자동차 산업 같은 중국의 주요 산업에 외국 기업이 투자하려면 시정부와 합작을 해야 하는 경우가 상당수다. 겉으로는 사기업처럼 보이는 기업들도 이런 식인 경우가 많아서 중국에서 사기업이라고 정확히 표현할 수 있을 만한 기업들은 규모가 영세한 기업이거나 알리바바, 샤오미처럼 입지전적인 인터넷 기업 정도 밖에 없다.

신기한 점은 마트도 국영기업이라는 것이다. 롄화 그룹은 거의 중국 전역에서 가장 매장수가 많은 곳인데 이곳도 국영기업이었다. 국영이라 회장과 주요 임원 또한 당에서 임명된다. 한국은 국영기업을 줄여가는 추세인데 중국은 국영기업들이 여전히 잘 나가고 있다. 어떤 산업 분야는 국영기업이 독과점하고 있어서 국영기업끼리 경쟁하기도 한다.(이동통신이 대표적) 마트도 국영이고 우리가 생각하지도 못한 생활 곳곳에 국영기업들이 많다.

공산당 타락의 온상으로 지목 받기도 하며 공산당 관리들이 자식 대까지 두루두루 잘 먹고 사는 것은 바로 이런 국영기업들에서 생겨나는 막대한 이권 때문이다. 국영기업들은 국가의 특혜와 각종 사회 부분에서의 협조로 거대 기업으로 성장해왔다. 국가 산업과 관련된 프로젝트들은 거의 이런 회사에서 다 독점하다시피 특혜를 받는다. 한국도 공기업이 신의 직장이라 부러움을 사는 것과 같이 중국 사람들도 사기업보다는 국영기업에 들어가는 것을 훨씬 선호한다.

국영기업은 사회주의 경제를 지탱한다. 한국도 마찬가지지만 중국에서 은행은 굉장히 좋은 직장으로 인식되는데 대다수의 은행들은 다 국영이다. 우리가 아는 중국은행, 공상은행, 건설은행 등등 모두 국영이다. 같은 국영끼리 경쟁하는 구조이다.

해외 유명 기업들이 중국에서는 고전하는 경우가 많은데 그 이유로 지목되는 것 중 하나가 바로 이런 중국의 국영기업 중심 체재이다. 한 기업이 국가 전반에 걸쳐 특혜를 받고 때로는 언론까지 동원된 도움을 받는데 제아무리 대단한 해외 기업이라 해도 당해낼 수가 없다. 물론 그것을 뒷받침할 만큼 중국 국영기업들의 운영이 탁월한 부분도 있다.

02. 민간기업

중국에도 잘 나가는 민간기업이 있다. 가장 대표적인 것이 우리가 아는 알리바바를 비롯한 닷컴기업과 부동산 투자 회사들이다. 물론 이런 회사들이 순수한 민간의 힘으로 성장했다고 믿지는 않는다. 한국도 어느 정도 그런 부분이 있겠지만, 아마도 관과 협조 관계가 있을 것으로 추정한다. 하지만 인터넷과 IT를 중심으로 한 신흥 기업들을 통해 민간기업의 성장도 앞으로 두드러질 것이라 예상된다.

저장성에 살다 보면 민간기업의 메카답게 기업가 정신으로 무장하여 회사를 이룬 입지전적인 사람들을 많이 볼 수 있다. 이우 푸텐, 샤오싱, 경방성, 항저우 의류, 온저우 상인들이 각자의 특기를 내세워 지역 주민 간의 단합으로 세계 시장을 개척한 사례들이 많다.

03. 결론

중국은 아직도 국영기업 중심이고 국영기업에게 수많은 특혜를 제공한다. 표면상으로는 사기업처럼 보이지만 실제로는 완전한 국영기업처럼 운영되는 경우도 많다. 이들은 공산당과 구분되지 않을 정도로 인적 구성과 정책 결정에서 당의 영향을 많이 받는다. 하지만 그래도 이런 기업의 대부분은 상당히 잘 운영되어 이익을 내고 있으며 이들을 통해 중국 경제가 유지된다. 해외 자본으로부터 굳건히 중국 경제를 보호하는 역할을 하고 있는 것도 사실이다.

높아진 중국 경제의 위상을 바탕으로 최근의 사기업들의 발전 또한 우리가 주목해 보아야 하는 점이다.

알리바바(阿里巴巴) 그룹

PART 04 STEP 06

2014년 한해 중국에서 가장 돈을 많이 번 개인을 뽑으라면 바로 알리바바의 마윈 회장을 꼽을 수 있다. 알리바바가 뉴욕 증시에 상장되면서 천문학적인 수익을 기록했다.

마윈이 항저우 사람이고 또 알리바바의 본사가 항저우에 있기 때문에 마윈의 소식은 자주 접하게 된다. 마윈에 대한 항저우 사람들의 관심과 자부심은 대단하다. 택시를 타도 기사 아저씨들이 자주 꺼내는 이야기가 마윈의 일거수일투족에 대한 것이다. 중국 사람 대부분이 타오바오를 애용한다는 것이 증명하듯, 마윈은 중국에서 정말 상징적인 인물이다.

마윈의 스토리가 중국 사람들에게 큰 의미인 이유는, 학벌도, 집안도 좋지 않고 심지어 잘 생기지도 않은 한 남자가 자신의 힘으로 자수성가하여 중국 최고 부자 반열에 올라섰기 때문일 것이다.

마윈이 미국과 영국 매체들과 인터뷰하는 것을 들었는데 영어는 굉장히 잘 한다. 하지만 그가 사업을 시작할 때만 해도 객관적으로 중국 최고의 부자가 될 만한 싹이 보이진 않았다. 마윈의 경력은 중국에서 항저우 사범대학 영어과를 졸업하고 통역으로 일했다는 것 뿐이다. 항저우 사범대학교도 실력은 모자랐는데 정원 미달로 들어갔다고 한다. 항저우 사범대가 좋지 않은 대학은 아니지만 명문이라고 말하기도 좀 그런 대학이다. 그 후 영어를 가르치다 우연한 기회에 미국에 갔다가 중국에도 인터넷 시대가 열릴 것이라는 생각으로 인터넷 사업에 뛰어들었다. 처음에는 중국을 홍보하는 홈페이지를 만들려고 했으나 정부 기관의 인식 부족으로 어려움을 겪었다고 한다. 그 후에 B2B모델로 인터넷 사업에 뛰어들어 중국의 이베이와 같은 형태의 사이트를 만들게 된다. 그의 아파트에서 알리바바를 시작한 것이다. 알리바바는 오랜 기간 동안 수익을 내지 못한다. 하지만 소프트뱅크 손정의 회장(재일교포)과의 면담 이후 엄청난 투자 유치에 성공해 성장가도를 달리기 시작했다. 그 후 중국에서도 인터넷 개념과 인터넷 상거래에 대한 사람들의 인식이 높아지면서 알리바바는 급성장하게 된다. 타오바오 사이트가 히트를 치며 이베이와의 싸움에서 확실히 승기를 잡았고, 전 세계적 '공룡' 규모인 이베이를 중국에서 철수시킨 위력으로 한때 중국 전자상거래시장의 80%를 장악할 정도로 선풍적인 인기를 끌었다. 바이두와 함께 중국의 대표적인 인터넷 기업이 된 것이다. 알리바바의 성공은 항저우 시정부의 정책을 전자금융거래, 전자상거래와 친환경 도시로 바꾸어 놓을 정도로 강력했다.

항저우 뻥장의 알리바바 본사

내가 코트라에 있을 때 한국 회사에서 알리바바 사이트 내 지적 재산권 침해 사례가 속속 접수되면서 침해당한 회사들의 법무 팀에서 알리바바의 자정을 촉구하는 방문을 했던 적이 있었다. 사실 타오바오에서는 한국 브랜드 제품을 브랜드 이름까지 똑같이 만들어 쓰는 것이 많다. 이런 제품들이 인터넷상 거래가 되고 있다. 이에 대해 알리바바는 준법 감시팀을 운영하는 등 자체적으로 걸러내는 필터링 작업을 하고 있지만 아직 완벽한 필터링은 힘든 것 같다. 이런 문제들이 있지만 그래도 알리바바가 중국인에게 선풍적인 인기를 끄는 이유는 중국의 소상공인들의 성공을 지원한다는 알리바바의 사명감 때문이다. 평범한 중국인들의 알리바바 사이트를 통한 성공 사례가 늘어나고 있다. '허빈완구'같이 영세한 완구회사가 전 세계적인 완구회사가 되는 등의 이야기가 중국 사람들로 하여금 알리바바를 사랑하게 만들었다. 거기에 외국 기업에 대해 배타적인 중국인과 중국 정부의 태도도 알리바바의 성공을 도왔다. 알리바바는 여러 부분으로 사업 영역을 확장 중이다. 메신저에서 금융 서비스까지 하고 있다. 민영은행 신청자들 중 알리바바 그룹이 있을 정도였다. 최근에는 전자금융서비스를 시작한다는 기사를 보았다. 세계 시장 진출도 활발해 중국을 넘어 세계인의 마켓이 되는 날을 꿈꾸고 있으며, 한국 진출과 맞물려 한국인 인턴을 채용하기 시작했다는 소식이다.

중국인들의 꿈과 함께 알리바바의 발전은 현재도 진행중인 듯하다.

조선족 그들의 정체

중국에서 살다 보면 생각보다 조선족들을 많이 접할 수 있다. 연변 등지 흑룡강성과 심양 길림 등지가 고향인 조선족들을 한족이 99% 이상인, 한족들의 전통 거주지인 남송의 수도 항저우에서 많이 만나 볼 수 있다는 것은 나로서는 특별한 경험이었다. 어떻게 이렇게 많은 조선족이 항저우에 있는 걸까 궁금했다.

조선족들의 기본적인 거주 지역은 중국의 동북지역으로 북중 접경지대를 시작으로 흑룡강 지역까지이다. 고구려와 발해의 역사까지 따지면 이 지역은 우리 민족의 역사이고 일제의 간도 조약 이후 이 지역 국경이 중국측에 귀속되긴 했지만, 지속적으로 우리와 중국 사이의 국경 분쟁이 있는 지역이기도 하다. 현대적 의미의 조선족의 기원인 이 지역에 조선인의 이주가 시작된 것은 1800년대 중반 이후부터이다. 이 지역은 청나라 탄생의 기초가 된 지역이기도 해서 봉금령(중국에서 특정 토지를 대상으로 개간, 경작 또는 출입을 금지하던 일)이 있었지만 청나라가 봉금령을 해제하면서 전국의 조선인들이 이곳으로 이주하게 되었다. 일제의 침략 이후에는 수많은 조선인들이 일제의 핍박과 수탈을 피해 삶을 이어나가기 위해, 또 독립 운동을 위해 이주하기 시작했다. 일제의 어용정권인 만주국이 설립된 이후에는 식량 생산을 위해 일제 주도에 의한 조선인 이주가 대규모로 일어났다. 중국의 항일투쟁 드라마 '영하 40도'를 보면 이때의 상황을 잘 알 수 있는데, 일제가 이 지역 통치를 위해 일본인을 1등 국민, 조선인을 2등 국민, 만주인을 3등 국민, 한족을 4등 국민으로 분류해 놓고 만주족과 한족에게는 쌀도 살 수 없게 하는 설정 등이 나온다. 일제에 의해 조선족과 한족의 갈등도 있었지만 만주사변 이후에는 이 지역 조선인 공산주의자들이 조선공산당을 조직하고 중국 공산당에 가입하여 독립운동을 위해 중국과 협력하게 된다. 민족주의 진영에서는 중국 국민당 정부와 협력하여 항일 투쟁을 하기도 하였다. 그 후 국공내전에 조선인 공산주의자들이 기여하면서 이 지역의 조선인들이 중국 사회의 일원으로 인정받는 단초가 되었다.

국공내전에서 승리한 중국공산당이 중화민주주의 공화국을 성립하면서 소수민족 문제를 다루게 되는데 중국 내에 살고 있는 300여 개의 소수민족 중 56개의 소수민족을 공식 소수민족으로 지정한다. 이들은 자신들의 자치구를 이룰 수 있고 소수민족 우대 정책을 받는다. 아이도 둘까지 낳을 수 있고 학교 입시 등에서 유리한 가산점을 받는다. 중국 내에서 인구가 극소수인 조선족이 소수민족으로 인정받고 자치권을 보장받은 데에는 중국 항일 투쟁에서 조선족들이 세운 혁혁한 공이 기여한 바가 크다. 현재 조선족들은 중국 내 소수민족 중에서는 가장 높은 교육 수준을 자랑하고 한족 중심의 중국 사회에서도 한중 교역의 실무진으로서 역할을 해내고 있다. 한족이 99%가 넘는 항저우 사회에서도 한국과의 교역을 책임지는 정부 쪽 위원 중에는 조선족이 꽤 된다. 한국 기업주들과 법인장들 중에는 조선족을 무시하는 분들이 많지만 현재 조선족의 네트워크나 그들이 중국 사회에서 발휘하는 역량은 결코 무시할 만한 수준은 아니다. 항저우 임시정부 기념관 관장님처럼 퇴직 공무원으로서 항저우 시정부와의 관계를 통해 한국이 마땅히 보존해야 할 유적인 임시정부를 항저우시의 유적으로 지정하게 하여 시정부 예산으로 보존 관리하시는 분들을 보면 한국인으로서 감사와 존경심이 든다. 롄화 한국 식품 수입 실무 담당자도 쉬원화라는 착한 조선족 친구였다.

중국의 초기 조선족들은 북한 또는 한국을 자신의 조국으로 인식하는 경향이 있었다. 초기 중국 정부도 이중 국적자를 대하는 태도를 취했었다. 하지만 정풍운동과 문화대혁명을 거치면서 이들에게 중국인으로서의 정체성을 가질 것이 강요되고, 이를 통해 대다수가 명확한 중국인으로서의 정체성을 갖게 된다. 지금의 조선족은 대부분 자신의 정체성을 중국인으로 인식한다. 현재는 한족화가 진행되어서 조선족 여성들이 한족 남성과 결혼하는 경우가 흔하다. 사실 아직도 조선족 남성들은 가부장적인 생각을 가지고 있는 경우가 많은데 이에 반해 한족 남성들은 가사 분담 등에 있어 좀 더 개방적인 편이다.

한국에서는 한중 수교 이후 불법 체류 중인 조선족들 때문에 이들에 대한 인식이 좋지 않았던 편이다. 수교 초기에는 중국과 한국의 임금 격차가 심해 중국에서 학교 선생님 같이 안정된 직업을 가졌던 조선족들도 한국으로 돈을 벌러 밀입국을 통한 묻지마 식의 코리안 드림을 강행하곤 했다. 보이스피싱과 같은 여러 사회 문제들이 이들을 통해 이뤄지는 것도 사실이다.

하지만 이들의 상당수가 항일 투쟁을 위해 만주로 건너간 사람들의 후손이라는 점에서, 일제 강점기에서 벗어나는데 혁혁한 공을 세운 사람들 또는 그들의 후손이라는 점에서 우리는 이들을 이방인 취급해서는 안 될듯하다. 한중 교류 과정에서도 이들의 역할이 컸고 한국 회사들의 중국 진출에 이들이 지대하게 기여하고 있다는 점도 우리가 이들을 다시 평가해 보아야 할 이유이다. 한중 FTA로 중국과 한국간의 관계가 더욱 긴밀해질 예정이고 그 중간자 역할을 조선족이 할 것이다. 중국과 한국 사이의 임금 차이도 점차 줄어드는 추세이고 중국의 경제력 성장과 더불어 중국 주류 사회에서 성공한 조선족들이 많아지고 있다. 조선족들이 한국에서 보이스피싱, 강력 범죄 같은 여러 가지 사회 문제들을 야기하는 것도 사실이지만 동시에 기여한 점에서도 평가되어야 한다는 생각이다. 한국인들이 중국 진출 초기에 이들에게 사기를 당한 경우가 많기는 하지만 동시에 이들의 기여로 다른 국가에 비해 한국 기업들이 더 쉽게 자리 잡았던 것도 분명한 사실이다 조선족들이 일으킨 문제만큼 한국 사람들이 임금을 체불하고 비인격적인 대우를 한 것도 생각해보아야 한다.

한국과 북한 사이의 비공식적인 민간 교류는 조선족이 없었다면 불가능했을 일이다. 조선족이 탈북자 인신매매에 관여하고 있는 것도 사실이지만 조선족의 도움을 받아 탈북하는 탈북자도 많다. 더불어 한국으로 온 탈북자들을 북한의 가족과 연락하는 방법도 조선족들에 의존한다.

어느 집단에나 좋은 사람 나쁜 사람이 있기 때문에 전체 조선족을 '이 집단은 다 그렇다'는 식으로 치부하면 안 된다는 생각이다. 우리가 인정하든 인정하지 않든 많은 조선족들이 한국에 와 있고 중국에서 유학을 한다면 더 많이 만나게 된다. 이들을 편견의 눈으로 보지 말고 우리의 이웃으로 받아들여야 한다는 생각이다.

사실 나의 7촌쯤 되는 친척 중에도 조선족인 분들이 있다. 지금은 한국인으로 귀화하셨는데 이분의 경우에는 일제 강점기 때 만주로 돈을 벌러 가셨다 조선족으로 자리잡으셨다 한다. 한중 수교 이후 문중에서 이 분과 가족들을 찾아서 한국에 계실 수 있도록 계속 초청비자를 발급해 드렸고 결국은 한국에 정착하셔서 완전히 귀화하셨다고 들었다. 조선족은 생각보다 멀지 않은 우리의 친척일 수도 있다. 조선족의 한국 비자 발급이 쉬워짐에 따라 수많은 조선족이 우리 주변에 있다. 이들을 우리의 이웃으로 받아들이는 노력에 대해 생각해 볼 때이다.

👥 조선족에 대한 질문들

01. 조선족은 중국인인가요?
조선족은 당연히 중국인이다.

02. 조선족의 중국어와 한국어 수준
조선족들 중 나이가 많으신 어르신들은 보통화를 못하시는 경우도 많다. 차라리 한국에 오면 말이 통하는데 중국 항저우 같이 한족 밀집 지역에 가면 오히려 외국에 온듯한 느낌을 받는다고 한다. 나이가 많을수록 중국어 능력은 떨어지고 대신 조선말(한국어와 비슷함) 능력은 뛰어나다고 한다.

30대 중반 이상의 경우에는 조선어로 학교도 다니고 수업을 받다 대학에 가면서 모든 과목을 중국어로 배우기 시작해서 한국으로 치면 중국 대학으로 유학간 정도의 중국어 실력을 갖고 있는 경우가 많다.

10대, 20대의 경우에는 주로 중국어로 수업을 받아서 중국어를 사용하는 게 한국어를 쓰는 것보다 더 편하다. 롄화 한국 식품전을 하면서 만난 담당자의 경우에도 중국어를 쓰는 것이 더 편하다고 했다.

03. 일본에 대한 태도
조선족 중에는 항일 투쟁을 한 분들의 후손이 많기 때문에 항일 감정이 있는 경우가 많다. 하지만 동시에 일본어를 잘한다. 과거 일제 강점기 시절 일본어를 썼던 경험이 있고 이를 바탕으로 조선족 학교에서 일본어를 제2외국어로 가르치는 경우가 많다. 일본에 연고가 있는 사람도 많아 일본에 가서 생활하는 경우도 많다.

사진의 모두가 조선족이다.

04. 모두 한국행을 원하는가?

조선족들이 언어라는 무기 덕분에 한국 관계 일을 많이 하는 것은 사실이다. 하지만 모든 이민 사회가 그렇듯 중국 사회에서 안정적으로 자리잡은 조선족들은 한국에 들어오려 애쓰지 않는다. 이들은 한국보다 중국에 남는 것을 선호한다. 물론 이들은 중국 내 한국 회사에 들어가는 것은 선호한다. 하지만 한국 회사에서는 승진과 성공이 제한되어 있어 한국 회사에 계속 남기 보다는 경력을 쌓은 후 중국 회사로 옮기거나 다른 외국계 회사로 옮긴다. 한국과 중국 사이의 임금 차이가 점점 줄어들고 중국의 지위가 나날이 향상되어 가는 시점에서 무리한 한국행을 하지는 않는다. 농촌 출신이거나 학력이 낮거나 나이가 많을수록 한국행을 원한다. 최근에 재중동포비자가 확대되면서 가족 단위의 이주도 늘었다. 조선족들의 이민은 한국에 국한되지 않고 미국, 호주, 뉴질랜드를 비롯한 세계 곳곳으로 확대되는 추세이다.

곽승지 저, '조선족 그들은 누구인가', 인가사랑, 2013. 02. 28 참조

중국의 환경오염

겨울이 되면 중국에서 빠지지 않는 기사가 바로 스모그에 대한 것이다. 중국에서는 겨울 난방이 시작되면 베이징을 중심으로 하얼빈 등 대도시의 스모그가 엄청나다. 그냥 스모그가 낀다 정도가 아니라 앞이 보이지 않아 추돌 사고가 일어나는 수준이다. 올해는 베이징에서 학교들이 일제히 휴교를 하는 사태에 이르렀다. 남부인 항저우 상하이는 북부에 비하면 난방 자체를 하지 않기 때문에 겨울 스모그가 북부처럼 심각하지는 않다. 하지만 아침에 출근할 때면 뿌연 하늘이 뭔가 답답하고 눈이 따가울 정도로 먼지가 나는 지역이 많다. 살면서 하루는 집밖에 안개가 아래쪽으로 깔려서 외출하기 싫은 날도 있었다. 택시를 타고 항저우 신시가지 첸창 쪽으로 출근하다 보면 스모그 속으로 들어가는 기분이 들어 출근하기가 싫어지기도 했다. 중국 롄화 친구들과 밥을 먹으며 타오바오 히트 상품에 대한 이야기가 나왔는데, 그 해 최고의 히트 상품은 바로 마스크였다고 했다. 자기 친구는 방독면 마스크도 구매했다면서 마냥 웃지만은 못할 이야기를 들려주었다.

이 날은 맑은 편이었다.

중국의 환경오염은 이미 심각한 수준이다. 중국 대도시에선 파란 하늘을 보지 못한지 오래다. 파란 하늘 한번 보려면 주변의 공장들을 모두 정지시켜야 한다.(중국 전승절 열병식 때 파란 하늘이 보이도록 실제로 공장 가동을 중단 시키기도 했다.) 외국인 중 주재원으로 파견된 사람들 중에는 돈을 아무리 많이 줘도 공기 오염 때문에 못 살겠다는 사람들도 있다. 중국 내부에서도 환경오염 때문에 중국 사회가 앞으로 지불할 비용이 엄청날 것으로 예상한다. 호흡기 질환의 만성화가 예상되고 다른 질병에도 간접적 영향을 줄 것으로 예상된다. 중국 증시에 상장된 이비인후과 병원 체인의 주식이 상장 하루만에 가격이 폭등했다는 소식도 들린다. 더불어 해외 이주도 활발한데 꼭 이런 이유 때문만은 아니겠지만 청정한 호주와 뉴질랜드에는 중국인 이민자들이 가득하다. 오염된 농산물에 대한 불신과 고민도 깊어서 중국에서는 뉴질랜드 같은 청정한 지역의 식품을 몇 배나 비싼 값을 주고라도 사먹는 사람들도 늘고 있다.

유학생들도 스모그가 오는 날은 되도록이면 외출을 삼가고 봄 황사철에는 특별히 마스크를 꼭 착용해서 건강을 챙기자.

해도 보이지 않는 스모그 낀 날

PART 05

중국어 공부 어디까지 해보셨어요?

STEP 01 어학연수 커리큘럼
STEP 02 HSK 준비하기
STEP 03 HSK 중국 내 접수 방법 및 시험 장소
STEP 04 푸다오(과외 선생님) 구하기
STEP 05 중국어 성조는
STEP 06 중국 방송 보기
STEP 07 뉴스 청취와 신문 기사 번역
STEP 08 중국어 공부에 유용한 어플

어학연수 커리큘럼

THEME 01 과목 및 수업 시간

중국의 어학연수 기관 중 상당수가 베이징에 있는 어언대학교(语言大学)의 커리큘럼과 교재를 사용한다. 다수의 기관이 어언대학교의 커리큘럼을 쓰는 이유는 아무래도 이 학교가 외국인의 언어교육에 있어서 가장 권위 있는 곳이기 때문이 아닐까 한다. 과목은 레벨에 따라 다른데 문법과 읽기, 듣기, 말하기, 쓰기 네 가지 영역을 기본으로 하고 영역마다 선생님이 다르다. 중국 교육에서는 문법이 중요하게 여겨진다. 문법 수업은 읽기와 함께 이뤄지는데 문법을 배우고 그 문법이 문장에서 실제로 어떻게 쓰이는지 배운다. 문법 수업 교재에는 굉장히 다양한 내용이 나오는데 주로 중국의 생활, 역사, 고사 등등을 배운다. 난 읽기는 좋아했지만 문법을 위한 문법은 싫어했다. 문법이란 게 모국어를 익힐 때는 신경 쓰지 않는 부분이지만 외국어를 공부할 때는 필요하다. 문장을 다 외워서 정확한 문장을 구사할 수 있다면 문법은 필요 없다는 게 내 생각이지만, HSK나 작문을 위해서는 문법이 필요한 것 같다. 사실 중국어 문법은 영문법과 비교하자면 단순한 편이다. 문법이라기보다는 어순이라는 개념이 더 적합할 듯하다. 때문에 관형구처럼 어떤 단어를 어떤 느낌으로 배치해서 쓰는지를 아는 것이 더 중요하다. 저장대학교 어학당에서는 문법 읽기 수업 선생님이 자신의 담임선생님이다. 나의 문법 읽기 선생님은 문법 분야에서 매우 저명한 분이셨는데 나는 담임선생님의 수업을 좋아했다. 다양한 부분을 생각할 수 있게 하는 수업이었다.

듣기 수업은 다음으로 중요하다. 듣기는 HSK 듣기와 거의 유사하며 어언대가 HSK 출제 기관인 만큼 이 책에 나온 듣기가 HSK 시험에도 동일하게 나온다. 학교 커리큘럼을 다 따라가면 HSK는 별로 어렵지 않다. 듣기 수업에서는 정말 오래된 미니컴퓨터 같은 걸 사용하는데, 진짜 오래되어서 이런 걸로 듣기가 되나 싶을 정도다.

말하기 수업은 내가 가장 잘하는 영역인데 대만에서 대만 가족들과 친구들의 성화 덕에 굉장히 잘하게 되었다. 이 수업에서는 구어투를 배운다. 한국어도 문어체와 구어체가 다르듯이 중국어도 문어와 구어가 다르기 때문에 실생활에서 쓰이는 최신 중

쓰기 책   말하기 책   문법 책

국어 구어체를 배운다. 가령 차 사고 났을 때 싸우는 법, 가격 흥정 등이다. 이 영역은 어떤 주제를 주고 프리토킹하기로 시험을 본다. 말하기 수업에서는 글자 조합으로는 뜻을 알 수 없는 단어들도 가르쳐 준다.

쓰기 수업은 가장 비중이 적은데 한자 수업을 하기도 하고 뜻글자인 한자를 부수로 나누어서 어떤 부수의 조합으로 그 뜻이 되는지 추정하는 수업 등도 한다. 또 신문 기사 등을 번역해 읽어보기 수업도 한다. 우리나라 일본처럼 한자권에 속하는 지역의 유학생들에게는 글자 조합을 통해 뜻을 추정하는 것이 별로 어렵지 않은 문제지만 서구권 아이들에게는 참 신기한 부분인 듯하다.

이 네 가지 영역의 조합으로 중국어 수업이 이뤄지며 레벨에 따라 시간이 다르고 단어와 과제도 차이가 난다. 중국 어학당 교육은 이 네가지 영역을 고르게 발달시키는 것을 목적으로 한다.

THEME 02 시험

시험은 보통 학기당 2회, 중간고사와 기말고사를 본다. 이때 기준 점수는 60점인데 이 점수를 넘기지 못하면 다음 학기에 다음 레벨로 올라가는데 어려움을 겪을 수 있다. 각 영역별로 시험을 보고 시험 장소는 따로 공지된다. 시험은 그리 어렵지 않았다. 말하기 수업의 경우 어떤 주제로 프리토킹 하는 것으로 시험을 보는데 선생님이 미리 주제를 알려주는 편이다. 주어진 주제 두 가지 중 하나를 놓고 말하면 된다.

문법과 읽기는 시험지로 시험을 보고 쓰기는 따로 필기시험을 본다. 시험의 난이도 자체는 수업 진도를 한 절반 정도만 나가도 어렵지 않게 풀 수 있는 수준이다. 수업을 들으면서 각 과마다 시험을 보는데, 중간고사나 기말고사는 이를 종합하는 정도기 때문에 내용이 특별히 어렵거나 하지는 않다.

학교마다 다르지만 시험을 보기 위해서는 전체 수업의 절반 이상 출석을 해야 한다.

그렇지 않을 경우 시험을 볼 자격을 주지 않는 경우가 많다.

THEME 03 레벨테스트

어학당에 처음 등록하면 정해진 날 일제히 레벨테스트를 보고 이 성적에 따라 반이 나누어진다. 한 학기가 끝나고 다음 단계로 넘어갈 때 수업을 모두 수료하면(중간과 기말고사를 둘 다 보고, 성적 60점 이상) 시험 없이도 진급할 수 있다. 하지만 월반하고자 한다면 레벨테스트를 다시 보아야 한다. 레벨테스트는 보통 학기 초에 치른다.

THEME 04 과정 이수 시간

중국의 어학당의 모든 과정을 이수하는데 보통 3년을 잡는다. 3년이면 중국어를 초급부터 고급까지 다 할 수 있다고 본다. 레벨테스트를 통해 월반을 하면 2년 정도에 완료하는 경우도 많다고 한다.

THEME 05 방과 후 활동

정식 교과 과정과는 별개로 방과 후 활동이라는 수업이 있다. 학기 초에 신청할 수 있는데 학교에 따라서 과목이 다양하다. 저장대학교의 경우 중국 비즈니스 예절, 중국 서화, 요리, 태극권 등의 수업이 개설되어 있었고, 아직 중국어 실력이 모자란 친구들을 위해 영어 수업도 있었다. 서양 아이들에겐 태극권이나 동양 전통 무술이 신기한 듯하다. 사진에 나온 것은 태극권 수업 날인데 나는 너무 더워서 돈 줘도 땡볕에서는 하기 싫던데 서양 아이들은 정말 열심이다. 방과 후 수업들 중 상당수는 중국 문화에 대한 이해를 돕기 위한 내용으로 구성되어 있고 그래서인지 한국인 보다는 서양 아이들의 흥미를 더 끄는 것 같다.

태극권 수업에 모인 아이들. 서양 아이들이 압도적으로 많다. 나는 너무 더워 나무 밑에서 구경 중이다.

HSK 준비하기

HSK에 대해 유학생들이 입을 모아 강조하는 말들을 정리한 것이다.

01. HSK의 중요성
이 시험의 중요성을 굳이 설명하지 않아도 여기에 있는 모두가 아실 것이다. 하지만 몇 가지 설명하자면 HSK는 일단 중국 대학 입학 시 기본 자격 요건이고 (4급~ 6급까지 요구) 회사 입사 시 중요한 스펙이 된다.

02. HSK는 시험이다.
HSK도 시험이다. 모든 시험이 그러하듯 기본적으로 중국어 실력이 되어야 하지만 거기에 덧붙여서 시험의 유형에 적응하는 것이 필요하다. 어떤 유형의 문제가 어느 형식으로 출제되는지 알아야 시험에 제대로 대비할 수 있다. 중국어 실력이 월등하다면 상관없지만 그렇지 않은 실력으로 고득점을 얻기 위해서는 어느 정도 공부가 필요하다.

03. 학원을 다니거나 공부를 하면 점수는 오른다.
시험이기 때문에 학원 등을 다니며 강의를 들으면 점수가 오른다. 특히 6급 쓰기 같은 경우에는 첨삭 지도가 필요하기 때문에 확실히 학원에 다니면 점수가 높게 나온다는 게 경험자들의 말이다. 중국어 생초보에서 시작해 1년 정도 유학하면 5급까지는 금방 따는데, 6급부터는 노력이 필요하다. 물론 언어 능력이 뛰어나거나 시험에 특별한 재능이 있는 분들이 생초보로 시작해서 1년 유학 후 바로 6급을 따는 경우도 본 적이 있기는 하다. 하지만 일반적으로는 6급 고득점을 위해서는 유학 후에도 일정 시간을 할애해서 하는 공부가 필요하다. 경험자 중 상당수가 학원에 다니면 빨리 점수가 오른다는 의견이다.

한국에서는 HSK가 취업을 위한 토익, 토플 다음가는 좋은 스펙으로 인식된다. 중국의 많은 대도시에는 HSK 사설 학원이 존재한다. 항저우에 있다는 이야기는 아직 못 들어봤지만 상하이에는 HSK 학원이 있다. 상하이에서 어학연수를 하는 경우에는 보통 오전에 수업을 듣고 오후에 HSK 수업을 들으러 가는 경우가 많다. 학교 부설 수업도 있고 사설 학원의 강의도 있으니 골라 들으면 좋을 듯 하다. 항저우에는 학원이 없기 때문에 사설 과외 형태로 공부하거나 인터넷 강의를 듣기도 한다.

04. 빨리 보면 좋다.

물론 유학 중에 필요한 HSK 급수를 따서 오면 가장 깔끔하겠지만 유학 중에 못 따고 올 경우에는 한국에 오자마자 한두 달 정도 시간을 내서 빨리 공부하고 빨리 시험을 보는 것이 좋다. 언어의 특성상 귀국하고 시간이 지날수록 까먹는 부분이 많이 생기기 때문이다.

05. 5급까지의 공부

대체로 5급까지는 쓰기 영역이 그리 어렵지 않기 때문에 전반적인 중국어 실력을 평가 받는다. 그래서 쓰기 영역의 중요성이 상대적으로 덜 강조된다.

06. 6급 이상

6급부터는 쓰기 영역이 고득점의 관건이다. 다른 영역은 일정 수준 이상의 점수를 받을 수 있지만 6급에서 고득점을 받으려면 쓰기 영역의 강화가 이루어져야 한다. 그리고 6급을 간신히 딴 사람과 고득점으로 딴 사람 사이에는 실력 차이가 존재한다는 게 모두의 증언이다. 6급 이상을 고득점으로 따기 위해서는 지필 고사보다는 컴퓨터 시험이 유리하다. 컴퓨터 시험은 sogo(중국어 입력 시스템)로 핑잉(병음)을 치면 그에 맞는 단어가 나와서 선택하면 되지만 지필 고사는 한 획 한 획을 정확히 알아야 해서 감점을 당할 확률이 더 크기 때문이다. 상당수의 사람들이 중국어 읽기보다 쓰기를 훨씬 더 어려워하기 때문에 획까지 정확히 맞게 쓰는 것은 어렵다. 6급 쓰기에 대해 대부분의 경험자들은 어려운 문형이나 멋진 문장을 쓰는 것보다 틀리지 않도록 쉬운 문형으로 쓰는 것이 더 중요하다는 이야기를 많이 한다.

쓰기를 공부할 때는 중국인의 첨삭 지도를 받는 것 또한 중요하다.

07. 4급 이하의 시험

중국어 열풍이 불면서 1급, 2급, 3급까지 HSK 시험을 보는 경우가 흔해졌다. 하지만 4급 이하의 급수 시험은 무의미하다. 실력 측정용으로 보는 거라면 모를까 그 이하 급수는 가지고 있어도 쓸 수 있는 곳이 없다. 최근에는 4급도 쓸데없다는 무용론이 나오기도 했지만 4급까지는 이력서에 한 줄 더 쓸 수 있다.

HSK 중국 내 접수 방법 및 시험 장소

이미 토익, 토플과 더불어 우리나라 필수 시험 중 하나로 자리 잡은 HSK 시험에 관한 이야기이다. 최근 한국에서는 취업이 어려워지면서 HSK가 핵심 시험 중 하나로 자리 잡았다. 중국 유학을 하는 중요한 이유 중 하나가 바로 이 HSK일 정도이다. 중국 행정의 특성상 중국에서 이 시험을 보기란 참 많은 것들이 어렵고 쉽지 않았지만 그래도 지금은 과거에 비한다면야 훨씬 쉽고 간단해진 편이다.

THEME 01 한국과 중국 어느 곳에서 볼까요?

HSK는 한국에서 보는 방법과 중국에서 보는 방법 두 가지가 있다. 날짜는 동일하다. 중국에서 HSK를 따고 한국에 돌아 가는 것도 나쁘지 않다. 일단 어학당 수업이 HSK와 동떨어진 내용이 아니고, HSK를 보려면 어차피 한국에 들어가 다시 공부해야 하므로 아예 유학 온 김에 보고 가는 게 좋다. 그러나 중국의 시험 접수 절차가 좀 더 복잡하다. 한국은 카드 결제를 하면 간단한데 중국에서는 돈 보내기가 그다지 간단치만은 않다.

THEME 02 HSK 시험 방법 선택(지필 시험 VS IBT)

먼저 HSK 시험 방법을 선택해야 한다. 과거에는 종이에 보는 지필 시험만 있었지만 요즘은 토플의 IBT를 본 딴 컴퓨터 시험이 생겼다. 지필 시험과 IBT는 한국에서는 동일한 횟수로 볼 수 있지만 중국에서는 지필 시험의 횟수보다 IBT의 횟수가 더 많다. 그리고 IBT는 시험 전 10일 정도까지 접수를 받아준다는 이점도 있다.
4급이나 5급 정도까지는 지필 시험과 IBT가 별로 큰 차이가 없지만 6급에서는 쓰기 시험이 중요하기 때문에 IBT가 좋은 점수를 받는 데 유리하다. 지필 시험의 경우 한자의 한 획 한 획을 정확히, 그리고 빨리 써야 한다는 부담감이 있지만 컴퓨터 시험에서는 정확한 핑잉(병음)만 알면 컴퓨터에 입력하면 바로 한자가 나오기 때문에 훨씬 간단하다. 더불어 같이 나오는 문형 중에서 선택을 할 수 있기 때문에 쓰기 시간 45분 동안 공허한 답안지를 조금이라도 더 알차게 쓰는데 도움이 된다. 뿐만 아니라 자기 개인 이어폰을 끼고 시험을 보기 때문에 집중하는데도 유리하다. 아직 풀지 못한 문제는 자동으로 표시가 되어서 실수를 줄일 수 있다. IBT의 단점은 가격이 좀 더 비싸고 컴퓨터 화면을 장시간 보고 있어야 해 여기에 익숙하지 않은 사람이라면 눈이 아플 수 있다는 점 등이다.

THEME 03 HSK 접수 사이트

중국 내 HSK 접수 사이트

중국 접수 시 www.chinesetest.cn 사이트를 이용한다.
한국 접수 시 - 지필 시험 : www.hsk.or.kr
                컴퓨터 시험 : www.hskkorea.or.kr

이곳에서 내가 살고 있는 지역에서 가장 가까운 시험장을 검색해서 접수할 수 있다. 회원가입 후 가까운 시험장을 선택해야 한다. 물론 한국어가 지원되기는 하지만 한국어로 좀 어색한 부분이 있어서 중국어가 된다면 중국어로 계속 진행하는 것이 좋다. 가장 가까운 시험장을 찾고 원하는 시험 날짜를 클릭하면 되는데 이때 구글 지도 이용은 필수다. 중국은 같은 시 내에서도 먼 곳이면 1시간 이상 걸릴 수 있다.
큰 대학 부속 어학원의 경우 자체 HSK 시험을 실시하기도 해서 사무실에서 접수 할 수도 있다. 이렇게 보는 것이 돈 내기도 쉽고 가장 편리하다.

한국에서 접수할 때는 아래 주소로 접속해서 시험 등급을 선택하고 가까운 시험장을 선택하면 된다.

시험 장소는 집에서 가까울수록 좋다. 같은 시라도 1시간 넘게 걸리는 곳이 있는 중국의 특성상 시험장 주소를 검색해보고 반드시 위치를 지도로 확인한 후에 접수한다. 시험 장소에 나처럼 두 번 갈 필요 없이 전화 혹은 이메일로 입금 주소를 알아내고 돈을 보내면 등록이 완료된다. 그 등록 완료 사항은 www.chinesetest.cn에서 확인하면 된다.

THEME 04 등록비 보내기

한국에서 접수할 때는 카드나 계좌이체로 보내면 되기 때문에 문제가 없지만, 문제는 중국에서 시험을 볼 때다. 중국에서 시험을 보려면 등록과 등록비를 내는 절차가 한국과는 많이 다를 수 있다. 자기가 다니는 대학의 HSK 사무실에서 접수하면 가장 편하지만 사정이 여의치 않으면 인터넷으로 접수하고 시험장이 있는 곳의 사무실에 가서 어떻

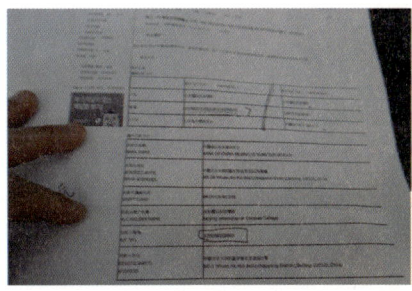
사이트에서 접수하면 내 이메일로 등록비 보낼 주소가 날아온다.

게 돈을 내는지 안내를 받아야 한다. 시험장을 사전 답사한다는 의미에서 나쁘지 않을 수도 있지만, 대부분의 사무실이 4시 이전에 문을 닫기 때문에 사무실을 방문하는 것 자체가 좀처럼 쉬운 일이 아니다. 나의 경우 내가 다니는 저장대에는 10월 시험이 없어서 북경외국어대 저장분교에 가서 시험을 보았는데, 내가 사는 곳에서 택시로 20분 이상 떨어진 곳에 갔더니 업무 시간인데도 사무실이 닫혀있어서 두 번이나 갔다 왔다. 그렇게 반공실(사무실)장을 힘들게 만났더니 종이를 하나 주면서 여기로 등록비를 입금하라고 했다. 어찌됐든 그가 준 중국은행으로 계좌이체를 했다. 사실 시험장을 접수하면 사무실에 가서 돈을 내라는 이메일이 오긴 하는데, 시험장의 사무실까지 갈 필요 없이 전화로 물어봐도 등록비를 입금할 주소를 알려준다. 은행에 가서 계좌 번호와 예금주를 알려주고 입금하면 된다.

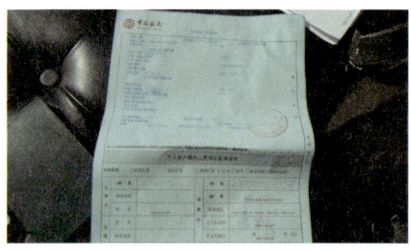
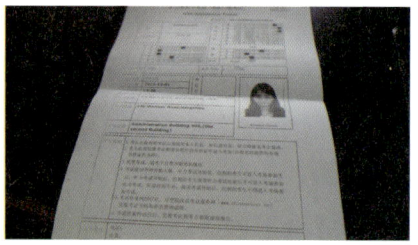

등록비 송금 서류   중국에서 본 HSK 접수증

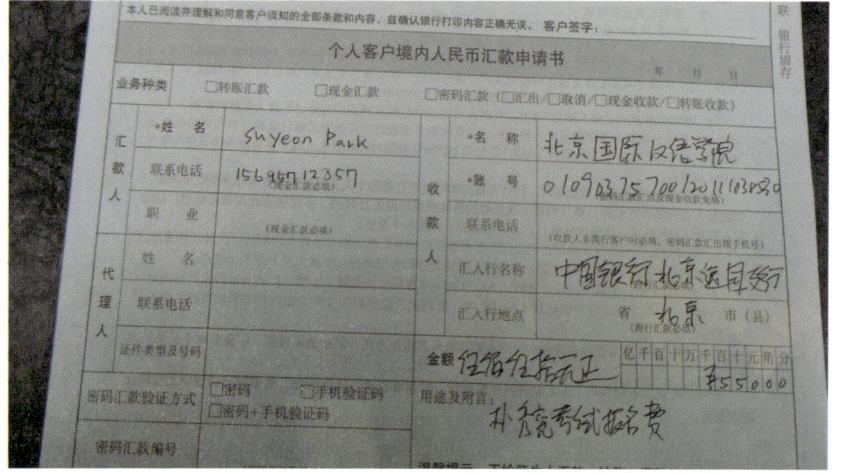

돈을 보내기 위한 신청서. 이름과 전화번호를 적고 수취인을 적는다.

THEME 05 가격

중국에서 보는 컴퓨터 시험

1급 : 150위안

2급 : 250위안

3급 : 350위안

4급 : 450위안

5급 : 550위안

6급 : 650위안

상당히 비싼 편이다.

한국에서 보는 컴퓨터 시험

1급 : 25,000원

2급 : 42,000원

3급 : 60,000원

4급 : 75,000원
5급 : 92,000원
6급 : 110,000원

<mark>한국에서 보는 지필 고사</mark>
1급 : 25,000원
2급 : 30,000원
3급 : 35,000원
4급 : 50,000원
5급 : 75,000원
6급 : 85,000원

한국에서 보는 것이 더 저렴하다.

THEME 06 2016년 HSK 일정

한국

차수	시험일자		시험접수 마감일		성적조회 예정일
	PBT(종이 방식)	IBT(인터넷 방식)	PBT(종이 방식)	IBT(인터넷 방식)	
1차	1월 9일	12월 12일	12월 30일	2월 16일	1월 25일
2차	2월 21일	1월 25일	2월 11일	3월 21일	3월 7일
3차	3월 20일	2월 22일	3월 10일	4월 20일	4월 4일
4차	4월 16일	3월 20일	4월 6일	5월 16일	5월 2일
5차	5월 21일	4월 24일	5월 11일	6월 21일	6월 6일
6차	6월 12일	5월 16일	6월 2일	7월 12일	6월 27일
7차	7월 16일	6월 19일	7월 6일	8월 16일	8월 1일
8차	8월 13일	7월 17일	8월 3일	9월 13일	8월 29일
9차	9월 11일	8월 15일	9월 1일	10월 11일	9월 26일
10차	10월 16일	9월 19일	10월 6일	11월 16일	10월 31일
11차	11월 12일	10월 16일	11월 2일	12월 12일	11월 28일
12차	12월 4일	11월 7일	11월 24일	1월 4일	12월 19일

푸다오(과외 선생님) 구하기

01. 푸다오란?
푸다오(輔导)는 우리말로 과외 선생님을 뜻하는데 중국 연수 시 중국 대학생을 푸다오로 두고 공부하는 유학생이 많다.

02. 푸다오는 꼭 필요한가?
이에 대한 대답을 하자면 푸다오는 개인에 따라 필요할 수도 있고 필요하지 않을 수도 있다. 중국어의 빠른 실력 향상을 위해서는 푸다오가 있으면 좋긴 하다. 물론 동북 지역처럼 인건비가 싼 지역에 가면 거의 모든 유학생들이 푸다오에게 교습을 받기도 하지만 인건비도 비싼 항저우 상하이 지역에서는 푸다오 없이 유학 생활을 하는 경우도 많다.

그러나 유학 자금의 부담이 없다면 푸다오를 두는 것을 추천한다. 중국 어학당은 학생 수가 많아서(10~20명) 말하기 과목이 있음에도 한 사람이 자유롭게 말할 시간과 이것을 바르게 체크해 줄 선생님의 손길이 절대적으로 부족하다. 또 유학생은 학교에서나 생활할 때 일반 중국인들과 떨어져 사는 경우가 많다. 학교 당국이 관리 편의를 위해 외국인끼리 격리(?!) 수용하는 경우가 많아서 현지 대학생들과의 교류도 많지 않은 편이다. 중국인들은 친구여도 정말 많이 친해지기 전까지는 틀린 부분을 고쳐주고 '그렇게 말하면 안 된다'고 말해주기를 꺼려하기 때문에 이것을 전문적으로 해줄 푸다오 선생님이 있다면 좋을 것 같다.

03. 상하이 항저우 지역 푸다오의 적정 임금
푸다오 구하기 파트에 와서 고민되는 부분 중 하나는 동북 지역과는 다르게 이 지역은 중국 내에서도 물가가 높은 지역이라 낮은 가격으로 푸다오를 구하는 것이 쉽지는 않다는 것이었다. 임금 자체가 높다 보니 우리가 생각하는 것만큼 저렴한 비용으로 푸다오를 구하기 어렵다. 그러나 언제 어느 곳에나 놀면서 아르바이트 거리를 찾는 대학생은 있으니 걱정할 것 없다. 앞에서 말한 대로 중국에서는 대학생들이 푸다오를 많이 한다. 나의 경우에는 유학 후반쯤에는 코트라 인턴을 하느라 수업을 거의

못 들어갔기 때문에 푸다오의 도움이
절실했고 그냥 도움이 아니라 다양한
방면에서 도움이 필요했기 때문에 어학
당 선생님 중 쓰기 선생님의 도움을 받
았었다.

과외비는 깎는 게 아니라는 어머니의
말을 들어서인지 선생님이 달라는 데
로 주고 과외를 했었는데, 생각해보면
정말 비싸게 과외를 한 것 같아 지금도
아쉬움이 남는다. 나는 시간당 80위안
씩 주고 했었다. 그래서 두 시간만 해
도 160위안이니 비싸긴 비쌌다. 지금도
안 깎은 게 후회가 된다. 대학생 푸다
오는 보통 시간당 40위안씩은 받는 것
같다. 내가 본 최저가는 상하이 푸단대
학 유학생 중 10위안에 푸다오 과외를
받았다는 언니. 이 언니의 전략은 10
위안에 할 거면 하고 안 할 거면 하지

어학당 쓰기 선생님이기도 했던 내 푸다오 선생님이 빌려준 수업 노트

말라는 배짱 전략이었는데 이 전략이 멋지게 먹혔다. 언니는 졸업할 때까지 시간당 10위안으로 말하기 수업을 받고 또 10위안으로 다른 학생에게 쓰기 지도를 받으며 중국어 실력을 향상 시켰다고 했다.

04. 푸다오는 어떻게 구하는가?

그럼 푸다오는 어디서 어떻게 구하는 것일까? 이에 대한 해답은 학교마다 다른데 학교 게시판을 이용해 찾거나 스스로 푸다오 구한다는 전단을 붙이는 경우도 있다. 외국인이 많이 가는 카페(즉 학교 주변 카페)에 가면 푸다오를 하겠다는 전단도 붙어 있다. 그 외에도 학교 캠퍼스에서 지나가는 학생을 보다가 멀쩡해 보이고, 어딘가 공부를 잘 할 것 같고, 말 잘할 것 같은 학생이 있다면 붙잡아서 말을 붙여보는 것도 방법이다. 대학 캠퍼스에 가서 학구파처럼 생기고 정상인(?!)으로 보이는 학생들 중 한 명을 잡아서 몇 마디 나누면서 발음이 잘 들리는지, 발성이 좋은지 등을 확인하고 푸다오 하겠냐고 물어보면 된다. 나처럼 어학당 선생님을 푸다오로 구하는 것도 방법이다. 아무래도 정식 중국어 교습법에 정통하고 가르치는 노하우도 있는 사람이 많아 이것도 괜찮은 방법인 것 같다. 과외는 통상 카페 또는 기숙사 방에서 하기 때문에 동성 푸다오를 구하는 게 편하다. 또 언어를 배우다 보면 언어 공부 특성상 선생님의 목소리를 모방하는 경향이 있기 마련인데, 가르치는 선생님이 동성이면 목소리나 톤 등을 모방하기가 쉬운 부분도 있는 것 같다.

중국어 성조는

PART 05 STEP 05

중국어 공부가 어려운 대표적인 이유로 꼽을 수 있는 게 바로 성조이다. 중국 사람들 중, 특히 북방으로 갈수록 성조가 틀리면 내가 하는 말이 무슨 말인지 못 알아 듣는 사람들이 생긴다. 한국어로는 똑같은 말이지만 중국 사람들은 성조를 제대로 해줘야 알아듣는다.

첫 출근을 할 때 택시 아저씨한테 '완샹창으로 가주세요.'라고 했었다. 그러자 아저씨가 '어디?' 라고 말하는 것이다. '완샹창'이라고 다시 말했더니 아저씨가 어딘지 모르겠다며 글자로 써보라고 했다. 그래서 내가 '万商场'이라고 썼더니 '아~ 완샹창(Wànshāngchǎng)' 하고는 가기 시작했다. 내 귀에는 그게 그저 같지만 아저씨 귀에는 다르게 들렸나 보다. 타이완이 아닌 중국 대륙에 살면서 내가 뼈저리게 느낀 것이 바로 성조의 중요성이다.

성조는 듣기보다 말하기를 할 때 더 중요한데 내가 말하는 것을 상대가 못 알아 들을 수도 있기 때문이다. 성조에 따라서 중국 사람들은 못 알아 듣는 내용이 너무 많다. 물론 공부를 많이 하고 외국인에 어느 정도 익숙한 중국인이라면 우리가 틀린 성조로 말해도 알아서 무슨 말이겠거니 하고 짐작하는 경향이 있지만, 대다수의 중국 인민은 성조를 우리의 '아'와 '어' 차이처럼 큰 차이로 인식한다. 중국 북방의 경우 성조가 도에서 라까지라면 중국 남방 항저우 상하이는 도에서 파 정도이고, 대만은 도에서 미 정도까지이다. 대만에서는 성조가 틀려도 성조의 높낮이 폭이 적어서 티가 많이 안 나지만 중국 대륙에서는 성조가 틀리면 티가 확 난다. 그래도 문장으로 이야기 할 때는 문맥상 단어의 의미를 짐작할 수도 있지만, 지명이나 고유명사의 경우 성조가 틀리면 아예 알아듣지를 못하는 것 같다.

성조는 한국어에는 없는 부분이기 때문에 중국어를 자주 안 쓰면 제일 먼저 잊어버리는 게 바로 성조인 듯 싶다. 고급 중국어로 갈수록 발음이 같고 성조만 다른 단어들이 등장하기 때문에 초반에 성조를 확실히 잡아놓아야 한다. 중국어 실력이 높아질수록, 고급으로 가면 갈수록 중국어 성조의 중요성은 더해진다.

중국어의 세부적인 묘미를 살리는 데는 성조가 꼭 필요하다. 리엔시라는 같은 발음인 두 단어를 살펴보자.

练习[liànxí] 연습하다
联系[liánxì] 연락처

한국인에게는 똑같이 리엔시일 뿐이지만 중국인에게는 완전히 다른 단어다. 초기 입문할 때는 위에 리엔시(연습하다)를 배우지만 레벨이 올라가면 뒤에 리엔시(연락처)라는 단어로 배운다. 실제로 중국에 살다 보면 더 많이 사용하는 단어는 뒤쪽의 리엔시이다. 각종 서류에 연락처를 쓰는 난이 있기 때문이다.

물론 우리가 외국인으로 완전히 정확한 성조를 구사하는 것은 조금 어려울 수 있다. 성조에 대한 두려움이 중국어에 입문하는 과정을 가로막아서는 안 되겠지만 성조는 할 수 있는 한 챙겨두는 것이 맞다. 처음부터 성조를 어마어마하게 강조하는 선생님들이 계시는데 사실 나는 대만 유학 할 때만 해도 이에 반대하는 입장이었다. 성조 자체가 앞뒤 단어에 의해서 변화하는 속성이 있는데 그걸 저렇게 외운다고 되나 싶기도 했고 그 자체가 중국어를 공부하는 즐거움을 해친다면 옳지 않다고 생각했다. 하지만 중국 대륙에 와서 살면서는 중국어 실력이 고급으로 갈수록 성조 공부가 중요하다는 생각이 많이 든다.

결론은 성조에 대한 두려움으로 중국어에 대한 두려움을 갖는 것은 옳지 않다. 하지만 중국어 성조, 할 수 있는 만큼 최선을 다해 외우자.

중국 방송 보기

PART 05 STEP 06

01. 드라마 보기

중국 드라마를 보면 현대 중국어를 익히는 데 많은 도움이 된다. 하지만 내가 살던 기숙사는 텔레비전 화질이 좋지 않아서 상당수의 중국 방송을 인터넷을 통해 보았다. 중국에 살면서 좋은 점이 있다면 수많은 드라마 방송을 인터넷을 통해서 공짜로 볼 수 있다는 점이다. 바이두에서 특정 드라마를 검색하면 그 드라마를 바로 재생해 볼 수 있다. 중국 드라마 뿐 아니라 방송, 해외 드라마 영화 등 다 볼 수 있다. 별에서 온 그대도 중국에 살면서 다 봤는데 한국에서 방송하면 다음 날 중국 사이트에 자막까지 달려서 올라왔다.

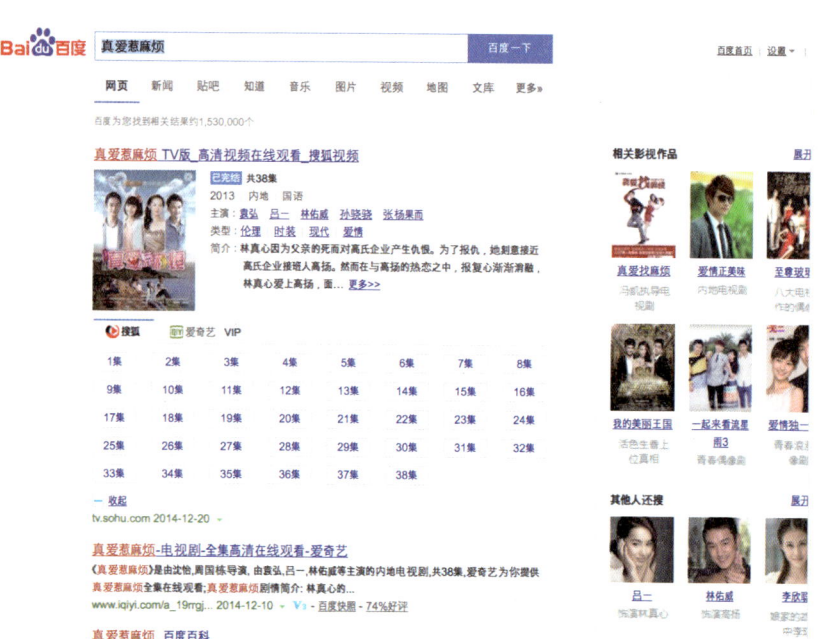

끝까지 보지는 못했지만 한때 보던 真爱惹麻烦를 검색한 화면. 클릭으로 별도의 비용 지불 없이 볼 수 있다.

이런 서비스는 중국 미디어 기업에서 제공한다. 미디어 기업에서는 광고를 통해 수익을 창출하고 이용자들은 이런 드라마나 쇼 다시보기 서비스를 공짜로 제공받으니 쌍잉双赢(shuāngyíng), 서로에게 이득인 듯하다.

개인적으로 포청천을 비롯한 중국의 사극을 좋아한다. '환주격격'이나 '여상육정', '후궁견환전' 등 중국 사극은 화려하고 스케일이 크다. 그러나 쓰이는 단어들이 고어가 많아서 현대극을 보는 것이 일단 중국어 공부에는 더 좋은 듯하다. 하지만 현대극으로 가면 중국 드라마는 참 소재가 빈약하다. 일단 항일극과 일반극 두 가지로 나뉘고 드라마가 한 편당 50부작 정도로 매우 긴데 그 긴 시간 동안 연관성 없는 스토리가 전개돼 끝까지 보는 데 어려움이 있다. 내가 중국어 공부를 위해 보았던 드라마 중 '真爱惹麻烦(진짜 사랑은 힘들다 정도로 번역할 수 있다)'라는 드라마는 복수를 위해 접근했던 남자를 진짜로 사랑하게 되면서 여자 주인공이 겪는 어려움과 로맨스를 그린다. 이 드라마에도 출생의 비밀, 시어머니와 며느리의 갈등 등이 등장한다. 뜬금 없는 드라마 전개, 긴 만큼 비슷한 스토리의 무한 반복, 별다를 것 없는 에피소드, 여주인공의 패션 테러리스트에 가까운 의상 등으로 결국 시청을 포기 했다.

드라마 '零下40度'는 만주국 시절 이 지역에서 이루어진 항일 투쟁 과정을 다룬 드라마인데, 두 연인의 사랑을 그린 이 드라마의 경우 내용도 좋았고 중국인에 대해 조금 더 이해할 수 있었지만 너무 길다는 점과 에피소드의 빈약함 등으로 보다가 중단했다.

내가 본 중국 현대 드라마는, 한국 드라마도 그렇지만, 상류층에 대한 무한 동경과 신데렐라 스토리를 담은 드라마들이 많았다. 드라마의 배경이 되는 곳은 도대체 어딘지 궁금할 정도로 좋은 곳들이 많은데 유학생의 입장에서 접할 수 있는 세계가 제한적이란 점을 감안하더라도 실제로 주변에서 볼 수 없는 풍경들이다. 그래도 드라마가 아예 현실을 반영하지 않는 것은 아니다. 중국도 시부모와 며느리간의 갈등이 사회적 문제라고 한다. 아이를 한 명만 낳았던 중국 사회의 특성상 아이에 대한 부모와 가족들의 관심이 지대하다 보니 그 아이의 배우자와 겪는 문제가 꽤 큰 사회적인 관심이다.

중국 드라마를 볼 때는 재미있어 꾸준히 볼 수 있는 것을 선택하는 게 중요하다. 현대극은 내용이 비슷비슷하니 꾸준히 보고 공부에 도움을 받으려면 얼마나 재미있는지가 단연 관건이라는 생각이다.

02. 중국 예능

중국어 실력 향상을 위해서는 중국 예능 보는 것을 추천한다. 한류의 영향으로 중국 예능도 재미있어지는 추세이다. 한국에서 유명한 예능은 그 폼이 그대로 수출되어서 '나는 가수다', '아빠 어디가', '슈퍼스타 K', '런닝맨' 등이 중국판으로 제작되었다. 현지 흥행도 성공적이다. 특히 런닝맨은 '달려라 형제들'이라는 제목으로 리메이크 되어 큰 인기를 끌고 있다.

'아빠 어디가'를 리메이크한 '빠바취날'

요즘은 한류가 대세라 포맷을 사온 프로그램들이 대세인듯 하지만, 중국인들은 우리 생각 이상으로 빠르게 배우고 모방하고 창조하는데에 능한 사람들이니 곧 좋은 콘텐츠를 스스로 생산하지 않을까 한다. 한국의 유명 제작자들이 중국으로 자리를 옮긴 것도 한 몫 할 것으로 예상된다.

03. 볼만한 드라마 추천

후궁견환전(后宫甄嬛传)

'옹정 황제의 여인'이라고 번역되기도 하는 중국 드라마이다. 옹정 황제를 두고 후궁들이 벌이는 암투를 그린 드라마이다. 아무리 황제라고는 하지만 아저씨 배우가 나오는 터라 몰입이 잘 안되기는 하지만 견환이란 여인이 태후가 되기까지의 험난한 과정을 담아 재미있다. 철저한 고증을 거친 청나라의 아름답고 화려한 복식을 볼 수 있고 청나라의 궁중 풍속도 비교적 실제에 가깝게 재현되었다. 한국어 자막도 나와있지만 어느 정도 중국어 실력이 된다면 바이두에서 바로 보는 것이 가장 좋다.

포청천(包青天)

중국 드라마의 레전드 격인 드라마로 한국에서도 90년대 초 방송을 했었고 나도 어린 시절 전조를 좋아해서 많이 보았다. 송나라 청백리의 표상인 포청천의 일대기를 바탕으로 악을 응징하는 내용을 다루었다. 어릴 때 한국판을 보았던 사람이라면 중국어로 보아도 대충 이해가 된다. 죄인도 신분에 따라 용작두와 개작두로 나누어 처형했다는 역사적 사실을 알게 해준 드라마.

여상육정(陆贞传奇)

중국판 대장금으로 불리며 전 중국적인 열풍을 불러일으킨 드라마이다. 중국의 유일한 여자 재상이었던 육정과 황제 고담의 러브 스토리를 다루었다. 실제 역사 속 인물과는 많이 다르게 그려지기 때문에 역사와는 상관없는 판타지 사극 정도로 생각하면 될 듯하다.

환주격격(還珠格格)

한국에도 '황제의 딸'로 잘 알려진 드라마로 건륭제 시대를 다루었다. 자오웨이, 임십여를 비롯 지금은 대륙의 여신인 판빙빙의 신인 시절을 보는 재미가 있다. 이 드라마는 걸출한 중국 스타를 대거 탄생시킨 드라마이다.

뉴스 청취와 신문 기사 번역

어느 언어로든 뉴스를 편하게 들을 수 있을 정도라면, 그 사람은 그 언어에서 상당한 수준에 이르렀다고 할 수 있다. 뉴스는 수많은 사회의 언어를 담고 있기 때문이다. HSK 시험을 안내하는 공식 홈페이지에 따르면 5급을 따면 뉴스나 신문 기사들을 편하게 듣고 말할 수 있는 단계라고 하던데 글쎄다……. 6급 소지자 모두에게 뉴스나 신문이 편하게 들리고 읽히는 것은 아니다. 중국어 실력과 더불어 사회 전반에 대한 배경지식이 있어야 뉴스가 제대로 들리기 때문이기도 하지만, HSK 등급은 실력보다는 시험 스킬에 의존해서 따기 때문이기도 하다.

드라마나 쇼 프로 등의 중국 방송은 보통화를 못쓰는 인구들이 많고 출연자들도 정확한 보통화를 구사하지 못하는 경우가 많아 꼭 자막이 나온다. 그러나 뉴스만큼은 아나운서들이 보통화를 쓴다는 전제하에 자막이 없다. 때문에 중국에서 아나운서가 되기 위해 제일 중요한 덕목이 바로 보통화를 정확하게 구사하는 것이다. 전국구 방송의 아나운서는 주로 동북쪽 사람들이 많지만 중국은 각 성별 지역 방송이 발달되어 있어서 지역 방송국에서는 그 지역 출신 아나운서들을 많이 쓰는데, 저장성 방송의 아나운서라도 정확한 보통화를 구사하여야 한다. 뉴스 청취의 장점은 바로 보통화를 가장 정확하게 들을 수 있다는 점이다. 중국의 뉴스는 공산당 소식, 정부 소식, 생활 소식 등 여러 파트로 나누어지기 때문에 뉴스 청취를 통해 중국의 사회상도 접하고 중국의 정책 등도 알게 된다. 그러나 자막이 없기 때문에 어느 정도 실력이 되기 전에는 들어도 그림만 보고 지나갈 수 있다는 단점도 있다.

만약 아직 실력이 뉴스 청취할 정도에 이르지 못했다면 신문 기사를 먼저 번역해 보고 배경지식을 어느 정도 아는 상태에서 뉴스를 청취하는 것도 방법이다. 이러한 이유로 뉴스 청취와 신문 기사 번역을 같이 하면 좋다.

유학생들 중에 본과를 졸업하고 대학원을 나온 학생들 중에도 신문 기사를 편하게 보는 사람들은 많지 않다. 한자도 많고 신문 기사에 쓰여진 글자가 외국인이 보기에는 너무 작게 느껴지기 때문이기도 하다. 나는 코트라 인턴 생활을 하면서 글로벌 윈도우(무역관 관할 지역에 대한 정보 소개)를 작성하기 위해 중국 신문 기사를 번역하는 일을 많이 했는데 쉽지 않았다. 그래도 성과가 좋아서 이우 성탄 트리 기사의 경우에는 내가 번역한 기사 덕분에 MBC에서 취재를 나와서 한국 방송에 나가기도 하였다.

신문 기사 번역이 어려운 이유 중 하나는 고유명사 번역에 있다. 중국에서는 외국어를 모두 중국어화 해서 쓰는데 어떤 단어는 뜻역(뜻에 맞는 한자어를 골라 바꿈)을 하고 어떤 단어는 음역(소리가 비슷한 한자어를 골라 바꿈)해서 일관성이 없다. 자동차 기사를 번  역하면서 '大众[Dàzhòng]'이란 단어가 뭔지 진짜 궁금했는데 사전에도 없어서 바이두를 검색해보니 폭스바겐이었다. 폭스바겐이 독일어로 '대중적'이란 의미가 있어서 그렇게 이름 붙였다고 한다. 반면 아우디는 소리나는데로 번역해 奥迪[Àodí]다. 이는 국가 이름 등에도 마찬가지로 적용된다. 한번은 이우에서 하는 박람회 신청서를 번역하는 일을 했었는데, 세계 80여 개 국가들이 참여한다며 80개 국가를 일일이 나열해 놓아서 한국어로도 몰랐던 국가들까지 중국어로 번역했던 적도 있다.

그래도 뉴스 청취와 신문 기사 번역을 꾸준히 하다 보면 사회 전반에 대한 지식과 아는 단어들이 확실히 많아지고 그냥은 절대 몰랐을 단어나 고급 단어들도 많이 알게 된다. 사실 우리가 평소 중국 친구들과의 친교를 위한 대화나 내 신변에 대한 대화를 할 때 필요한 단어는 얼마 되지 않는다. 1000개도 안 되는 단어들을 돌려가면서 쓰면 충분히 말할 수 있다. 뉴스 청취와 신문 기사 번역을 꾸준히 하면 평소에 안 쓰는 단어를 쓸 수 있어 현지인 수준으로 어휘 수준이 높아진다.

저장대학교를 비롯한 상당수의 한인 학생회에서는 신문 기사 번역 동아리를 운영하고 있는데, 이런 곳에서 정기적으로 신문 기사 번역을 꾸준히 하다 보면 어느 순간 기사 내용이 한눈에 들어온다. 중국어에는 띄어쓰기가 없기 때문에 처음에는 어떻게 붙어 한 글자를 이루는지도 몰라 한 글자씩 집중해서 뜯어 봐야 했던 실력이 점점 좋아진다. 풍부해진 어휘량을 토대로 뉴스를 청취하면 훨씬 잘 들리고, 들으면 들을수록 정확해지는 내 발음을 느낄 수 있다. 전과는 비교할 수 없을 정도로 향상된 실력을 맛볼 수 있을 것이다.

중국어 공부에 유용한 어플

PART 05 STEP 08

과거에는 중국어 사전을 전자사전을 이용하는 분들도 계셨지만 요즘은 찾기 어려운 것 같다. 어플하나면 사전에서부터 예문, 사진까지 다 되기 때문이다. 이번 파트에서는 중국어 공부에 유용하고 덤으로 중국 생활에 유용한 어플을 소개한다.

01. 중국어 한방 검색

이 어플은 중국어를 상단에 치면 네이버, 다음, bing, 바이두까지 한번에 검색되어서 여러 사전을 비교해 볼 수 있다. 특히 중국의 최신 고유명사의 경우 한국 사전에는 안 나오는 경우가 있는
데 바이두에서 찾으면 사진까지 떠서 더 쉽게 뜻을 찾을 수 있다.

02. BOX

중국 방송을 볼 수 있는 어플이다. 드라마 뉴스 등을 한번에 볼 수 있다.

03. PPS

중국 드라마 뿐 아니라 한국 드라마도 해외 영화 드라마도 있다. 한국 드라마의 경우 중국어 자막이 제공된다.

04. 바이두

중국 생활에 제일 기본이 되는 어플이다.

05. QQ

텐센트에서 만든 어플로 우리의 네이트온과 같은 국민 메신저이다. 포털 역시 바이두를 제치고 1위가 되었다.

06. WeChat

역시 텐센트에 만든 어플로 한국으로 치면 카카오톡 같은 국민 메신저이다. 중국에 살면 필수로 필요한 어플이고 한국에서도 위챗으로 연결된 다양한 정보를 볼 수 있다. 중국명 微信(웨이신)이다.

PART 06

나도 취업하고 싶다.
(중국 취업의 달콤쌉싸름한 이야기)

STEP 01 나는 왜 중국에서 취업을 하고 싶은 걸까?
STEP 02 중국 내 취업! 자격 조건과 회사별 가능성
STEP 03 중국 채용 정보는 어디서?
STEP 04 코트라 인턴의 모든 것
STEP 05 코트라 인턴십 체험기
STEP 06 취업비자 문제

나는 왜 중국에서 취업을 하고 싶은 걸까?

중국 취업에 앞서서 우리는 일단 깊이 생각해 볼 필요가 있다. 과연 내가 중국에서 취업하려는 이유는 무엇인가? 중국의 취업 시장은 우리가 생각하는 것처럼 아름답거나 전도유망하지는 않기 때문이다

일단 중국은 영미권이나 유럽권에 비해 보수가 현저히 낮다. 한국과 비교하면 비슷한 수준이거나 적고 한국보다 더 많은 월급을 받는 경우는 드물다. 왜냐하면 중국에서 공부한 학생들을 대체할 만한 조선족이 너무 많기 때문이다.

중국에서 근무한 경험을 영미 쪽 회사에서 근무한 경험만큼 알아주고 인정해 주는 것도 아니다. 한국어를 잘하는 중국인 직원들도 많기 때문에 중국인보다 월급을 두 배에서 세 배까지 많이 줘야 하는 한국 사람을 직원으로 써야 하는가에 대한 의문도 나날이 늘고 있다.

한국에서 업무를 익히고 한국 고용주들이 좋아하는 '한국 정신', 즉 충성스럽고 책임감 강한 정신을 익힌 경력직은 좀 낫지만, 중국 현지에서 졸업해 바로 취업한 학생들에게는 이것이 부족하다고 성토하시는 분들도 계신다.

만약 당신의 목적이

01. 넓은 세상에서 경험 하고 싶다.

라면 중국 취업을 추천한다. 중국에 와서 살면서 다른 문화를 경험하고 그들의 비즈니스 패턴을 익히는 것은 넓은 세상을 경험하는데 필요한 일인 듯 싶다.

02. 좋은 근무 환경

이라면 중국 취업은 다시 생각해보아야 한다.

중국에서 산다는 것은 만만한 일이 아니다. 아까 말했던 중국에 사는 한국 사람(외국 사람)으로서의 불편함을 온몸으로 겪어야 할 수 있다. 중국 사람들은 거의 대부분 칼퇴근을 하기 때문에 야근을 할 일이 그리 많지 않다는 건 큰 장점이다. 문제는 한국 직원을 뽑는 이유 중 하나가 야근이 가능하기 때문이라고 말하는 기업주들이 많다는

사실이다. 그래서 중국 직원은 집에 가도 한국 직원들은 회사에 남아 일하는 경우가 많다. 어떤 언니는 사장님이 집에 안 보내줘서 12시 넘어서 까지 일을 해야 하는 경우가 잦아 두 달 만에 회사를 그만두었다고 한다.

03. 팀장급 갑질을 하고 싶다.

대부분 한국 직원들은 신입 사원이라도 중간 관리자 정도부터 시작하는 경우가 많다. 천사 마트에 취업했던 내 친구는 입사하자마자 점장이었다. 내가 인턴인데도 중요한 업무의 담당자로 일할 수 있었던 것도 내가 한국 사람이기 때문이었다. 한국 사람은 일단 한국 사장님과 커뮤니케이션이 원활하므로 같이 시작해도 더 빠르게 승진하고 관리자 업무를 맡게 된다. 입사 후 얼마 안 되어서 밑에 직원을 두는 위치에 오를 수 있다. 이 점은 확실히 중국 취업이 주는 좋은 점인 듯하다. 한국 신입들이 복사와 커피 타기 등의 잡무에 시달릴 때 우리는 회사의 핵심 업무부터 접근할 수 있다. 하지만 이런 생활에 익숙해져 있다 한국에 돌아가면 신입들이 익히는 일들을 몰라 업무의 기본기가 약할 수 있고, 업무를 자세히 가르쳐주는 선배가 한국에 비해 적은 편이라서 전반적 업무 스킬이 한국에서 신입 사원 시기를 보낸 친구들에 비해서는 떨어질 수 있다. 어쨌든 중요 업무부터 배울 수 있다는 점이 중국 취업을 매력적으로 만드는 요인인 것은 확실하다.

04. 좋은 경력이 된다.

중국에서 일하는 것도 경력이 되지만 우리의 생각만큼 좋은 경력이 되지는 않는다. 업무에 따라 다르겠지만 영미권에서 근무하는 것은 한국에 오면 좋은 경력이 된다. 하지만 중국에서 일하는 것은 그것에 비하면 그다지 좋은 경력은 아니다. 물론 최근에는 중국에 진출하는 회사들이 늘어나고 있으니 유리한 점은 있겠지만, 한국에 돌아왔을 때 재취업이 힘들 수 있다는 것도 생각해야 한다.

05. 가족이 중국에 있다.

어찌 보면 중국 현지 취업을 선택하는 가장 중요한 이유이다. 중국에서 취업해 정착해 살기로 한 사람들의 대부분은 중국 사람을 배우자로 둔 경우거나 가족 모두의 기반이 중국에 있는 경우이다. 중국에서 살아야만 하는 상황이기 때문에 여러 문제들을 다 견디게 된다.

중국 현지 취업을 심각하게 고민해봐야 하는 단점도 있다.

01. 저임금을 견뎌야 한다.

중국에는 우리보다 중국어를 더 잘하는 조선족이 있고 이들은 대졸 초임으로 한국 돈 80만 원 정도를 받는다. 회사마다 임금 차이가 크고 본인의 경력에 따라 다르기 때문에 천편일률적으로 말하기는 어렵지만, 한국 사람이란 이유만으로 조선족이 받는 액수보다 월급을 과하게 많이 주지는 않는다.

02. 회사의 인지도나 근무 환경이 좋지 않다.

한국인이 취업 가능한 회사들은 규모가 영세하고 환경이 열악한 경우가 많고, 한국 회사들의 중국 내 전망도 밝지 않은 편이다. 예전에는 중국의 싼 임금 때문에 제조업이 많았지만 지금은 대부분의 회사들이 철수하고 베트남 쪽이나 동남아 쪽으로 공장을 이전하는 상황이다. 파견 주재원들과 다르게 회사가 이전하면 그냥 잘릴 수도 있는 불안한 고용 상태일 수 있다.

03. 한국으로 돌아오기 힘들 수 있다.

이것은 파견 주재원도 마찬가지인데 중국에 한번 살게 되면 한국에 돌아와 다시 자리잡는 것이 어려울 수 있다. 본사 파견 주재원이었던 분들 중, 중국에 한식당을 하면서 회사를 그만두고 살고 있는 분들이 꽤 많은데 그 이유는 본사로 돌아가고 싶어도 돌아갈 수 없기 때문이다. 중국에서 회사 생활 하던 사람들 중 한국에 돌아왔을 때 재취업이 힘든 경우도 꽤 된다. 중국에 있는 많은 교민이 중국에서 사는 것에 대한 피로감이 있다. 기회가 되면 한국에 돌아오고 싶어하지만 생각보다 쉽지 않은 듯하다.

중국 내 취업!
자격 조건과 회사별 가능성

THEME 01 회사 유형별 가능성

중국 유학생 상당수가 중국 현지 회사 취업을 꿈꾼다. 중국 현지 회사들이 한국 회사나 다른 외국 기업에 비해 복리후생이나 월급이 좋은 것은 결코 아니지만(!) 넓은 중국 시장을 체험하고 중국의 비즈니스 환경을 체험한다는 의미에서 중국 현지 회사에 취업을 원하는 사람이 많다. 하지만 꿈과 현실은 차이가 있다. 한국인의 중국 내 취업은 쉽지 않으며 그나마도 중국 현지 회사가 아닌 한국 회사의 중국 법인, 혹은 한국 사장님들의 회사에 취업하게 된다. 그 이유는 다음과 같다.

01. 중국 현지 회사 취업!

중국으로 유학 오는 학생들 중에는 중국인과 중국의 회사 구조를 파악하겠다는 욕심에 '중국 회사에서 일정 기간 일해보는 게 어떨까?' 라는 생각을 가지고 있는 친구들이 있다. 물론 취업이 된다면야 경험이나 경력면에서 좋겠지만 이게 생각처럼 쉽지는 않다. 결론부터 이야기하자면 특별한 기술이 없는 한국의 인문계 대학생이 중국에서 취업하는 것은 원천적으로 불가능에 가깝다. 물론 중국의 특별한 꽌시(관계)를 통하거나 사장님이 마음에 들어 하신다는 등의 예외적 경우는 일단 제외했을 때다. 자국민 보호를 위해 중국 정부는 정책상 중국 회사의 외국인 고용을 억제한다. 한국 자회사를 통한 파견 형식이 아닌 중국 내 법인에서 직접 외국인을 고용하려면 적어도 세 가지 요건은 충족시켜야 한다.
첫째로 고용하고자 하는 분야에 그 외국인을 대체할 만한 인력이 없다는 것을 증명해야 한다. 대다수의 평범한 인문계 대학생이라면, 설사 그가 서울대를 나왔다 해도 중국인이 할 수 없는, 대체 불가능한 능력을 가진 경우는 거의 없을 것이다. 따라서 중국에 취업할 수 있는 대상은 특허 수준에 가까운 핵심 기술을 가진 인력들로 추려진다. 그나마 가능성이 있는 게 이공계 계열이나 예체능 분야인데 이 분야 학생들은 중국에 취업하려는 생각이 별로 없거나 설사 취업이 된다 하더라도 중국어의 벽에 부딪친다.

둘째로 고용하고자 하는 분야의 전공자여야 한다. 가령 마케팅 부서이면 대학에서 마케팅 관련 전공을 해야 하고 회계 분야라면 회계학 전공자여야 한다. 과와는 상관없이 '묻지마 취업'을 하는 한국의 실태를 감안할 때, 또 중국 취업을 염두에 두고 있는 학생들 대다수가 중문과인 점을 감안하면 이 또한 쉽지 않다.

셋째로 해당 분야에서 2-3년 이상의 경력을 가지고 있어야 한다. 따라서 신입사원 채용은 불가하다.

종합하자면, 만약 중국 취업을 원한다면 자기 전공에 맞는 분야에서 3년 이상 경력을 쌓아야 하고 대체 불가한 인력(?!)이 되어야 한다는 뜻이다. 이런 기본 조건을 갖춘 사람들 중에서 뽑는다. 중국 현지 회사 입장에서는 중국 사원에 비해 한국인이 갖는 비교 우위가 크지 않으며, 자국민 보호 정책의 영향을 받기까지 하니 외국인 고용을 꺼린다. 중국 회사에 바로 취업하는 한국인 신입사원이 거의 제로에 가까운 이유이다. 물론 특별한 인맥을 통한다면 불가능한 것이 거의 없는 중국이므로 이 경우는 예외다.

02. 한국 회사의 중국 내 법인!

한국에 본사가 있는 회사는 중견 기업 이상인 경우가 대부분이라 회사 규모도 크고 보수도 한국 수준에 맞춰 주는 경우가 많다. 비자 문제도 확실하게 해결해주는 장점이 있다. 이런 곳은 한국 사람이 지사장이라 무엇보다 말이 통하기 때문에 한국 직원을 선호한다. 한국 본사에서 파견된 지사장급들은 대부분이 중국어와는 전혀 상관없이 일하다 회사의 결정에 의해 중국에 파견된 분들이다. 중국에 파견되면서부터 중국어를 배우기 시작했을 테니 중국어 자체는 그리 유창하지 못하다. 때문에 한국어로 말해도 알아서 일하는 한국 직원이 측근에 꼭 필요하다. 조선족을 채용하기도 하지만 한국적 정서(눈치?!)와 법인장님에 대한 충성심 때문에 한국 직원들을 선호한다. 이런 회사들은 주로 두 가지 경로로 인력을 뽑는다. 한국 본사에서 뽑아 현지로 파견하는 경우와 현지 채용이다. 본사에서 뽑는 경우는 한국 취업과 다를 바 없지만 현지에 파견되는 것을 조건으로 뽑아 일정 기간 훈련을 거쳐 보낸다. 일반 채용과 다를 바 없으므로 여기서는 다루지 않는다. 현지 채용된 직원은 본사에서 파견하는 인력에 비해 중국에 살아본 경험이 있기 때문에 현지 적응에 시간이나 노력이 필요하지 않고 언어도 본사 파견에 비해 유창한 편이다. 한국 파견 직원들에게 지급하는 각종 혜택(집, 차, 자녀 교육비 등)을 주지 않아도 된다는 것도 장점이다. 이런 이유로 현지에서 필요에 따라 중국 법인 재량으로 직원을 뽑는 경우가 꽤 있으며 현지 대학 유학생회나 교민 사이트에 채용 공고가 올라온다. 따라서 수시로 이 두 곳을 체크할 필요가 있다.

중국의 오피스 빌딩

인맥으로 채용되는 경우도 꽤 많다. 중국 지사장님들이 평소에 알고 지내던 학생을 뽑거나 추천을 통해 면접만 보고 뽑는 경우가 꽤 된다. 한 가지 주의 할 점은 중국 내 지사에서 채용된 경우 한국 본사에서 채용된 사람과 하는 일이 같을 지라도(어쩌면 더 중요해도) 승진이나 복리후생, 혹은 지사 이동 등에 어려움이 있을 수도 있고 보수도 차이가 날 수 있다는 것이다. 중국 내에서 채용된 사람은 한국이나 다른 국가로 갈 수 없는 경우가 많으므로 이 점도 잘 확인해 보는 것이 좋다.

한국 회사의 중국 내 법인의 정체

우리는 앞서 지사라는 명칭이 아닌 한국 회사의 중국 내 법인이라는 단어를 사용하였다. 어째서 지사라는 단어를 쓰지 않는 것일까? 그 이유는 중국 정부가 정책적으로 외국 회사가 자국에 투자할 때 현지 회사와 합작할 것을 유도하기 때문이다. 자동차와 같은 기술 집약적 산업의 경우, 법에 의무적으로 합작 비율을 정해 놓기도 했다. 중국 내 해외 자동차 브랜드들은 모두 현지 시정부와 합작해 완전히 새로운 형태의 회사가 된다. 현대 자동차는 베이징시와, 폭스바겐은 상하이시와 51: 49 정도의 비율로 합작한다. 물론 경영권은 외국 회사가 갖지만 본사와는 완전히 다른 형태의 회사인 샘이다. 경영권이 외국 회사에 있기 때문에 본사의 의지에 따라 움직이고 주요 임원들도 본국에서 파견되긴 하지만 합작한 시정부나 현지 회사 또한 일정 부분에서 권한을 갖는다.

03. 사장님이 한국인인 회사!

이런 회사의 경우 취업 성공률이 가장 높은 편이다. 한국에서 이미 회사 생활을 경험해 보시고 창업한 사장님이 대부분이기 때문에 중국 직원에 비해 한국 직원들의 능력을 높게 평가하신다. 한국 사장님들이 꼽는 한국 직원의 장점은 충성심과 책임감이다. 장시간의 근무도 견디고(ㅜㅜ) 자신이 맡은 일이 끝나지 않으면 집에 가지 않는 끈기(?!). 사장님과 한국어 소통이 가능하며 사장님의 마음을 잘 이해하고 눈치 있게 행동하는 점도 있다. 한국인들만의, 한국적 정서 속에서만 이해되는 부분이 있다는 점에서 한국 사장님들은 한국 직원을 선호한다. 일반 직원들은 중국인을 고용하더라도 관리자나 핵심 업무는 한국 직원에게 맡기는 편이다. 그래서 이런 회사에 고용된 사람들은 신입 사원이라도 직원 관리 업무부터 맡는 경우가 많다.

하지만 이런 회사들의 경우 규모가 영세한 곳이 대부분이라 직원 비자를 해결해 주지 못하는 경우가 다반사이다. 중국에서는 취업비자를 얻으려면 고용된 회사가 취업비자를 내줄 수 있을 만큼의 규모여야 하는데 앞서 말한 바와 같이 중국 정부의 외국인 고용 억제 정책에 따라 회사가 외국인에게 취업비자를 내줄 수 있는 요건이 까다롭고 회사의 규모도 제한되어 있다. 따라서 정식 취업은 했지만 취업비자가 아닌 학생비자나 여행비자 등(정확히 말하자면 불법적인, 하지만 통용되는)으로 불안한 신분에 놓일 수 있고 자주 중국 밖으로 나갔다 와야 하는 경우가 생긴다.

중국인 대졸 초임의 수준?!

상하이와 항저우의 경우 중국 돈 4000위안(2014년 기준 한국 돈 약 80만 원)을 기점으로 3000위안은 넘고 5000위안은 넘지 않는 선에서 형성된다. 중국 대도시의 회사는 보통 이 정도 수준이다. 한국인 대졸자의 초임은 중국 법인의 경우 중국 대졸자와 비슷하고 한국 사장님이 경영하는 회사나 중국 내 한국 법인의 경우 한국에서 취직했다면 받을 수 있었을 정도의 임금을 보장해 주는 경우도 있어 100만 원 후반대부터 좋은 곳은 300만 원대까지도 가능하다.

THEME 02 항저우 한인 교회에서 진행된 취업 설명회의 성격을 띈 무역 특강

내가 있을 때는 중국 내 회사를 가지고 미국과 한국의 유력 의류 회사와 오퍼상 거래를 해오신 김병섭 사장님께서 강의를 맡아 주셨다. 이런 형식의 취업 설명회를 겸한 행사들이 종종 개최된다. 이런 행사에서는 취업을 위한 정보뿐 아니라 고용주인 사장님들과 직접 만날 수 있기 때문에 취업을 위해 이런 행사에 참여해서 정보를 수집하는 게 좋다.

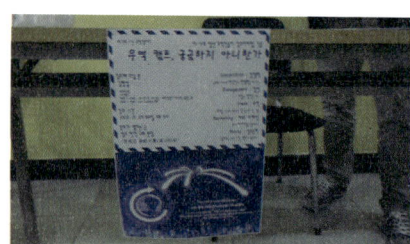

👥 중국 내 회사 유형별 취업 전략

중국 내에서 취업을 하기 위해서는 회사 유형에 따라서 취업 전략을 달리해야 할 듯 하다. 왜냐하면 공고가 나는 방법도 다르고 필요로 하는 요건도 다르기 때문이다.

1. 중국 회사
중국 현지 로컬 회사의 경우 외국인을 뽑아도 경력직 중심으로 뽑고 신입사원을 뽑는 경우는 거의 없거나 정말 드물다. 정말 드물게 뽑는 경우는 한국 쪽 사업을 진행하거나 해서 커뮤니케이션을 하기 위한 담당자가 필요할 때다. 하지만 중국에는 한국말을 잘하는 조선족들이 있으므로 중국 회사 입장에서는 자국민인 조선족을 우리보다 선호한다. 그래도 간혹 공고가 난다면 그것은 자기가 다니는 학교를 통해서다. 물론 어학연수생이 아닌 본과생일 때 해당하는 일이겠지만, 좋은 대학의 경우 학과 사무실이나 교수님을 통해 채용 의뢰 또는 아르바이트가 들어올 때가 있다. 그러나 이것은 정말로 극히 드문 일이고 혹시 들어와도 평소 사무실 사람이나 교수님과 안면이 있고 인맥 있는 학생에게 넘어가므로 이런 분들과의 관계가 중요하다. 더불어 중국 친구들을 통해서도 이런 기회가 있을 수 있다. 하지만 이런 회사들은 인맥이 아니면 정말 들어가기 어렵고 이런 회사에 취업하려면 명문대 졸업장과 동시에 아주 유창한 중국어 실력은 기본으로 갖추고 있어야 한다.
로컬 회사의 취업 공고는 중국에도 나지만 한국을 통해 나는 경우가 생각보다 꽤 많다. 항저우의 경우 디자인 분야가 유명한데 중국 의류 업체들이나 원단 공장에서 안목 있는 한국인 디자이너들을 뽑는 공고를 직군별 한국 사이트에 낸다.

2. 한국 회사의 지사인 중국 법인
이런 회사의 경우 취업 공고가 한국과 중국에 모두 난다. 특히 현지 한국 사람들이 이용하는 취업 포털, 사람인과 같은 곳에 공고가 꼬박꼬박 올라온다. '상하이방'이나 '중사모', '항저우 한인신문' 등 지역 한인 신문에도 이런 공고들이 계속 실린다.
기본적으로 HSK 점수와 토익 점수, 봉사 활동, 중국 내 활동 등이 자세하게 기술된 자소서 등이 요구된다. 이런 회사들은 한국 회사에 입사 원서를 넣는 것과 비슷하다. 한 가지 다른 점은 출중한 중국어 실력이 요구 된다는 것이다.
한인 교회와 한상회에서 지속적으로 한국인 지점장님들과 교류하는 것이 좋다.

3. 한국 사장님들의 회사

한국 사장님들의 회사는 상당수 인맥으로 취업이 결정된다. 여기도 기본적으로 HSK 점수, 토익 점수 등이 있으면 훨씬 쉽게 취업할 수 있다. 그러나 결원이나 공채가 규칙적으로 나는 것이 아니므로 공고도 인맥을 통해야 알 수 있는 경우가 많다. 인맥이 있어야 이 회사가 현재 공고가 났는지 안 났는지를 확인할 수 있어서 이런 회사들에 취업할 생각이라면 제일 중요한 게 인맥이 아닐까 한다.

모든 회사에 공통적인 요건이 있다면 중국어 실력과 더불어 한국어, 영어 실력이다. 중견 기업 이상 규모인 회사에 취업하려면 HSK 점수, 영어 토익 혹은 토플 점수가 있어야 하고 한국어는 한국인이니까 당연히 기본적으로 잘해야 한다. 그 외에 학과 성적, 자소서, 중문, 국문 이력서를 준비해 두는 것이 필요하다.

중국의 채용 박람회. 중국인들도 취업 한파에 시달리고 있는 것을 증명하듯 중국의 취업 박람회는 인산인해를 이룬다.

중국 채용 정보는 어디서?

01. 중국에서의 채용 정보는 어디서?

앞 파트에서 말한 것과 같이 중국에서 외국인이 현지 로컬 회사에 신입사원으로 채용되는 것은 매우 어렵다.(물론 경력직은 가능하다.) 우리가 채용될 기업들은 한국에 본사를 둔 현지 법인이나 한국인 사장님들에 의해 운영되는 회사들이다. 이런 회사들의 채용공고는 한국이나 중국의 취업 포털을 통해 올라온다. 간혹 현지 유학생들 중 선발하는 경우도 있는데 이런 경우는 공고를 띄우지 않고 주변의 추천을 받아 진행하는 경우가 많다.

중국에서의 채용의 핵심은 정보력이다.

이 정보력이 집약되는 곳이 바로 한인 커뮤니티다. 앞에서 설명한 바와 같이 중국이란 사회의 특성상 한국인이 현지 회사에 경력이나 기술 없이 들어가는 경우는 매우 드물다. 따라서 취업을 하게 된다면 한국인에 의해 운영되거나 적어도 한국과 연관성이 있는 회사가 된다. 상하이 한상회, 항저우 한상회가 주체이다. 한인 기업가들과 법인장님들이 주로 이곳에 계시기 때문에 가장 빠르게 중국에서 취업할 수 있다. 일단 중국 내 취업은 한국에 비하면 비공식적으로, 필요할 때마다 뽑는 경우가 많은데 공지는 한상회나 각 지역 최고 명문대 학생회를 통해 공유되는 경우가 많다.

교회 활동도 추천할 만하다. 물론 나처럼 기독교인인 사람들은 하나님께 예배하는 목적으로 교회를 가지만, 주재원들은 원래 신앙이 없던 사람도 해외에 나가면 거의 교회를 다닌다. 그만큼 교회 커뮤니티가 이 지역에서 행사하는 영향력은 크다. 이것은 중국이나 영미권뿐 아니라 다른 지역에서도 마찬가지다. 교회처럼 다양한 사람을 한 자리에서 볼 수 있는 곳도 드물다. 주일마다 모이기 때문에 교민들끼리 친목도 도모할 수 있고 같이 식사하고 봉사 활동도 하면서 많이 친해진다.

사실 내 주변 상당수의 사람들이 교회를 통해 취업에 성공했다. 교회에서 열심히 신앙 생활하고 교회 봉사를 하다 보면 교회 집사님이나 어른들 눈에 띄게 되고, 이런 과정을 통해 취업이 된 경우가 생각보다 많다. 교회 내에서 목사님이나 교역자들의 추천을 통해 입사하게 되는 경우도 있고 교회에만 나오는 취업 공고들도 꽤 된다. 신앙이 없는 친구들도 교회는 한번 나가 볼만하다.
상하이의 경우 상하이 지역 한국 본사 중국 법인과 한국 사장님들이 운영하는 회사들의 연합 취업 박람회도 열린다. 이런 곳에서 자신에 맞는 회사의 정보를 찾아 보는 것도 좋다.

02. 취업 정보가 올라오는 사이트

-차이나통(www.chinatong.net) : 개인 및 기업을 대상으로 중국 취업, 중국어 취업에 관한 채용 정보를 제공

-차이나빌(www.chinavill.co.kr) : 중국 관련 취업사이트로 취업 박람회, 채용 공고, 아르바이트 공고 등 자료 제공

-한국무역협회 중국 취업사이트(http://jobchina.kita.net) : 한국무역협회 내 중국 취업관련 사이트로 중국 취업 관련 소식, 인재채용 정보 등 제공

-잡차이나(www.jobchina.tv) : 직종별 채용 정보 및 인재정보를 제공, 맞춤서비스로 전문인재를 서칭 하는 헤드헌팅 전문 사이트

-한·중 글로벌 취업 박람회(korchin.incruit.com) : 중국에 현지법인을 두었거나 중국 진출을 위해 채용 의사가 있는 우수기업, 중국인 유학생 및 중국어 가능한 국내 대학생을 대상으로 제3회 한·중 글로벌 취업 박람회 관련 사이트

-중정공(네이버 카페) http://cafe.naver.com/zhcafe/ 생활 정보와 더불어 구인정보도 꾸준히 올라온다.

-상하이방(상하이 지역신문) http://shanghaibang.net/shanghai/ 상하이 지역신문으로 취업정보가 올라온다.

03. 2015년 코트라 주관 상하이 채용 박람회 참가 기업

매년 11월 쯤 상하이 코트라에서는 채용 박람회를 한다. 이때 참가한 기업들 상당수가 중국 내에서 어느 정도 정착하고 규모도 있는 회사들이니 소개하고자 한다. 한눈에 보기에도 과거 제조업 중심에서 소비재 기업들로 구성이 바뀐 게 보인다.

상하이 현대 엘리베이터
현대오일뱅크
네이처리퍼블릭
한국 콜마
한화(상하이 대표처)
한화고신재료
LG하우시스
육칠팔
아모레퍼시픽
성도건설
카스전자
한샘
에임시스템즈
CJ푸드빌
CJ대한통운(상하이)
대한민국 임시정부청사 유적관리소
쿠팡
범한판토스

코트라 인턴의 모든 것

PART 06 STEP 04

01. 인턴 채용 공고

한국에서 파견되는 인턴의 경우 코트라와 협약이 맺어진 학교에만 인턴 공고가 뜬다. 대표적인 곳이 한국 외국어대학교이다. 이런 학교에서 파견 국가의 언어를 전공한 학생들을 대상으로 인턴 채용 공고가 뜬다.

현지 채용 인턴들은 각 지역 무역관별로 결원이 생기면 인턴 공고를 낸다.

코트라 간판. 항저우라는 글씨가 선명하다.

채용되는 지역에 따라서 그 지역 언어 실력 학점 등을 종합적으로 고려해서 뽑는다.

02. 코트라 인턴 채용

공고를 통해 지원자를 받으면 여러 지원자 중 인턴을 뽑게 된다. 한국 파견 인턴의 경우 무역관별로 인턴 지원을 받고 같은 무역관을 지원한 사람들 끼리 경쟁을 시켜 해당 무역관 정원 내에서 뽑는다. 같은 중국어권이라도 상하이나 베이징 같은 핵심 무역관이 뽑는 인원은 많지만 경쟁률도 더 높은 편이

무역관 회의실

고, 항저우 무역관과 같이 작은 무역관이나 잘 알려지지 않은 무역관은 뽑는 인원은 적지만 경쟁률은 낮은 편이다. 이런 틈새를 공략하는 것(일명 눈치 작전)이 필요하다.

03. 인턴이 하는 일

인턴이 하는 일은 지역별로 무역관의 분위기별로 다양하다. 진짜 허드레 잡일(복사, 차 타기, 비품 정리) 등만 하다 올 수도 있고 중요한 업무에 바로 투입될 수도 있다. 무역관 분위기와 관장님의 철학, 파견자의 능력과 성품에 따라 달라질 수 있다. 어떤 일이든 적극적으로 참여하고자 하는 자세가 필요하다.

인턴이면 꼭 하게 되는 일이 글로벌윈도우(http://www.globalwindow.org)인데, 자기가 파견된 무역관 관할의 경제 관련 뉴스를 수집해서 리포트로 만들어서 많은 사람들이 함께 볼 수 있게 만드는 일이다. 또 한국 손님들 접대나 마중을 나가기도 한다. 나의 경우에는 과거 작가 경력을 인정받아 보도자료나 정책 보고서를 만드는 일을 했고 한국 식품전, 오토파트프라자(자동차 부품전)에 투입되어 중국 회사와 회의부터 행사 진행, 관계자 섭외까지 직원들과 다양한 일을 했다. 마지막쯤에는 내 학부 전공을 살려 한국 회사와 중국 법인간의 소송 문제를 상담하기도 했다. 내가 이럴 수 있었던 것은 관장님의 배려와 과거의 경력, 중국어 실력, 신설 무역관이라 인원이 적었던 항저우 무역관 사정 등이 잘 맞아 떨어졌기 때문이다.

04. 보수

무역관 별로 다르게 책정되어 있다. 코트라 본사에서 주는 것이 아니라 각 무역관 재정에서 지급하게 되어 있다. 보통 파견 지역 현지 직원의 월급의 절반 정도 선에서 책정된다.

한국 파견 인턴의 경우 해당 대학교에 따라서는 이런 인턴십을 위해 학교에서 지원금을 주기도 한다.

05. 숙소

기본적으로 자비 부담이다. 인턴 기간이 짧을 경우 숙소를 잡는 데 어려움이 있을 수 있다. 무역관에도 도움을 주기는 한다.

06. 비자

현지 채용 인턴의 경우 학생비자를 가지고 그대로 근무한다. 코트라는 중국 사람들에게 한국 정부 기관으로 인식되기 때문에 별다른 조사를 받지는 않는다. 한국 채용 인턴의 경우 3개월짜리 관광비자를 받는 방법을 쓰거나 장기 근무일 경우 취업비자를 받기도 한다. 대부분 파견이 되면 해당 대학교에서 코트라와 업무 협약으로 비자 문제를 해결한다.

07. 사전 교육

한국 파견 인턴의 경우 사전 교육이 있다. 글로벌윈도우 작성법이나 자기 아이디, 해당 지역에 대한 사전 모임 등을 통해 파견을 준비한다. 현지 인턴의 경우에는 사전 교육은 없고 회사에 들어가서 배운다.

08. 입사 시 가산점

코트라 인턴을 하면 한국 정규 채용 시 가산점이 있다. 일정 기간 코트라에서 근무한 근무자에게는 현지 채용, 한국 파견과 상관없이 가산점을 준다. 코트라에 들어가고 싶어하는 사람이 정말 많고 경쟁률이 매우 치열한 상황을 생각하면, 이런 가산점은 큰 힘이 된다.

09. 결론

코트라 취업을 염두에 둔 사람이라면 현지 혹은 한국 파견 인턴 생활을 해 보는 것은 큰 도움이 된다. 하지만 보수가 낮은 편이고 사실상 체류비를 개인이 부담해야 하며 6개월의 장기간 근무라서 이 기간 동안의 시간 손실을 감안해야 한다. 그러나 코트라 인턴 경험이 인생의 뜻 깊은 체험이 되는 것만은 분명한 듯 싶다.

한국에서 오신 손님 접대 후 시후에서 관장님과 현섭씨와 함께

코트라 인턴십 체험기

한국 식품전 팀

유학을 시작하고 정확히 한달 후 나는 코트라 인턴을 시작하게 되었다. 나는 항저우 한인 교회에 출석 중이었고 청년부 담당 부장 집사님께서 코트라 관장님이셨다. 코트라 현지 인턴은 주로 저장대 학부생 중에서 채용하는 것이 관행이라 내가 들어가게 된 것은 특별한 기회였다.

학교 생활이 무료해질 때쯤 교회 대청부 언니 오빠들과 함께 후빈 양로원으로 봉사활동을 가게 되었다. 그곳에 함께 참여했던 사람을 통해 항저우 코트라에서 인턴을 구한다는 소식을 들었다. 코트라 무역관에서는 관장직권으로 행사 별로 인턴을 뽑아 부족한 인력을 보충한다. 그 자리에서 관장님께 내가 하겠다고 말씀 드렸더니 당장 자원하는 적극성이 맘에 든다며 곧장 나를 채용하셨다. 인턴을 하겠다 마음 먹고 출근하기까지 이틀 정도. 그렇게 내 인턴 생활은 시작되었다.

코트라 인턴을 하는 동안 정말 다양하고 스펙타클한 경험을 했다. 그 중 학생 신분이었다면 절대 몰랐을 시정부 관리, 국영기업 관리자들을 만날 수 있었고 그들의 생각을 엿볼 수 있었다. 그들의 생활과 성향, 사고방식을 알 수 있었던 것이 나에게는 좋은 경험이었다.

경리님과 함께

코트라 내 자리에서

내가 일했던 항저우 무역관은 규모가 크지 않아서 직원, 인턴 상관없이 모든 일에 다 동원되었기 때문에 빠르게 무역관 돌아가는 상황이나 일을 파악할 수 있었다. 무역관에는 관장님을 제외하고는 한국 직원이 없었기 때문에 한국인 인턴이 중요한 업무들을 맡아 했는데 한국 업체와 중국 회사간의 법률 분쟁 민원을 중재하기도 하고 중국 내 신문 기사나 자료를 검색하고 번역해서 주제별 테마를 정해 무역관의 관할 지역 내의 경제 기사를 올리는 일(글로벌윈도우)도 했다. 중국의 신문 기사를 번역하면서 경제 관련 새로운 단어들을 많이 알게 되었고 각종 경제 관련 사이트 찾는 법도 많이 배울 수 있어서 경제 관련 중국어 실력 향상에 도움이 되었다. 물론 그 기간 동안 학교에 자주 못나가긴 했지만 그럼에도 내 삶에 있어서 배운 것이 참으로 많은 시기였다.

이순화 경리님과 주웨이와 함께

내 인턴십이 끝나는 날. 무역관 식구들이 다같이 찍은 사진

코트라 인턴을 하면서 가장 큰 성과는 중국 경제에 대해 기업인의 시각으로 볼 수 있었다는 것이다. 중국 유수의 기업들을 실제로 방문하고 그 관계자들과 친구가 될 수 있었던 것도 큰 장점이었다. 함께 일을 했던 롄화만 해도 중국 최대의 유통 체인이고 본사가 항저우에 있다. 그곳의 수입 담당자, 마케팅 담당자들과 나이도 비슷해서 행사 시작하는 날 부스 설치들을 보기 위해 새벽같이 함께 출근하면서 일도 하고 친구도 될 수 있었는데, 그 친구들을 통해 중국 기업의 상황과 일하는 방식 등을 옆에서 지켜볼 수 있는 소중한 시간이었다. 나는 처음에는 중국어 마트 용어에 대한 이해가 부족했었는데 영국에서 유학했던 아밀리아(중국인)가 영어로 설명해 주어서 참 고마

웠다. 이런 친구들을 통해 따뜻한 중국 사람들의 깊은 마음을 경험했다.

렌화 화상점 친구들

한국 식품전에서 한복을 차려입은 나

중국 시장이 참 재미있는 것은 한국의 대기업, 세계 유수의 대기업이라도 해도 현지에 맞는 마케팅과 상품 전략, 관계 시스템 구축을 하지 못한다면 도태될 수 있다는 점이다. 막강한 자금력의 다국적 기업 월마트보다 렌화가 중국 내에서는 더 잘되는 것을 보면서 중국 시장에 대해 고찰하게 된 바가 많다. 무역관 관할 지역 내 제조업체들을 대상으로 설문 조사를 진행했던 적이 있는데 리스트에 등록된 업체 중 상당수가 없어지고 주인이 중국인으로 바뀌는 것을 보면서 중국 내에서 사업하는 것들이 생각보다 쉽지 않다는 생각을 한 시기이기도 하다.

또한 한국에서 오시는 손님 접대는 한국인 인턴이 관장님과 함께 하는 경우가 많았는데 이런 과정을 통해서 한국에 진출하고자 하는 한국 기업의 관점을 보고 들을 수 있었다. 더불어 한국의 회사들의 성장을 돕는 일이었기 때문에 보람도 큰 일이었다. 나 역시도 아버지가 중소기업을 운영하시기 때문에 내가 나중에 코트라에서 받고 싶은 서비스를 한다는 마음으로 최선을 다했기 때문에 더 즐거웠던 것 같다.

자동차 부품전에서 지리 자동차를 방문한 사진

중국 바이어들과 한국 업체들과의 미팅 현장

인턴 기간 동안 연말이 끼어있고 무역관 주관 행사도 두 개나 있어서 어느 때보다 바쁘지만 알찬 인턴 생활을 한 것 같다. 항저우 무역관 인턴이 좋았던 것은 인턴이었지만 담당자급으로 결정권과 내 의견을 행사 진행에 반영할 수 있는 기회가 많았던 점이다. 또 인턴이 즐거울 수 있었던 것은 코트라의 모든 분들이 참 친절하게 잘 가르쳐 주시고 많이 도와 주셨기 때문이었다. 특히 이순화 경리님(순화 언니)은 날 차근차근 잘 가르쳐 주셨고 주웨이랑 모두 친 자매들처럼 친하게 지냈다. 순화 언니가 만들어 주신 핸드폰 고리는 볼 때마다 마음이 따뜻해진다. 회사 동료보다 친구들 만나러 가는 기분으로 즐겁게 일할 수 있었다. 배울 것이 많은 양관화 경리 님과 함께 한국 식품전을 진행했던 왕사한 씨, 현섭 씨에게도 감사를 드린다. 렌화로 출장 갈 때마다 편하게 운전해주셨던 기사님, 무엇보다 믿고 많은 일을 맡겨주신 관장님까지 하나하나 깊은 감사를 드린다.

내가 인턴 하는 동안 양관화 경리 님이 결혼을 하셔서 중국 결혼식에 참석해 보는 즐거움을 누리기도 했다.

내 경우, 한국 식품전과 한중우호의 밤 행사를 진행하면서 두 업체로부터 함께 일하자는 제안을 받기도 했다. 물론 나는 한국에 귀국할 계획이라서 고사했지만 코트라 인턴이라는 것은 다른 회사에게도 신뢰감을 주는 스펙인 것은 확실하다.

항저우 개황을 한국 업체 관계자들에게 브리핑하는 나

식품전 행사에서 떡볶이를 만드는 중인 양관화 경리님

한국 식품전 개막식에 참여한 귀빈들. 렌화 부회장님과 상하이 부총영사님도 계시다.

렌화 친구들과 저녁식사

중국의 결혼식

코트라 시절 참석했던 양관화 경리님의 결혼식을 통해 중국 결혼식을 소개해본다.

규모가 크다.

중국의 결혼식은 한국에 비해 긴 시간, 거대한 규모로 이뤄진다. 중국인의 미엔즈(面子, 체면) 문화를 엿볼 수 있다. 결혼식은 호텔이나 식당에서 하는 경우도 있고 집에서 하는 경우도 있는데 보통 하루 종일 이뤄진다. 신랑이 직접 신부 집으로 가서 신부를 데려오는 것으로 시작한다. 신부 집에 갈 때는 많은 선물과 고급 승용차를 타고 간다.(양 경리님 결혼식엔 아우디 3대가 동원) 신부를 신랑 집에 데려오면 그때부터 마을 잔치가 열린다. 악대도 오고 손님들에게 산해진미를 대접한다. 손님을 집에 모두 수용하기 어려울 경우 다른 집을 빌리기도 한다. 중국에서는 신랑이 신부측에 많은 지참금을 지불한다.

결혼식에 동원된 악대

신랑은 담배를, 신부는 사탕을 권한다.

신랑과 신부는 손님들에게 담배와 사탕을 세숫대야에 담아 손님들에게 지속적으로 권한다. 여기서 주는 사탕은 시탕(喜糖, Xītáng)이라고 해서 기쁜 사탕이란 뜻으로 붉은 색으로 포장되어있다. 차와 주전부리도 내오고 신랑 신부는 손님들과 만담을 나누기도 한다.

차와 사탕, 담배를 권하는 신랑 신부

빨간색을 사용한다.
중국에서 빨간색은 복을 가져오는 귀한 색으로 여겨지기 때문에 결혼식 집기와 물품, 예복에 붉은 색을 사용한다. 축의금도 홍바오(红包)라는 빨간 봉투에 담아서 준다.

홍바오가 담긴 세숫대야

모든 숫자는 짝수로만 한다.
결혼에 사용하는 숫자는 모두 짝수를 사용한다. 결혼식 날짜도 짝수인 2, 6, 8, 10 중 고르고, 짝수날인 화요일, 토요일을 길일로 여긴다. 축의금도 200위안, 600위안, 800위안으로 나간다. 하지만 4의 경우 죽을 사(死)와 발음이 비슷하여 사용하지 않는다. 짝수 중 8은 중국에서 길한 숫자로 회사 동료 정도의 친분이면 축의금으로 888위안을 하는 경우가 흔한데 중국 물가상 888위엔은 한국 돈 17만 원 정도로 상당한 금액이다.

신방에는 이불이 한가득
신혼 첫날밤을 보내는 방은 친구들이 장식해 주며 그 방에는 천장높이까지 이불을 쌓는다. 한국에서 이불을 해가는 것처럼 중국 신방 침대에는 이불을 한가득 쌓여있다.

양관화 경리님의 결혼식 후 코트라 식구들과 신랑 신부가 함께

취업비자 문제

중국에서는 외국인이 취업비자를 받는 것이 쉽지 않다. 외국인이 취업비자를 받으려면 매우 까다로운 요건이 있고 회사의 규모에 따라 내줄 수 있는 비자의 양도 제한적이다. 중국은 내국인 취업 증진을 위해 웬만하면 외국인에게 취업비자를 잘 내주지 않는다.
그래서 상당수의 현지 채용자들이 애매한 비자이거나 또는 학생비자 등의 편법을 동원한다.

THEME 01 비자의 종류

취업비자(Z비자), 정주비자(D비자), 유학·연수·학습비자(X비자), 방문·출장비자(F비자), 관광·친족방문비자(L비자), 국제선 승무원비자(C비자), 취재비자(J-1비자) 등이 있다.
Z비자를 받아야만 합법적으로 취업(근로의 대가로 돈을 받는 행위)을 할 수 있다.

THEME 02 취업비자의 발급 조건

(1) 근무 경력 2년-3년 이상
1996년 5월 1일부터 내국인의 취업 기회를 보호·촉진하기 위해 경력이 없는 외국인은 취업비자를 취득할 수 없게 되었다. 상하이와 항저우에서는 같은 직종에서 근무 경력 2년 이상으로 되어 있다.(상세규정은 정책에 따라 변경되기 때문에 각 시정부의 노동보장국에 문의해 볼 필요가 있다.)
(2) 18세 이상으로 건강할것
(3) 범죄 경력이 없을 것
(4) 소속처가 확정되어 있을 것
(5) 유효한 여권을 소지하고 있을 것

(6) 상하이의 경우 연령 상한이 있다. 남성은 60세 이하, 여성은 55세 이하이다.(총 경리, 부총경리 등 경영간부는 제외)

상세 사항은 바뀔 수 있으므로 상하이 노동사회보장국(www.836666.gov.cn) 홈페이지를 참조한다.

THEME 03 취업비자 수속

취업비자 취득에 소요되는 기간은 약 1개월 정도 걸린다. 비자는 1년간 유효하여 1년마다 갱신해야 한다. 다음은 현지 법인이 한국인을 현지 채용하는 경우의 수속 절차이다. 한국에서 하는 수속과 중국에서 하는 수속은 다르다.

(1) 중국에서
①외국인 취업 허가증서의 신청 : 기업이 외국인 초빙 고용위업신청서에 기입하고 필요서류(실무경험을 증명하는 자료, 예컨대 재직증명서) 등과 함께 노동국에 제출한다.
②비자 통지의 취득 : 대외경제무역위원회에서 비자 통지인 '피수권단위사증통지표'를 취득
③신체검사 : 본인이 위생검역국에 신체검사를 받는다(한국의 지정 병원도 가능).

(2) 한국의 중국 대사관(영사관)에서
①취업비자(Z비자)신청, 취득
*필요 서류
-비자 신청서(한국의 대사관에 있다.)
-외국인 취업 허가증서(원본)
-신체 검사 기록

(3) 비자취득 후, 중국에 입국
①노동국에 취업증을 신청한다.
②거류증과 Z비자 취득 : 공안국에서 거류증의 취득과 Z비자(복수입국)를 받는다.

상세 사항은 변할 수 있으니 취업하는 지역 공안국 외국인 관리·출입국 관리처에 문의하자.

PART 07

중국 속의 대한민국

STEP 01 한국인 모임들
         (한국 상인회, 유학생 모임, 교회)
STEP 02 상하이·항저우 임시정부
STEP 03 별에서 온 그대로 본 한류 열풍
STEP 04 롄화 한국 식품전
STEP 05 한중 우호의 밤
STEP 06 중국 속의 한국 기업

한국인 모임들
(한국 상인회, 유학생 모임, 교회)

PART 07 STEP 01

상하이는 말할 것도 없이 항저우, 이우, 닝보에도 한국 사람이 모이는 곳이면 어디나 있는 곳이 바로 한국 상인회, 유학생 모임, 교회이다. 중국으로 유학 간다면 이 세 가지 모임 중 한 곳과 연관되지 않고 살기 어렵다. 이 모임에 가면 중국 사회에 먼저 적응한 분들을 통해 중국 생활에 필요한 많은 것들을 얻고, 여러 인맥을 형성할 수 있다. 많은 정보가 이곳에서 돌기 때문에 교제권을 형성하기 좋은 곳이다.

01. 한국 상인회

한국 상인회는 중국에서 사업하는 한국분들이 모여 만든 단체이다. 한국 상인회에서는 한국의 위상을 높이고 중국 지역사회에 도움을 주는 행사들을 기획 진행한다. 유학생 신분으로는 이 단체 회원이 될 수 없겠지만 한상회 주최 행사에 참여할 수 있다. 코트라에 근무하면서 한상회와 함께한 일들이 많았었는데 그 중 특히 기억나는 게 한중 우호의 밤(한국 상인회와 시정부 공동 개최)과 후빈 양로원 행사였다. 한중 우호의 밤은 행사 기획 단계에서부터 진행에도 참여했다. 항저우에서는 한국 상인회와 항저우 시정부가 함께 매년 한중 우호의 밤을 개최한다. 이런 일을 함께 진행하면 유학생 신분으론 알고 지낼 수 없는 항저우 시정부 관리들과 함께 일을 할 수 있고, 관장님을 따라 시정부 청사도 구경할 수 있다. 사족이지만 중국 시정부 청사는 시에서 제일 좋은 위치에 있으며, 시후가 한눈에 내려다 보이는 제일 좋은 전망을 자랑한다.

또 기억에 남는 것이 후빈 양로원 방문이었다. 한국 상인회, 저장대 유학생회, 항저우 임시정부 기념관까지 함께 후빈 양로원으로 봉사 활동을 갔다. 이 양로원은 국가에 기여한 분들이 들어가는 양로원이었는데 전직 고등학교 교장선생님이었던 할아버지의 연설을 들으며 중국인들의 나라 사랑하는 마음에 감동을 받았다. 후빈 양로원 방문을 할 때면 여러 물품들을 기증하기도 하고 중국에서 활동하는 한국인 미용사들이 봉사도 해드려서 중국분들이 참 좋아하셨다.

그 외에도 한국 상인회에서 하는 일은 많다. 교민 신문을 발행하고 주숙등기를 편하게 할 수 있게 상하이에 있는 파출소와 업무 협약을 맺기도 하는 등 교민 생활을 편리하게 하는데 힘쓰고 있다. 한국 상인회는 중국 내 주요 한인 네트워크이다. 학생들도 한상회에서 주최하는 많은 행사에 참여할 수 있다. 유학생이라도 적극적으로 참여하고 어른들과 인사하고 지내면 인턴이나 취업 등에서 도움을 받을 수 있고, 그렇지 않더라도 중국 생활과 유학 생활에 좋은 가르침을 받을 수 있다. 무엇보다 이런 행사들이 중국 내 한국인에 대한 인식과 위상을 높이는데 도움이 된다는 점에서 참여를 권한다.

후빈 양로원에서 인사 중이신 한상회 회장님

02. 유학생 모임

한인 모임하면 빠질 수 없는 것이 한국 유학생 모임이다. 저장대의 경우 어학연수생들 보다는 본과생들을 중심으로 유학생 모임이 만들어 진다. 유학생 모임은 네이버 카페 형태로 운영되고 운영진, 회장, 부회장이 있다. 저장대 뿐 아니라 푸단대, 상하이 교통대 등 주요 대학교에는 빠짐 없이 있다. 이 유학생 모임에서 각종 동아리 활동이나 밴드 활동도 하고 시험 족보나 아르바이트와 인턴 정보도 공유한다. 하지만 언어가 늘기 전 너무 일찍 유학생 모임에 자주 가면 중국인 친구를 사귈 수 없다는 단점도 있다. 중국 유학은 갔지만 한국인 친구 밖에 없는 경우가 생길 수 있는 것이다. 때문에 언어 실력이 어느 정도 향상된 후 나가서 중국인 친구와 한국인 친구들 양자간 조화를 이루는 것이 좋다.

03. 교회

한국인 모임에서 또 빠질 수 없는 것이 교회이다. 한국 사람이 있는 곳이면 세계 어느 곳이나 한인 교회가 있다. 한인 교회는 신앙을 바탕으로 한국 사람들이 모이는 집합 장소이다. 교회는 기본적으로 신앙 생활을 위해 나가지만 교제나 친교 목적으로도 나오는 사람도 많다. 한국 사람들을 가장 가깝고 친근하게 만날 수 있는 공간이다. 주일 점심에 제공되는 한국 음식도 참 맛있다.

-상하이 한인 교회

예배당 : 上海市 浦东新区 浦电路 449 福音堂
교육관 : 上海市 浦东新区 浦电路 489 由由燕乔大厦 619室
전화번호 : 021-6164-8501
팩스 : 021-6164-8502, 139-1626-8352
*찾아오는 길
지하철 4호선 浦电路 역 2호 출구에서 직진150m
우측 흰색 15층 정도 되는 건물(燕乔大厦) 6층이다.

-상하이 한인 연합교회

주소 : (201-103) 中国 上海市 闵行区
虹中路 375号 B楼
HongZhong-Road, MinHang-District,
Shanghai, China (201-103)
전화번호 : (중국)021-6167-5000
전화번호 : (한국)070-7584-8206
팩스 : 021-6167-510

지하철을 이용, 교회를 찾아오는 법
첫째, 9호선 허촨루 역(合川路站) 하차 후 택시나 도보 이용
둘째, 10호선 롱시루 역(龙溪路站) 하차 후 택시나 도보 이용
→ 도보 이용 시 약 15분 정도 소요(롱시루 역은 약도상 북쪽 위치, 허촨루 역은 남쪽 위치)
→ 택시 이용 시 2가지 방법 모두 기본 요금(14元)이며, 택시 승차 시 교회 주소(간체)나 약도를 보여주면 된다.

-상하이 한인 은혜교회

주소 : 구양루 158농 반석빌
딩 1층(古羊路 158弄)
전화번호 : 021-6113-5355

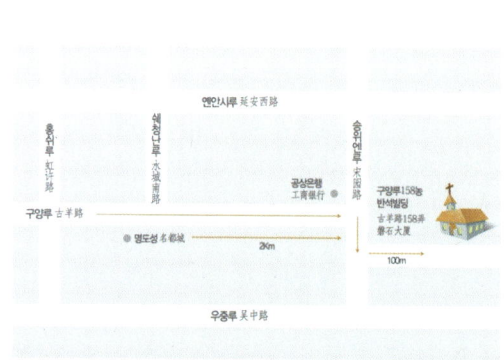

- 항저우 한인 교회

필자가 다녔던 교회. 옥천 캠퍼스에서 걸어서 15분 정도 거리에 있다. 저장대 유학생들이 많이 다닌다. 택시를 타면 기본 요금. 김성곤 담임목사님이 참 좋으셨고 집사님들과 교회 형제자매님들이 잘 돌봐주셔서 유학 생활을 잘 마칠 수 있게 해주셨다. 더불어 코트라 관장님과 한국 소비자원 선 차장님을 비롯한 항저우 어른들을 알게 된 곳이다. 항저우 한상회 사무실과 같은 건물에 위치해 있다. 할렐루야 선교단과 크리스마스 성탄 공연을 통해 중국 교회와도 교류한다. 나의 중국 생활에 있어서 너무나 감사한 곳이었다.

크리스마스 공연 후 청년부 다같이

주소 : 浙江省 杭州市 西湖区 文三路 569 康信大夏 1903号
전화번호 : 0512-5750
휴대전화 : 137-5717-7303

- 열린문 교회

주소 : 浙江省 杭州市 拱墅区 丰庆路 100号 泰龙大酒店 교육관 3층, 예배당 9층
전화번호 : 0571-8830-9480
휴대전화 : 153-4582-7399/186-6815-3927

상하이·항저우 임시정부

상하이와 항저우가 한국인에게 더 특별한 이유 중 한 가지를 들자면 바로 임시정부 기념관이 있는 곳이어서 이다. 대부분의 사람들이 상하이에 임시정부가 있다는 것은 알고 있지만 항저우에 임시정부가 있다는 것은 잘 모른다. 항저우에도 임시정부가 있다.

일제침략기, 일제의 핍박을 피해 상하이에 만들어졌던 임시정부를 국민당이 항일 투쟁을 하며 항저우, 충칭을 비롯한 중국의 여러 도시로 옮겼기 때문에 그 도시들에도 유적이 남아 있다. 가장 대표적인 곳이 상하이기 때문에 그 동안 상하이의 임시정부만 기념했었다. 하지만 항저우의 임시정부 또한 한국인에게 특별하다.

항저우 임시정부에 와 본 사람들은 굉장히 관리가 잘되고 있다는 인상을 받게 된다. 상하이 임시정부 유적지가 한국 기업을 비롯한 민간의 기부로 운영되는 것과 다르게 항저우 임시정부는 항저우 시정부 예산으로 관리되고 있기 때문이다. 항저우 임시정부 관장님은 조선족이신데 항저우 시정부 퇴직 공무원이라 항저우 시정부의 지원을 받아서 운영하고 있으시다고 들었다. 이 분은 한인 사회 조선족 사회 모두에서 '큰어른'으로 인식된다.

상하이와 항저우 임시정부가 한국인과 중국인의 관계에서 갖는 의미는 바로 항일 투쟁을 함께 한 동지 의식일 것이다. 중국에는 지금도 난징대학살과 만주사변에 대한 기억으로 일본에 대한 반일 감정이 있다. 특히 드라마를 보면 항일 투쟁 역사극이 정말 많은 부분을 차지한다. 중국 사람들이 한국 사람들과의 관계를 이야기할 때 빠지지 않는 것이 바로 이 공동 항일 투쟁 이야기이다. 조선족이 중국 사회에서 소수민족으로 인정받고 자치권을 누릴 수 있었던 이유도 바로 이 항일 투쟁 경력 덕분이다.

일제 침략기, 우리나라의 민족주의 계열 사람들은 국민당과, 사회주의 계열의 독립운동가들은 공산당과 함께 연합해서 싸웠다. 우리나라 사람들 역시 독립운동의 일환으로 일제와 싸웠기 때문에 국공합작 항일 투쟁에서 조선인들이 세운 공이 매우 혁혁했다고 한다. 이때 세운 공적에 더해, 사회주의 계열 사람들 중에는 나중에 일어난 국공내전 때 공산당 편에서 싸워 공을 세운 사람들도 많았기 때문에 조선족들은 이민자임에도 중국 사회에서 제법 탄탄하게 자리 잡을 수 있었다.

상하이 항저우에 온다면 꼭 들릴 것을 강력히 추천하는 곳이 바로 임시정부이다. 일제에 대항해 끝까지 투쟁하였던 우리 조상들의 얼과 더불어 일제에 대항하고 함께 싸웠던 중국과의 요의(友谊[yǒuyì], 우정)를 느낄 수 있는 곳이다.

별에서 온 그대로 본
한류 열풍

내가 중국에 있는 동안 중국에서는 어떤 드라마의 소식이 매일 같이 신문에 등장했다. 바로 '별에서 온 그대'다. 내가 이 드라마를 본 것은 다름 아닌 중국에서였다. '별에서 온 그대'를 중국어로 보면서 한국어를 중국어로 어떻게 표현하는지를 보고자 했던 목적도 있었지만, 이 드라마를 본격적으로 보게 된 것은 새로 만나는 중국 사람마다 '별에서 온 그대, 너도 보니' 라는 말을 인사 삼아 건넸기 때문이다.

상하이 난징 동루에 있는 한국 옷가게

당시 렌화 한국 식품전을 진행 중이었는데 첫 미팅에서 만난 중국 쪽 파트너들이 물어본 것도 '너 요즘 별에서 온 그대 보니?'였다. 당시 난 중국어 공부에 열중하느라 중국 드라마를 보던 중이어서 '아니. 난 너희 드라마를 보고 있어'라고 말했다. 그러자 자기네 드라마를 본다는데 좋아하지도 않고 '그래?' 하면서 뭔가 할말이 많다는 듯 아쉬운 분위기를 연출하는 것이었다. 그 후 집에 가서 별에서 온 그대를 1편부터 보기 시작했다. 중국에서는 드라마명(来自星星的你)만 바이두에 검색하면 쉽게 찾아 무료로 볼 수 있었다. 1회 2회… 가면 갈수록 계속 계속 빠져들어서 하루에 4편까지 보게 됐다.

별에서 온 그대의 중국 내 인기는 폭발적이었다. 만나는 중국 친구들 마다 그 이야기를 하고 한국인인 나에게 주연 배우나 드라마 속 장소 등에 대해서 정말 많이 질문했다. 이런 이야기를 하면서 같이 일하는 친구들과 친분을 쌓을 수 있었다. 별에서 온 그대는 심지어 '왜 우리는 이런 드라마를 못 만드는 가?'로 중국 정부에서 회의 내용으로 다루기도 했다. 사실 별에서 온 그대가 재미있긴 하다. 나도 이 드라마가 한국에서 방영된 날이면 다음 날 올라오는 바이두 판을 기다렸다. 매력적인 전지현과 김수현의 만남 역시 환상적이었다.

이 드라마 한편으로 김수현의 인기는 중국뿐 아니라 대만, 전 중화권에서 엄청나졌다. 김수현의 저장 TV 1회 출연료가 10억이라는 뉴스도 나왔다. 이 드라마 한편이 한국의 이미지와 한국 제품에 대한 선호도도 엄청나게 상승시켰다. 사실 중국 내 한국 드라마 열풍은 어제 오늘 일은 아니다. '상속자들'도 중국에서 큰 히트를 쳤는데 이 드라마로 인해서 주연들은 모두 한류 스타덤에 올랐다.

중국 사람들이 한국 드라마를 좋아하는 이유는 배경과 배우들이 멋져서도 있지만, 뻔한 이야기를 뻔하지 않게 연출하는 연출력 때문도 있다. 스토리 라인이 중국 드라마에 비하면 단조롭지 않으면서 속도감 있는 진행도 좋아한다. 더불어 조명이나 화면 구성을 잘해서 화면 자체도 멋지다.

미디어에서 시작된 한류 열풍은 중국과 한국의 관계를 긍정적으로 바꾸고 양 국민 사이에 좋은 관계를 형성하는 윤활유 역할을 한다. 더불어 한국 제품과 회사들에도 긍정적인 영향을 미치고 있다. 이 기회를 이용해서 더 좋은 한국 제품들이 중국에 소개되고 중국 사람들과 한국 사람들 간 더 좋은 관계가 형성되었으면 하는 바람이다.

롄화 한국 식품전

항저우 무역관 연간 마지막 행사로 롄화와 코트라 간의 업무 협약으로 한국 식품전을 진행했다. 코트라가 행사에 참여할 한국 업체를 모집하고 롄화는 한국 식품전이라는 행사를 화상점에서 개최하는 방식으로 업무 협약을 맺었고, 2주 동안 시범 판매를 해보고 반응이 좋은 제품은 입점시키기로 하고 진행된 행사였다. 성과도 좋아서 참여했던 모든 업체들이 다 입점했고 내가 쓴 보도자료가 14개 신문에 실리는 걸 직접 보는 것도 즐거운 일이었다. 지금도 항저우 한국 식품 전을 치면 내가 쓴 보도자료를 편집한 기사들이 쭉 뜬다.

개막식

출품된 한국 과자들

롄화와 세 번의 회의를 거쳐 탄생한 한국 식품전 디자인

저장TV 아나운서에 의해 진행 중인 한국 식품전. 지역 방송의 취재 열기도 뜨거웠다.

롄화는 국영기업으로 국가의 정책에 따라 운영되는 회사이다. 롄화가 이번 식품전을 개최하게 된 계기도 수입 물품의 원가를 절감하라는 국가의 시책이 내려왔기 때문이다.

나는 마트가 국영기업이라는 게 너무 신기했다. 전기, 도로, 수자원도 아닌 마트가 국영이라니. 그런데 중국이 시장 경제는 도입했으나 사회주의 경제체제라는 것을 염두에 두면 그리 이상한 일도 아니다. 중국은 공산당이 국가를 통치하고 인민들을 잘 살게 한다는 목표가 있는 나라이므로 인민 생활과 관련된 물가를 안정시키는 것이 중요하다. 어떤 물품이 비싸다 싶으면 국가에서 국영기업으로 지침이 내려온다. 국영 마트가 가격을 싸게 내려 경쟁사인 다른 회사들도 같이 내리게 하는 구조이다.

함께 행사를 진행했던 중국 친구들과 아밀리아, 장린

최근 중국 인민들은 소득 수준은 올라가고 중국산 불량 먹거리 파동은 끊이지 않으면서 수입산 먹거리를 선호하게 되었다. 한류 열풍으로 한국에서 직수입된 한국 음식을 선호하는데 수입 대리상을 통해 들어오기 때문에 가격은 매우 높은 편이다. 이런 문제가 중국 정부 내에서 제기되었고 이를 해결하라는 지침이 롄화에 내려와 한국 식품전을 개최하게 된 것이다. 한국 회사들과의 직거래를 통해 수입 가격을 낮추겠다는 취지였다. 한국 기업 입장에서는 중국 최대 마트 체인에 입점할 수 있는 기회였고 롄화에서는 비용 절감과 더불어 우수한 한국 식품을 입점시켜 수입 코너를 강화할 수 있었다.

이 식품전을 하면서 한국에 대해 높은 관심을 갖고 있는 중국인들을 만날 수 있었다. 드라마에서 비롯한 한국에 대한 관심이 먹거리와 문화로 확산되는 것을 느꼈다. 내가 했던 일은 롄화 식품전 진행 상황 전반에 대한 관리와 아르바이트생 관리, 부스 시찰, 매출 보고 등이었다. 식품전을 진행하는 동안 롄화 화상점 센츄리마트 내 3층 경리실(经理室)에 내 자리가 생기면서 부총경리와 과자를 나눠먹고 직원들과 같이 염장 오리발을 뜯기도 하면서 재미있는 시간들을 보냈다. 부스에 내려가 중국 아주머니들과 수다도 떨 수 있었다. 이 아주머니들은 한국 식품전 식품들의 원산지를 꼼꼼히 따졌는데, 우리나라 사람들이 '국산'에 신뢰를 갖는 것과 다르게 중국 사람들은 해외에서 생산된 먹거리에 신뢰를 갖고 자국에서 생산된 것은 불신하는 모습이었다. 같은 중국 내 먹거리라도 상하이나 베이징에서 생산된 먹거리가 그나마 안심된다는 생각을 한다는 것도 새로 알게 되었다.

사실 중국 현지에서 한국 유제품의 인기는 독보적이다. 한국 우유 중 연세우유는 1000ML가 45위안(한국 돈 9000원)에 팔린다.(한국인인 나는 비싸서 못 사먹는다.) 그런데도 정말이지 없어서 못 판다. 아이들이 중국 우유보다 한국 우유를 맛있어 하고, 일단 아이에게는 그 어떤 것도 아끼지 않는 중국 부모님들의 성향에 우유의 안전성까지 검증되니 중국에서는 그야말로 불티나게 팔리고 있다.

행사를 기념하여 렌화 화상점에 걸린 태극기와 오성홍기

렌화 식품전은 나의 중국 생활에 특별한 의미였다. 주말 출근도 해야 했고 일도 굉장히 많았지만 식품전을 시작하면서 중국어로 하는 비즈니스 미팅에도 참여하고 회의록도 쓰고 중국 기업과 회사의 운영, 특히 국영기업의 운영, 마트의 운영 등을 배울 기회가 생겼다. 기획 회의부터 업체 선정, 현지 업체 연락, 개막식 행사, 매출전표 보고서 작성 등 상당히 중요한 일을 직접 결제를 받아 집행할 수 있었다. 더불어 많은 중국 친구들이 생겼고 중국 소비자들의 물건을 고르는 성향을 직접 접할 수 있었다. 이런 행사가 지속적으로 개최되어서 중국 내 한국 음식의 위상이 더 높아졌으면 하는 바람이다.

한중 우호의 밤

해마다 연말이 되면 항저우에서는 뜻 깊은 행사 하나가 개최된다. 바로 한중 우호의 밤이다. 시작된 지 근 5년 정도 되었다. 한국 상인회와 항저우 시정부의 공동 협약으로 개최되는 한중 우호의 밤은 지역 방송에 생중계되고 지방 신문 등의 매체들이 취재도 나온다. 매년 한중 가요 바꿔 부르기 행사가 개최되고 협찬 기업들이 푸짐한 선물을 후원한다. 규모는 한국 사람들은 그냥 사교 모임 정도로 생각하는데 비해 중국측에서는 시정부 주최 행사로 공공기관 행사다 보니 꽤 큰 행사라 생각한다.

월량다이워디싱을 열창 중인 필자

상하이 부총영사님의 축사

이 행사도 코트라에서 진행했던 일 중 하나인데 나도 기획부터 진행까지 참여할 수 있었다. 노래 자랑 참가자를 모으고 음원 파일을 체크하는 일을 하면서 한상회 분들이나 중국측 스텝들과 교류를 나눌 수 있었다. 시정부 청사도 이 행사를 하면서 관장님을 따라갔다 처음 구경 했고 대외 교류처 공무원들을 만나 함께 행사 진행을 의논할 수 있었다. 그리고 내 또래의 많은 중국인 친구도 만날 수 있었다.

시 한중 우호의 밤 행사는 시작할 때는 그냥 디너파티(?!) 정도로 간단하게 생각했었는데 하다 보니 행사 규모가 너무 커져서 부담도 되었지만 정말 좋은 경험이었다. 이날 행사에는 시정부 관리들이 대거 참가하였고 조선족을 대표하는 임시정부 관장님과 수미 변호사님 등도 참석해 자리를 빛내주셨다. 특히 상하이 부총영사님께서 오셨었는데 덕분에 이 지역 한국 기업 법인장님들도 모두 모여 한 자리에서 다 뵐 수 있는 귀한 기회였다.

노래 자랑 대회는 해마다 했었는데 한상회 직원, 저장대 유학생 주재원들이 주로 참여하게 된다. 그 동안은 한국측 참가자가 부족해 법인장님들이 한 명씩 직원을 내보내는 형식으로 유지되었다고 한다. 이 노래 자랑에서 처음 만나 결혼한 교회언니 오빠 부부가 있었는데 그걸 보면 여러모로 의미 깊은 행사인 듯하다. 처음에는 한국 식품전 준비로 정신 없을 때 맡은 일이라서 노래 자랑 한국측 참가자를 찾지 못해 내가 신청을 하기도 했지만 저장대 유학생 친구들이 꾸준히 입소문을 내준 덕에 나중에는 신청자가 많아 참가자를 골라 받을 수 있었다.(도와준 친구들께 이 자리를 빌어 감사한다.) 나는 등려쥐의 '月亮代表我的心(달이 내 마음을 전해)'를 불렀는데 막강한 경쟁자들 틈에서 결국 입상하지 못했다. 1등 입상자는 저장대 유학생이었는데 '想你(보고싶다)'를 불렀다. 나는 적수가 되지 못할 정도로 잘했다. 이 학생은 현지 방송들과 인터뷰도 했다.

이 행사를 통해 한국과 중국과의 우호 관계에 대해 다시 생각해 보고 우리의 좋은 이웃인 중국인을 조금 더 알 수 있었다. 그리고 뜻 깊고 규모가 있는 행사의 진행 전반을 기획하면서 일을 배울 수 있었고 훌륭한 여러 어른들도 알 수 있었다. 덤으로 중국 노래도 배울 수 있었다.

한국과 중국의 우호 관계를 다지는 의미에서 이 행사가 더 발전하고 규모가 커지면 좋을 것 같다. 유학생들도 해마다 열리는 이 행사에 모두 함께 참여하면 참 좋겠다.^^

한국측 수상자들

중국 속의 한국 기업

중국은 일반적으로 외국인이 비즈니스를 하기에 좋은 여건을 갖추지는 못했다. 하지만 시장의 규모가 세계적이며 경제 규모는 미국을 추월해 세계 제일의 시장이 되었다. 이 스텝에서 세계 시장 속 한국인들의 이야기를 하고자 한다. 한국 기업의 본격적 해외 진출

은 중국의 개방과 함께 시작되었다. 중국의 값싼 노동력을 이용하여 생산 기지로 중국을 이용했는데, 만들어진 물건은 한국 혹은 제3국을 시장으로 판매되었다. 하지만 현재는 경제 성장을 토대로 중국의 임금이 상승하면서 생산 기지로의 역할은 동남아 국가로 넘어간 상태이다. 대신 세계 최대의 소비 시장으로 탈바꿈한 중국을 대상으로 한 서비스 산업과 소비재 판매에서 한국 기업들은 강세를 보이고 있다.

01. 방송 콘텐츠

중국 내에서 한국 방송 콘텐츠 열풍은 가히 폭풍적이다. 한류 아이돌에서 시작된 열풍은 드라마에서 절정을 이루고 런닝맨, 나는 가수다 등 쇼 프로그램까지 그 인기가 확대되었다. 과거에는 완성된 드라마, 쇼 프로그램을 수출했다면 지금은 드라마 제작 기술, 감독, 쇼 프로그램 폼도 함께 수출하고 있다. 현재 한국에서 방영 중인 드라마를 다음 날이면 중국어 자막이 달린 상태로 중국 인터넷 방송에서 볼 수 있다. 한국 방송 콘텐츠의 인기는 한국 사람들의 생활 전반에 대한 중국인들의 관심을 불러 일으켰다. 지금은 패션, 음식, 관광까지 관심이 확대되었고 한국 기업들의 진출에 긍정적인 영향을 주고 있다.

02. 패션 브랜드와 화장품

한국 방송 프로그램을 즐겨보는 중국인들은 한국인의 의식주, 특히 의복에 관심을 갖기 시작했다. 예쁘고 세련된 한국 여배우 따라잡기는 K뷰티에 대한 관심으로 이어

졌다. 올해 한국 부호 조사에서 아모레 퍼시픽 서경배 회장이 한국 부호 2위에 올랐는데(2015년 12월 조사) 아모레 퍼시픽이 중국에서 사상 최대의 성과를 거둔 것에 바탕을 두고 있다. 한국 드라마의 인기에서도 원인을 찾을 수 있지만 한국산 화장품들이 가격에 비해 질이 현저히 좋고 아시아인의 피부에 맞춘 화장품이라는 점이 더 중요한 이유 같다. 중국 친구들에게 물어보니 한국 화장품은 쿠션 파운데이션, 비비크림, 바르는 마스크팩 등 아이디어가 좋은 제품이 많다고 한다. 한국 로드샵 화장품 회사들이 중국에 대량 진출해 있는데 가격에 비해 좋은 품질, 예쁜 용기 디자인, 한국 유명 연예인을 앞세운 점이 좋다고 한다. 중국의 퍼스트 레이디 펑리위안 여사가 쓰는 한국 화장품의 경우 품절 사태가 일어나기도 했다.

항저우 따샤의 한국 브랜드숍   중국인들이 좋아하는 M*M

패션 브랜드 중 M*M 같은 경우 한국보다 중국에서 더 성공한 케이스이다. 독특한 디자인과 한류 스타를 앞세운 마케팅으로 중국인들이 갖고 싶어하는 브랜드가 되었다. (M*M은 상당히 고가임에도 이 가방을 시리즈별로 소유한 친구들도 꽤 많다.) 이랜드의 티니위니나 뉴발란스 등도 한국 기업의 성공 사례이다. 중국 백화점에 가보면 이랜드의 여러 브랜드들이 입점해있다. 더불어 한국 인터넷 쇼핑몰 중 '스타일 난다' 같은 곳은 한국 동대문 의류를 중국에 소개하는데 큰 역할을 했다. 이 쇼핑몰의 경우 중국에서 그 스타일을 베끼는 쇼핑몰이 등장할 정도로 인기가 있는데, 그 쇼핑몰에 뜨는 물건을 그대로 카피해서 파는 중국 도매 옷가게도 있을 정도다.(중국 내 인기를 반영한다.) 한국 의류의 인기가 워낙 높다 보니 중국 사람들 중에는 한국산 의류를 동대문 도매 시장에서 사서 인타임 같은 곳에 5배 이상의 마진을 붙여 백화점에 파는 경우도 있다고 한다.

03. 의료 서비스

방송 콘텐츠의 영향도 있지만, 우리나라는 미용 의료 서비스 분야에서 세계적으로 앞서가고 있고 중국에서의 성장도 두드러진다. 미용 의료 서비스를 위해 많은 중국인들이 한국을 방문했는데 성공 사례가 많아지자 한국 성형외과들이 중국 현지와 합작해 중국으로 진출하는 경우가 많아졌다. 기업형 성형외과가 생긴 것이다. 내가 항저우에 처음 도착했을 때 한국 연예인이 한복을 입고 있는 광고가 항저우 시 버스에 붙어있었다. 한국의 성형외과 광고인데 한국인 모델을 내세워 '我从韩国来的'라는 문구 옆에 한국인 의사들을 내세워 지금도 성업 중이다. 이외에도 한국의 치과 체인들도 중국에 진출해 있다. 중국분에게 직접 들은 바로는 중국에는 한국 치과처럼 실력이 좋으면서 깔끔한 인테리어에 서비스 교육까지 되어 있는 치과가 없기 때문에 치료와 함께 서비스를 받는다는 느낌을 받고 싶어서 한국 치과를 찾는다고 한다. 최근에는 건강검진 서비스도 진출해 항저우에 중국에서 제일 큰 건강검진 센터가 생겼다. 중국에는 한국 같은 종합검진 자체가 존재하지 않았는데(한국처럼 부모님께 효도 선물로 해드리는 문화가 아직 없다.) 최근 경제력을 갖춘 노인 인구가 증가하면서 이런 서비스가 중국에서도 인기가 있을 거라 예상한다.

04. 게임 산업

게임에도 한류 바람이 거세다. 한국에는 잘 알려지지 않은 일인 것 같지만 중국의 최대 포털 텐센트(위챗과 큐큐)와 한국의 스마일 게이트가 합작한 'Cross fire'가 중국에서 선풍적인 인기를 끌고 있다.(게임에 정통한 지인에 따르면 한국보다 중국에서 더 인기인 게임이다.) 한국 게임 회사들이 중국 현지 플랫폼 업체들과 손잡고 신작 게임을 출시하는 경우가 많은데 중국 내 퍼블리셔들의 의견에 따르면 한국 게임은 기획의 독특성과 높은 그래픽 수준으로 경쟁력이 있다고 본다. 이런 합작 게임들은 수많은 유저들을 만들어 내고 있어 또 하나의 황금알을 낳는 사업으로 성장할 거라는 예상이다.

05. 식품과 요식업

원래 자국 먹거리 불신이 심한 중국의 특성상 중산층들은 수입 음식에 대한 선호가 높은 편인데 이에 더해 드라마의 영향으로 전보다 조금 더 다양한 종류의 한국 음식이 중국에 소개되고 인기가 높아지고 있다. 덕분에 한국 드라마에 중국을 겨냥한 한국 업체들의 간접 광고 경쟁도 치열해 지고 있다.

완상창 안의 수입 먹거리 코너. 전 세계 식품이 다 있다.

토속 떡볶이 기업이 중국에 진출했고 '별에서 온 그대'가 중국에 치맥 열풍을 일으켜 한국 치킨 집들도 엄청나게 성업 중이다. 또 신촌의 삼겹살 체인 라이센스를 중국인이 사서 항저우에 런칭하기도 했는데 이 집은 정말 대박을 터트렸다.(유학생들 중에 한국에서도 못 가본 이 삼겹살 체인을 항저우에서 가본다는 친구들이 꽤 된다.) 한국산 과자 초코파이(현지화 되었음) 등은 꾸준히 인기였고 분식류부터 '카오로(烤肉)'로 불리는 고기 직화구이, 불고기, 한국식 중국 음식인 짜장면, 탕수육 등에 대한 중국인들의 선호도가 높다.

하지만 한국인들이 하는 한국 음식점보다 중국인이 기술을 배워와 낸 부산 요리집이 더 인기인걸 보면 어떻게 현지화할 것인지가 한국 기업들에게 주어진 과제인 듯 싶다.

06. 결론

중국은 세계 제 1의 소비시장이다. 중국 시장에서 성공하지 못하는 기업은 도태된다는 인식이 한국 기업 전반에 깔려 있는 듯하다. 자국 산업에 대한 보호가 강한 중국 시장의 특성상 한국 기업의 진출이 쉽지만은 않겠지만 중국인들이 아직 채우지 못한 1%의 부분이 한국인에게 있기 때문에 한국 기업들의 약진은 당분간 계속될 듯하다.

PART 08

경제의 중심
상하이 저장성을 가다.

STEP 01 아는 사람은 다 아는 이우 푸텐 시장
STEP 02 샤오싱 경방성 시장과 항저우 스지칭
STEP 03 중국 내 매출액 1위 항저우 따샤
STEP 04 중국 부자는 여기다. 온저우
STEP 05 설명이 필요 없는 상하이

아는 사람은 다 아는 이우 푸텐 시장

항저우 공항으로 입국하는 사람들의 절반 정도는 항저우가 아닌 이우에 오기 위해 올 것이다. 이우(义乌)는 진화시에 소속된 현급 도시지만 작은 도시 규모와 달리 '세계 소상품의 고향'이라 불린다. 이우에는 엄청난 기술력이 필요한 첨단 제품은 없지만 우리 일상에 필요한 모든 작은 물품이 있다. 지금 이 책을 읽고 있는 독자가 지니고 있는 물건 중 한 가지 이상은 반드시 이 이우 푸텐 시장(义乌莆田市场)에서 온 것이

다. 이우시는 그 자체가 하나의 큰 시장이다. 이우 푸텐 시장은 가장 대표적인 시장으로 한국뿐 아니라 아프리카, 미국, 유럽까지 전 세계 사람들이 방문하는 곳이다. 미국에서 공부하는 친구가 제3세계의 자립 협동조합 관련 수업을 들으면서 수업의 일환으로 케냐를 방문했었는데, 모조 꽃 대여 사업으로 자립에 성공한 케냐 아주머니가 자기 사업에 대해 소개하며 모조 꽃은 '이우 푸텐 시장에서 사왔다'고 했단다.

이우 푸텐 시장은 우리 생각 이상으로 다양한 물건들을 판다. 한국에서 보았음직한 물건들이 많고 가격도 저렴하다. 물론 도매 시장이라 10개 단위가 아니라 보통 100, 1000, 10000개 단위이다. 그리고 행인에게 무척 불친절하다. 대부분 이미 거래처가 많고 전 세계 거래처로부터 대량 주문이 들어오는 집들이라 그런지 길 가는 손님에게는 그다지 친절하지 않다.

중국 정부에서 만든 이 도매 시장은 엄청난 이익을 내는데 이 이익을 원래 이우에 살던, 호구를 가진 주민들도 공유하고 있다. 이우는 한 시가 모두 이 시장 덕에 먹고 산다고 해도 과언이 아니다. 시장은 1취(区)부터 5취까지 있는데 한 취가 가도 가도 끝이 없을 정도로 크고 넓으며 층수로는 6층 정도 된다. 한 취에만 수천 개의 점포가

위치해 있다. 이런 점포가 5취까지 있으니 그 규모를 알만하다. 1취에서 다른 취로 이동하려면 버스를 타고 간다. 1취에는 액세서리, 2취에는 미용용품 등 각 취마다, 그리고 각 층마다 비슷한 품목들이 몰려 있다. 요즘 한국에서 유행하는 셀카봉도 다 이곳에서 들어오는 것으로 알고 있다. 저장성에는 이런 소상품 공장들이 많은데 그 공장의 직영 상점도 이곳에 입점해 있다.

나는 코트라에서 출장차 이곳에 왔었다. 이 시장에서 가장 나중에 지어진 5취는 중국 생산 물품을 판매하는 다른 취들과 다르게 수입 물품을 중국 내수용으로 도매 판매하는 곳이기 때문이다. 5취를 활성화하는 방안으로 한국 물품 전시전을 코트라와 이우 푸텐 시장이 공동으로 기획했었다. 이 행사를 통해 이곳에서 오랫동안 장사해오신 분들을 볼 수 있었다. 5취에 있는 한국 주방용품 수입 가게에는 이곳에서 10년 이상 터를 잡고 한국산 주방용품을 팔고 있는 조사장님이 계시다. 푸텐에 본거지를 두고 장사하는 한국 수입 보따리 상들도 많은데 인터넷 마켓 등을 통해 거래되는 물품들 중 상당수가 이곳에서 구매돼 한국으로 보내진다. 푸텐 시장을 보면 세계 경제의 큰 부분을 차지하는 중국 경제의 위상이 보인다.

MBC 특파원의 취재를 도와 주고자 이 지역에 대한 중국 신문 기사를 번역했던 적이 있다. 이우의 크리스마스 용품 매출로 세계 경제의 흐름을 알 수 있다는 내용이었다. 재미있는 건 이우에서 전 세계 크리스마스 용품들이 거래되는데 정작 중국에서는 크리스마스가 큰 이벤트가 아니라는 점이다. 최근 고급 백화점을 중심으로 트리 장식 같은 게 등장하긴 했지만 일요일에도 상점, 심지어 은행까지 영업을 하는 중국의 분위기상 크리스마스는 남의 나라 명절이다. 그래도 크리스마스 용품은 전 세계에서 제일 큰 규모로 거래된다. 크리스마스 몇 달 전쯤이 되면 이우 푸텐 시장에는 크리스마스 용품을 파는 곳이 많아진다. 내가 번역했던 기사의 핵심은 크리스마스 용품의 국가별 매출을 보면 올해 세계의 경제가 어땠는지 알 수 있다는 것이었다.(크리스마스 용품이 전부 수출용이므로) 유럽 쪽이나 미국 쪽에서는 비싸더라도 고급스럽고 디자인이 특이한 제품이 인기를 끌고 동남아 쪽에서는 저가 제품이 인기다. 그렇기 때문에 작년 유럽, 미국 쪽 경기가 침체되었을 때 이우의 크리스마스 시장에서 고급 제품보다 저가 제품들이 인기 있었다는 내용이었다. 전 세계의 크리스마스 용품이 다 이우에서 거래되기 때문에 이런 기사가 가능할 수 있었던 듯 싶다.

이우 상인들 중에는 정말 부자들이 많다. 이 지역에서 BMW가 너무 잘 팔려서 지사장이 직접 이 지역을 방문했을 정도이다. 이우의 평균 소득은 다른 지역의 3배가 넘고 우리가 아는 중국 부자들도 이 지역과 직간접적으로 연관을 맺고 있다. 중국 경제의 성장률이 둔화되고 있다고는 하지만 아직도 연중 불황을 모르는 곳이 바로 이우이다. 이우는 전 세계인들의 생활을 책임지는 시장이다. 저장성에 온다면 꼭 이우 푸텐 시장에 들러보자.

👥 중국의 크리스마스

중국에서 맞는 크리스마스는 조금 서글프다. 중국은 크리스마스가 공식 휴일이 아니다. 공산주의의 영향으로 기독교적 색채인 크리스마스가 공식적인 휴일의 위상을 차지하지는 못했다. 코트라 시절 크리스마스에도 출근해야 하는 게 못내 이상했었다. 아침부터 저녁까지 아무렇지도 않게 근무하고 퇴근하는데 크리스마스임을 알 수 있게 해주는 건 단지 완상창에 걸려 있는 크리스마스트리뿐이었다. 그러나 최근에는 젊은이들을 중심으

중국인들이 주고받는 핑안궈의 모습. 글자를 판 종이로 가려 햇빛을 못 받게 하는 방법으로 사과가 익으면서 핑안이란 글자가 사과에 선명하게 새겨진다.

로 크리스마스를 기념하기 시작했다. 크리스마스 시즌에 고급 백화점에 가면 캐롤이 흐르고 화려한 트리도 있다. 회사 앞 완상창에는 내가 본 트리 중 제일 예쁜 트리가 설치되어 있었다. 주로 상업적 목적이라는 비밀이 있지만 그래도 중국 곳곳에서 크리스마스 분위기가 해마다 더해 가는 것은 반가운 일인듯하다.

중국에서는 크리스마스를 圣诞节(성딴지에)라고 부르고 크리스마스 이브를 平安夜(핑안예)라 한다. 뜻은 평안한 밤이다. 중국 기독교인들은 平安(핑안, 평안)이란 단어를 참 좋아하는데 예수님이 오심으로 우리에게 참 평안이 온 밤이라는 의미인듯하다. 그런데 핑안은 사과의 중국어 발음 핑궈(苹果)와 비슷해서 이날이 되면 사과를 주고 받는 중국인만의 크리스마스 풍속이 있다. 이날 주고 받는 사과는 平安果(핑안궈)라고 불린다. 이 사과를 주고 받으며 1년의 평안을 기원한다고 한다.

나는 중국에서의 크리스마스를 다행히도 교회 공동체 안에서 따뜻하게 보냈지만 그렇지 않은 한국인 유학생 친구들은 어딘가 좀 기운 없는 듯 하다. 그래서인지 이날 외국인 유학생 파티가 있다. 난 교회 행사로 초대를 받았지만 참석하지는 못했는데. 유럽 또는 영미 쪽 유학생들에게는 크리스마스가 굉장히 큰 명절이기 때문에 자체적으로 파티를 열고 친구들을 초대한다. 아기 예수님이 오신 날인만큼 상업의 물결이 아닌 크리스마스, 따뜻하고 희망적이며 소외된 이웃과 함께 하는 크리스마스가 중국에도 가득했으면 좋겠다.

항저우 한인 교회 성탄축하공연

완상창의 크리스마스 트리

샤오싱 경방성 시장과 항저우 스지칭

중국 대문호 루쉰(魯迅)의 고향이기도 한 샤오싱(绍兴)은 일반인들은 올 일이 없는 도시다. 하지만 이우와 더불어 세계 최대의 원단 시장이 바로 샤오싱에 있다. 이곳은 아는 사람들만 오기 때문에 이우처럼 사람들로 북적이진 않지만 대부분이 대량 거래이기 때문에 시장의 규모는 대단하다. 샤오싱은 중국 시별 소득 2위를 기록했던 적이 있을 정도로 소득 수준이 높은 곳인데 그 원천이 바로 샤오싱 시장이다. 저장성 지역은 원단 염색에 필요한 풍부한 물을 바탕으로 섬유 산업이 발달해 송나라 시대부터 비단의 산지였다.(송나라 비단은 고려시대 기록이 있을 정도로 전 세계적으로 유명하다.) 이 지역의 원단 산업은 전통이 있다. 원단 산업과 더불어 원단 기계와 원단 거래를 위한 시장도 생겼는데 이게 바로 샤오싱 경방성 시장(绍兴柯桥轻纺城)이다.

이우와 마찬가지로 샤오싱도 도시 하나가 다 원단 시장이다. 가장 오래된 경방성 시장뿐 아니라 리엔허 시장까지 큰 시장이 네 군데 있다. 원단의 종류에 따라 지역이 나누어져 있는데 그 지역이 광활해 전체 구경에는 하루 이상의 시간이 걸리지만 이곳을 방문하는 사람들은 살 물품이 명확히 정해져 있어 이 넓은 곳에서도 정확히 길을 찾아간다. 한국에서도 의류 관련된 일을 하는 분들이 이곳에 와서 사업을 많이 하는 걸로 알고 있다. 이 지역에서 거래된 원단은 항저우로 와서 옷으로 바뀐다. 한국의 원단 시장과 도매 시장이 모두 동대문에 위치해 있는 것과 다르게 중국은 두 도시로 분리되어 있다.

항저우에서 항저우 따샤와 더불어 유명한 곳이 바로 스지칭(四季青)이다. 이곳은 한국 동대문 의류 도매 시장처럼 커다란 의류 도매 시장으로 중국 전역으로 옷이 나간다. 광저우 의류 도매 시장과 더불어 중국 2대 의류 도매 시장이다. 과거에는 물건을 쌓아 놓고 팔았지만 한국의 영향으로 우리의 동대문 시장식의 인테리어를 도입하였다. 매장 각각의 규모는 한국 동대문에 비해 큰 편이다.

샤오싱 원단시장. 다양한 재질의 원단을 팔고 있다.

전 세계인이 중국으로 오기 때문에 항저우와 광저우 도매 시장으로 진출하는 한국 사람들도 늘고 있다. 한국 동대문에 비하면 옷의 질과 디자인은 조금 떨어지지만 가격은 싸다고 한다.(물론 중국 사람이 갔을 때) 한국 상인들도 이곳에 도매로 옷을 해 가거나 원단을 떼러 많이 온다. 반대로 많은 중국 상인들도 한국 동대문에서 도매로 옷을 떼다 현지에서 파는 일을 한다. 한국 상인들이 가져가는 옷은 인터넷이나 보세 가게를 통해 팔리고 중국 상인들이 한국에서 사간 옷은 인타임과 같은 백화점에서 팔린다.

스지칭을 구경가면 곳곳에 어색한 한국어 간판이 있다. 예를 들면 '한국여성복장' 뭐 이런 한국에선 잘 쓰지 않을 법한 단어들인데(구글 번역기의 폐해), 한국 동대문 의류가 이곳에서는 고급으로 인식되다 보니 한국에서 왔다는 인식을 주기 위하여 이런 간판을 사용한다고 한다. 샤오싱과 스지칭은 이우 만큼이나 큰 전 세계적 규모의 시장이다. 중국을 전 세계인의 공장이라고 말하는 이유가 바로 이런 배경 때문인 것 같다.

스지칭의 모습

중국 내 매출액 1위 항저우 따샤

항저우에는 시후와 알리바바 말고도 전국적으로 유명한 것이 있으니 바로 항저우 따샤이다.

항저우 따샤가 유명한 이유는 바로 중국 내 명품 매출 1위 백화점이기 때문이다. 항저우 따샤에 가면 한국에도 없는 세계 유수의 브랜드들이 있는 굉장히 큰 명품관이 시후를 바라보고 있다.

그 내부는 한국에 있는 어떤 곳보다 고급스럽다. 난 명품 가방에는 별다른 흥미도 취미도 동경도 없으므로 가격을 물어보지는 않았지만 지인들의 말에 의하면 중국의 대부분의 고가품들이 그렇듯 다른 나라보다 비싼 것 같다. 사실 중국 내 고가품들은 전 세계에서 가장 비싸다. 그럼에도 일년 365일 문전성시를 이룬다. 항저우 따샤는 우림광창 역에 있는데 ABCD동으로 분리되어 있고 이곳을 다 둘러보려면 빠른 걸음으로 4시간은 걸린다. 원래 '따샤(大夏)'는 고층 건물을 뜻하는 말인데 항저우 따샤는 층수가 일반 백화점에 비해 현격히 높다.

항저우 사람은 중국 내에서 패션 리더로 통한다. 항저우 사람들에 대해 쓴 고문헌에는 '그들이 사치를 좋아하고 꾸미는 일에 에너지를 쓴다'라는 기록이 있다. 중국에서는 항저우 여자들을 '강소성 미인들'이라고 해서 예쁘다고 인식하는 경향이 있다. 실제로 길에 지나다 보는 항저우 여자들은 예쁘다. 한국 사람들 눈에도 괜찮게 옷을 입는 사람도 꽤 많다. 물론 여전히 레이스 달린 겨울 코트 등 이해 안 되는 패션도 있지만 중국의 다른 지역에 비하면 색이나 아이템의 조화를 고려해 옷을 입는 편이다. 여기에 항저우는 중국 민간 부자들이 많은 저장성의 성도답게 구매력이 매우 뛰어난 도시로 손꼽힌다. 한국에 오는 친구들 중 항저우 출신도 굉장히 많다.

중국에선 백화점을 무엇이라 부르는가?

우리가 처음 중국어에 입문하면 배우는 단어 중 하나인 백화점은 百花大楼(바이훠따로)이다. 하지만 대륙에서는 百货商场(바이훠샹창)으로, 대만에서는 百货公司(바이훠공쓰)를 더 많이 쓴다. 회사 앞에 있던 백화점은 万商场(완샹창)이라고 불렸는데 중국에서는 백화점이나 종합 쇼핑몰 같이 많은 물건이 있는 곳에 보통 '商场[Shāngchǎng]'이란 단어를 넣는다.

시후를 바라보는 명품관

중국 부자는 여기다. 온저우

중국 내에서도 정말 특이한 지역이 있다. 바로 온저우이다. 이 지역은 중국인 듯 중국 아닌 중국 같은 도시이다. 중국을 흔히 관(官)이 지배하는 국가라고 한다. 중국의 자본과 사업 대다수가 국가에 속해있기 때문이다. 하지만 중국에서도 민간에 속한 지역이 있는데 그게 바로 온저우다. '중국의 민간 자본이라 함은 곧 온저우 자본'이라는 말이 있듯이 중국 내에서 돈이 넘쳐나는 도시가 온저우다.

온저우는 뒤는 산, 앞은 바다로 막혀 있어서 다른 지역과 고립된 지역이다. 그래서 다른 지역으로 가려면 오랜 시간 산을 넘거나 바다를 건너는 수밖에 없었다. 이런 지리적 요건 때문에 이 지역은 평범한 어촌 마을로 산업이 발달하기는 어려운 곳이었고 그래서 사람들은 배를 타고 해외로 나가기 시작했다. 중국 개방 전부터 합법적, 혹은 밀입국 같은 불법적인 방법을 통해 해외, 특히 유럽으로 이민을 갔고 그곳에서 힘든 일을 하면서도 중국인의 정체성을 유지하며 자리를 잡았다. 그 후 중국 경제 개발이 시작되면서 해외에서 번 돈을 중국으로 보내기 시작했는데 춘절(설날)에 이 지역으로 송금되는 외화가 너무 많아 이 지역 은행이 마비된 적도 있다고 한다. 그렇게 모은 돈으로 온저우 내의 친척들과 힘을 합쳐 중국에서 부동산 투기와 민간 회사를 시작했다. 이렇게 시작된 회사들은 저장성의 경제력을 기반으로 전 세계적인 회사로 성장했다.

지금 이 지역에는 중국의 1지역 1상품 육성 정책에 따라 정부가 지정한 대로 많은 라이터 공장이 있다. 하지만 앞에서도 언급했듯 이 지역 사람들을 전국 규모의 부호로 만든 수단은 부동산이었다. 한동안 부동산 개발 붐이 일었는데 상하이, 베이징까지 중국 전국의 부동산 개발 지역에 적절하게 투자하여 부를 축적한 사람들이 바로 온저우 사람들이라고 한다. 중국에는 온저우 사람들이 건물을 사면 그 지역 건물 값이 오르고, 베이징 사람, 상하이 사람도 따라서 같이 산다는 말이 있을 정도이다.

온저우 출신들에 대해 중국 사람들은 그 지역 사람들은 눈이 작고(찢어지고) 그 지역 사람 특유의 생김새가 있다고 한다.(나는 모르겠던데) 해외와의 교류가 활발해서인지 합리적이고 세련되며 근면성실함이 있다고도 한다. 중국 사람들은 온저우 출신이라고 하면 부자라고 생각하는 경향이 있다. 그런데 이 지역 아이에게 들어보니 부자들이 많은
것은 사실이지만 상당수의 사람들이 평범하게 살아간다고 한다. 그래도 역시 동네 분위기란 게 있어서인지 전반적으로 근면성실한 것 같다. 한국 식품전 아르바이트생들 중 온저우 출신 아이들은 유난히 일을 잘했고 학교에서 만난 온저우 친구들도 좋아서 난 온저우 지역 사람들을 좋아한다.

이 지역의 또 하나의 특이점은 동양의 예루살렘이라고 불리며 중국 내에서 가장 자유롭게 신앙 생활을 할 수 있는 지역이라는 점이다. 중국은 기본적으로 삼자교회로 불리는 관영교회만 허용하는데 이 지역은 가정교회로 불리는 지하교회가 자유롭게 공존하는 곳이다.(신장 같은 지역은 지하교회가 단속의 대상이다. 상하이만 해도 지하교회가 자유롭지 못하다.) 해외에 사는 친척들이 많다 보니 이들을 통해 자연스럽게 기독교가 받아들여졌고 관의 간섭 없이 민간 자본에 의해 개발된 지역이다 보니 다른 곳보다 훨씬 자유롭게 종교 생활을 향유한다.(중국에서는 기독교인 아이들도 주일학교를 다녀본 애들이 드문데 온저우 애들 중 상당수가 주일학교를 경험했다고 한다.)

더불어 이 지역은 자본력이 가장 좋은 곳이다 보니 중국의 금융 개혁 시범 지구이기도 하다. 내가 코트라에서 작성했던 리포트 중 하나가 온저우 금융 개혁의 영향에 대한 것이었다. 중국에서 최근 중소기업들의 도산이 속출하자 자금 조달의 편이를 위해 중소 은행 설립 규제 완화를 고려하기 시작했는데 그 첫 시범 지구가 바로 온저우이다. 과거 상하이가 개방의 시범 지구였던 것처럼 온저우의 금융 개혁의 결과가 중국 전체의 정책 기조에 영향을 미칠 것으로 예상된다.

이 지역에서는 개인이 직접 해외 투자하는 것이 허용되어 있는데(과거에는 국가에서 공인된 기관을 통해서만 해외 투자가 가능했다.) 그 결과 제주도에 있는 많은 땅의 소유주가 이 지역 사람들이라는 이야기가 있다. 최근 신문 기사에 온저우 사람들이 평양 개발에 뛰어들었다는 기사도 실렸다. 평양에 대해 온저우 사람들은 투자 가치가 있다고 보는 듯하다.

중국에서 온저우의 위상은 날이 갈수록 높아질 것 같다. 과거에는 부동산 투자와 같은 투기성 사업에 집중했다면 지금은 장기적으로 의류와 유통업 등에 뛰어들고 있어 미래가 더욱 기대된다.

설명이 필요 없는 상하이

상하이에 대한 설명이 필요할까 싶다가도 상하이가 왜 중국 최대의 경제 특구가 되었을까에 대해 알아 보자는 의미에서 이 스텝을 쓴다.

상하이는 일찍이 중국의 작은 어촌 마을이었다. 항저우 사람들이 늘 자부심을 갖듯이 이 지역 사람들은 항저우 사람들에게 먹을 것을 공급해주는 사람들이었다고 한다. 그러다 청나라와 영국의 전쟁에서 청나라가 패하고 1842년 맺은 남경조약의 일환으로 5개의 항구를 개항하는데 그 중 하나가 바로 상하이였다. 상하이 와이탄 지역에 영국인 거주지가 개설되고 그 후 서구 열강들의 조계지가 개설되면서 국제 도시의 면모를 갖추게 된다.(동시에 서구 열강의 침략의 상징이 되기도 한다.) 때문에 다른 중국 도시들과 다르게 이 지역에는 서구의 문물이 가득했고 중국 청나라의 지배를 받지 않는 자치적인 도시가 되었다.

조계지는 서구 열강들이 중국을 무력으로 압박해서 얻은 결과물이긴 하지만 청나라 정부가 '화양별거(華洋別居)'라는 이념 하에 서양인과 중국인이 함께 거주하지 못하도록 중국인들이 살지 않는 땅을 서양인들에게 내줌으로써 이 지역에서 서양인들은 고도의 자치권을 향유할 수 있었다. 이 지역엔 서양의 대사관들이 위치해있었을 뿐 아니라 영화관, 운동장, 수영장, 카페, 백화점과 같은 여가 시설이 있었고 침략기에는 이런 조계지역에 대한민국 임시정부가 위치해 있기도 했다.

서구 열강들의 지배는 이 지역 금융업의 발달을 낳았다. 서구 자본의 은행들이 들어오고 그것을 바탕으로 서구 열강이 세운 공장들이 위치하면서 중화민국 성립 이전부터 가장 발달한 도시가 된다. 특히 무역과 교역의 연결 지점으로 최대의 항구도시였다.

처음에는 중국인들로부터 외국인들을 격리하기 위한 도시였지만 차츰 이 지역으로 이주하는 중국인들이 많아지면서 절대 다수의 인구가 중국인이 된다. 그러나 조계지였던 탓에 중국인들이 이곳에서 권리 행사를 할 수 없는 제약이 있었다. 이후 국민당 정부 시절 개발이 진행 되었지만 중일전쟁으로 어려움을 겪었고, 근대적 의미의 상하이가 탄생한 것은 중화민국 성립 이후이다.

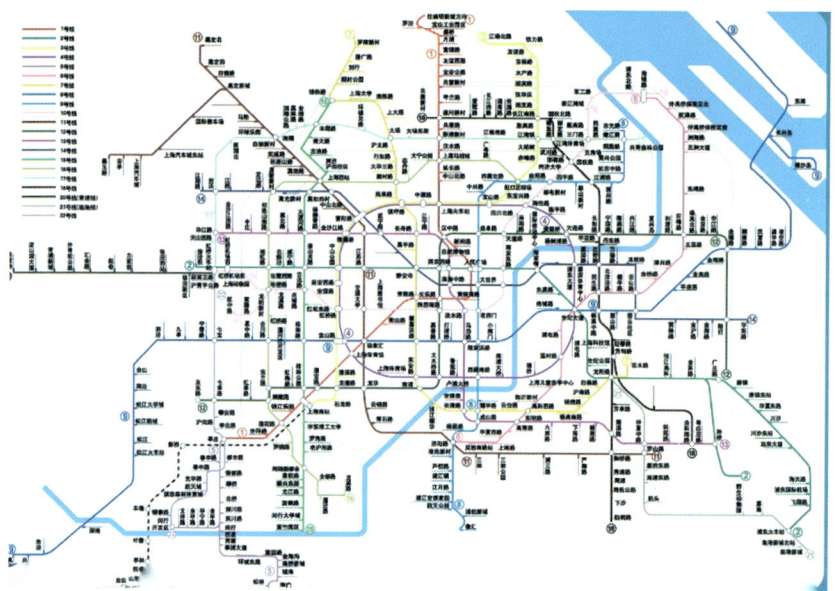
촘촘한 상하이 지하철 노선도

중화민국 성립 이후 한 차례의 문화혁명을 겪은 후 덩샤오핑 시절, 개방을 표방하면서 상하이를 개방의 시범 지대로 지정하여 경제 실험을 계속했다. 이 실험은 성공을 거둔다. 그 후 개방이 전 중국으로 확대되면서 상하이는 중국 경제 개발의 상징과 같은 도시가 되었다. 상하이를 본 사람들을 북경보다 화려하고 세계 어느 대도시 못지 않은 모습에 놀란다. 상하이의 야경은 정말 화려하다. 상하이는 여전히 중국 최대의 항구 도시이며 홍콩이 반환되면서 그 지역의 금융 기능까지 넘어와 더 거대한 도시가 되었다. 그야말로 중국 최고의 상업 비즈니스 지구다.

그래서인지 상하이 사람들은 자부심이 대단하다. 대도시답게 전통적인 토착민이 많지는 않다. 1842년 20만 명이던 인구는 1949년 중국 정부가 성립되었을 때 546만 명으로 늘었는데 이 많은 인구는 외부인에 의해 늘어난 것이다. 상하이 사람들이 자신들을 '상하이인'으로 인식하고 고유의 정체성을 갖기 시작한 것은 중국 정부 성립 이후 1958년 호구제를 실시하면서부터이다. 상하이의 발전 과정에서의 이익을 이 호구를 가진 사람들이 공유하면서 자신들의 정체성을 확고하게 형성하게 되었다.

중국의 호구제가 하나의 신분제로 자리잡으면서 중국 최대의 도시 상하이에 산다는 것은 그것만으로 굉장히 자랑스러운 일이 되어 버렸다. 이후 경제 개발 과정에서 상하이 호구를 갖지 못하는 외지인들이 대거 유입되었지만 1958년 이전 이주한 상하이 사람들과는 삶의 수준이 다르게 살아간다.

상하이 대표 관광지인 예원

현대 상하이 사람들은 상하이 방언을 할 수 있음을 자랑스러워하며 상하이 사람들끼리 있을 때는 보통화가 아닌 상하이 어로 이야기 한다. 해외에서 만난 상하이 아이들에게 '너는 어디서 왔니?' 라고 물으면 '나는 중국인이야'가 아닌 '나는 상하이 사람이야' 라고 말하는 사람들이 많다.
한국의 회사들도 대다수가 상하이에 거점을 두고 활동하기 때문에 한국 교민이 굉장히 많은 지역이기도 하다.

상하이의 상징, 동방명주타워

PART 08 경제의 중심 상하이 저장성을 가다. 241

상하이의 고급 주택단지

상하이 난징 동루 거리

언어는 생각을 담는 그릇입니다. 또한 우리는 언어를 통해 생각을 확장합니다.
중국어에는 중국 5천 년 역사가 담겨 있고 중국어를 배움으로 더 깊은 생각의 세계로 들어갑니다.
취업의 목적, 또는 더 나은 삶을 위한 도약으로도 중국어는 의미 있지만, 중국어를 통해 진짜 중국과 대면하십시오. 중국어란 도구를 통해 사람들과 만나고 사귀고 친구가 되길 원합니다. 여러분이 진짜 중국을 만나는데 이 책이 조금이나마 도움이 되길 소망하며……

2016년 1월 8일 호수공원 도서관에서 박수연 드림

영원한 성경 · 거룩한 성지 · 숭고한 순례

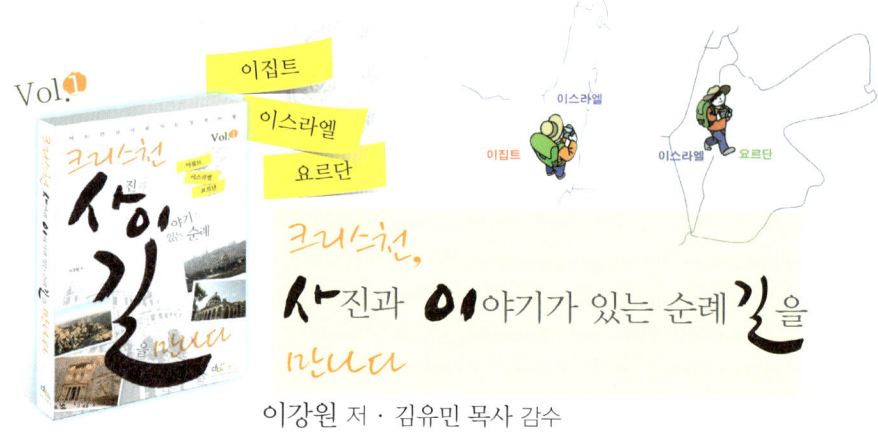

크리스천, 사진과 이야기가 있는 순례길을 만나다

이강원 저 · 김유민 목사 감수

발로 걸어, 두 눈으로 보고, 귀로 듣고 온 성지의 사·이·길을 비로소 만나다!

의미 없는 성지순례, 관광 같은 성지순례보다는 그 기적과 은혜의 성지를 카메라로 담고 그곳에서 들었던 모든 감동의 순간을 이야기로 들려줌으로써 독자분들 모두가 생생하게 느낄 수 있도록 하나의 이야기 꾸러미를 준비했습니다.

그저 읽고 끝나는 성지순례 도서가 아닌 성지 이야기와 저자가 찍은 생생한 사진을 통해 마음으로 순례하고자 하는 뜨거움을 느껴보십시오.

이제 도서 속에 녹아있는 놀라운 기적의 현장을 담은 사진과 저자가 들려주는 쉽고도 재밌는 성지의 이야기는 독자 여러분들 마음속의 순례 여정을 밝혀주는 하나의 이정표가 될 것입니다.

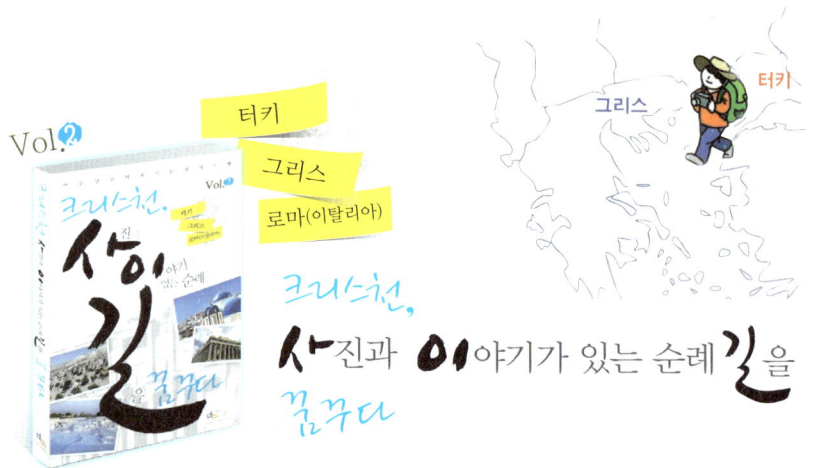

크리스천, 사진과 이야기가 있는 순례길을 꿈꾸다

테마★로 만나는 인문학 여행!!

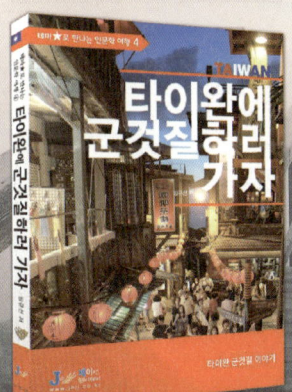

J&jj 제이앤제이제이
www.jnjj.co.kr

※ 〈테마★로 만나는 인문학 여행〉 시리즈는 계속됩니다.
※ J&jj 는 DIGITAL BOOKS의 인문·예술분야의 새로운 브랜드입니다.

성공어학연수 가이드 시리즈

어학연수에 꼭 필요한 알찬 정보만을 선별해
독자 여러분을 성공적인 연수로 이끌어 드립니다.

www.ithinkbook.co.kr

저자 협의
인지 생략

성공어학연수 가이드 - 중국 맞짱뜨기
우리는 지금 상하이·항저우로 간다

1판 1쇄 인쇄 2016년 2월 1일
1판 1쇄 발행 2016년 2월 11일

지 은 이   박수연
발 행 인   이미옥
발 행 처   아이생각
정   가   17,000원
등 록 일   2003년 3월 10일
등록번호   220-90-18139
주   소   (04987) 서울 광진구 능동로 32길 159
전화번호   (02)447-3157~8
팩스번호   (02)447-3159

ISBN 978-89-97466-21-4 (13980)
I-16-01
Copyright ⓒ 2016 ithinkbook Publishing Co.,Ltd